일본제국 vs. 자이니치
: 대결의 역사 1945~2015

일본제국 vs. 자이니치
: 대결의 역사 1945~2015

이범준 지음

북콤마

호모 사케르의 삶

김영란 전 대법관

우리가 흔히 일본에 살고 있는 우리 민족을 부르는 '재일동포' '재일교포'라는 용어는 한국 사람을 중심으로 하는 단어라면, '在日(재일)'이라고 쓰고 '자이니치'라고 읽는 단어는 '식민지 시절에 건너간 조선인과 후손'을 가리키고 식민지 이후 이민자에게는 쓰지 않는 단어라고 한다(35쪽). 일본국적이든 한국적이든 국적과는 상관없는 단어이고, 이미 역사 속으로 사라진 '조선'이라는 나라를 전제하는 개념이어서 역사성이 고스란히 담겨 있다. 자이니치 변호사를 중심으로 그들의 정체성과 연관된 활동을 좇아가는 이 책을 읽는 동안 내게는 몇 가지 풍경이 펼쳐졌다.

첫째는 유고슬라비아의 시인 밀로라드 파비치가 쓴 《카자르사전》에 나오는 풍경이었다. 7~10세기경 지금의 조지아(그루지야), 아제르바이잔, 아르메니아가 있는 지역을 다스리던 카자르제국에 대한 소설이다. 가장 번성하였을 때의 카자르제국은 북쪽으로는 볼가강, 서쪽으로는 드네프르강, 남쪽으로는 흑해 북안까지 미치고, 헝가리계의 마자르인, 고트인, 크리미아반도의 그리스인, 볼가강 인근 지역의 불가리아인, 그리고 수많은 슬라브족을 지배했다고 한다. 비잔틴제국과 아랍제국을 잇는 통상 국가로 번성하던 카자르는 10세기에 들어 키예프를 중심으로 한 러시아 세력에 밀리면서 몰락의 길을 간다. 그 후 카자르제국의 이름은 역사적 기록에 자주 나오지만 카자르어는 단 한 줄도 남아 있지 않다. 8세기경 카자르의 지배자인 카간은 그리스정교와 유대교, 이슬람교 중 유대교를 국교로 채택했는데, 소설은 그가 국교를 정하기까지 벌어지는 세 종교 간의 논쟁이 중심 내용이다. 제2차 세계대전이 발발하면서 나치의 박해를 받게 되는 동유럽과 러시아의 유대인들은 대부분 이때 유대교로 개종한 카자르인의 후손이었다고 한다(신현철 옮김, 중앙M&B, 1998. 이윤기 작품 해설 '꿈과 상징으로 이루어진 행복어사전'. 2012년 《하자르사전》이라는 이름으로 다른 출판사에서 재출간되었다).

자이니치들은 한마디로는 요약이 불가능한 이 소설에서 국가와 언어를 잊어버린 카자르인들처럼 여겨졌다. 책의 말미에 실린, 이스탄불의 킹스턴 호텔에서 일어난 살인 사건의 목격자인 여종업원을 증인 신문하는 장면을 보더라도 그 유사성은 쉽게 드러난다. 길지만 그대로 인용해보자.(369~370쪽)

검사: 증인은 국적이 어떻게 됩니까?
증인: 나는 카자르인입니다.
검사: 무슨 말을 했어요? 나는 그런 나라에 대하여 지금까지 한 번

도 들어본 적이 없습니다. 증인은 어느 나라의 여권을 가지고 있습니까? 카자르 여권입니까?

증인: 아닙니다. 이스라엘 여권입니다.

검사: 그렇다면 이스라엘 국적이군요. 내가 듣고 싶었던 대답은 바로 그것입니다. 만약 당신이 카자르인이라면 어떻게 이스라엘 여권을 가지고 있습니까? 당신은 당신 민족을 저버린 것입니까?

증인: 아닙니다. 오히려 그 반대라고 할 수 있을 것입니다. 카자르인들은 유대인들에게 동화되었습니다. 다른 사람들처럼 나도 유대교를 받아들였고 이스라엘 여권을 가지고 있습니다. 이 세상에서 혼자가 된다는 것이 도대체 무슨 의미가 있겠습니까? 아랍인들이 모두 유대인이 된다고 하더라도 당신은 여전히 아랍인으로 남아 있겠습니까?

검사: 하지만 거기에 대해 논평할 필요는 없습니다.

두 번째는 요네하라 마리의 서평집인 《대단한 책》(이언숙 번역, 마음산책, 2007)에 나오는 풍경이다. 러시아어 동시통역사이자 작가로 일한 그녀의 경력 때문인지 그녀가 읽고 평한 책들은 미국이나 유럽을 통해 들어오는 책들로 여과된 한국의 독서 시장에 다채로운 색깔을 부여해왔으므로, 일본뿐 아니라 우리나라에도 마니아층이 형성되어 있다. 서평 중에 일본의 '새로운 역사 교과서를 만드는 모임'이 낸 중학교용 역사 교과서의 문제를 지적하면서, 반대로 이 교과서 채택을 절대 허용해서는 안 된다는 입장을 피력한 집필자들이 펴낸 《역사 교과서 무엇이 문제인가? 철저한 검증 Q&A》를 재미있게 읽었다고 쓴 부분이 있다. 이것도 길지만 인용해보기로 하자.(55쪽)

《새로운 역사 교과서》에는 러일전쟁이 구미 열강의 식민지가 된 나라들의 지도자들에게 격려가 되었다는 기술이 있다. 네루가 《아버지가 아들에게 들려주는 재미있는 세계사》에서 '일본이 강대한 유럽의 한 국가를 상대로 승리를 거두었다고 하는데 어찌 우리 인도라고 승리를 거두지 못하겠는가?'라고 한 말을 인용했는데 이에 대해 검증 측은 같은 네루의 글 중에서 《자서전》에 나와 있는 '일본이 러시아를 상대로 거둔 승리가 아시아 여러 나라 국민을 얼마나 기쁘게 하고 어깨를 덩실거리게 하였는지 우리는 보았다. 하지만 그 직후의 성과는 소수 침략적 제국주의 국가가 하나 더 늘어난 정도의 결과였다. 이 참담한 결과를 가장 먼저 맛보아야 했던 나라가 조선이었다'라는 글을 올려 이 글이 일본의 승리가 가진 양면성을 전해주어 인용에 더 적합하다는 제안을 하고 있다. 지당하신 말씀이다.

이렇게 나열하기로 들면 끝이 없을 것 같아 마지막으로 한 풍경만 더 떠올려보기로 한다. 1994년 오에 겐자부로에게 노벨문학상을 안겨준 소설 《만연원년의 풋볼》 속에 나오는 풍경이다. 이 부락에서는 전쟁이 끝나고 나자 조선인들이 강제 징용을 와 살고 있던 곳의 토지가 숲에서 강제 노동을 했던 그들에게 불하되었다. 그런데 백승기라는 남자가 이를 전부 사들여 자기 것으로 만들었고, 그런 식으로 계속 부를 축적한 다음 동네에 현대식 슈퍼마켓을 세워 슈퍼마켓 천황으로 불리고 있었다. 주인공과 부락 주지승과의 대화 속에 나오는, 그 남자에 대한 부락민들의 미묘한 태도를 직접 인용해본다(박유하 옮김, 고려원, 2000, 156쪽. 2007년 《만엔원년의 풋볼》이라는 제목으로 다른 출판사에서 재출간되었다).

"설혹 그가 이미 일본에 귀화했다고 하더라도 조선계 사람한테 천황이라는 호칭을 부여해준 건 이 골짜기 마을 사람들이 하는 일답게 뿌리 깊은 악의에 차 있네요. 근데 어째서 아무도 그 일을 나에게 말하지 않았을까요?"

"난순해요, 미쓰 씨. 골짜기 사람들은 20년 전에 강세로 끌려와 숲으로 벌채 노동을 나갔던 조선인들한테 이젠 경제적인 지배를 받고 있다는 것을 인정하고 싶지 않은 것이지요. 그러한 감정이 안 보이는 곳에 쌓여 일부러 그를 천황이라 부르는 원인이 된 거죠. 골짜기는 말기 증상을 보이고 있어요!"

"정말 말기 증상일지도 모르겠군요."

이탈리아의 철학자 조르조 아감벤은 1995년 '호모 사케르homo sacer'라는 개념을 세계 철학계에 던졌다. 호모 사케르란 법의 보호를 받지 못하므로 "살해는 가능하되 희생물로 바칠 수는 없는 사람"을 뜻하며 (《호모 사케르: 주권권력과 벌거벗은 생명》, 박진우 옮김, 새물결, 2008, 45쪽) 종교 공동체 그리고 모든 정치 생활에서 배제되고 자기 부족의 의례에도 참여할 수 없으며 어떤 유효한 법률행위도 수행할 수 없다. 게다가 누구든지 그를 죽여도 살인죄로 처벌받지 않는다는 사실로 인해 그의 실존 전체가 모든 권리를 박탈당한 벌거벗은 생명으로 축소되며, 따라서 끊임없이 도망치거나 아니면 외국에서 피난처를 찾아내지 않는 이상 살아남을 수 없다. "하지만 그가 매순간 무조건적인 죽음의 위협하에 놓여 있는 한, 그는 바로 그 때문에 자신에게 추방령을 내린 권력과 지속적인 관계를 맺고 있는 것이다." "또 매 순간 이런 사실을 의식해야만 하며 추방령을 회피하고 따돌릴 수 있는 수단을 찾아내야만 한다."(345쪽) 그리고 근대 정치의 특징은 "원래 법질서의 주변부에 위치해 있던 벌거벗은 생명의 공간이 서서히 정치 공간과 일치하기 시작"하는 것이며, "생명체로서의 인간이 더 이상 정치권력의 대상이 아니라 주체로 자신을 드러내는 과정"이라고 한다(47쪽). 아감벤은 호모 사케르의 사례로 유대인 수용소의 유대인들이나 심층 코마 상태에 빠진 신체 등을 들고 있다. 우리나라에서도 세월호 사건의 희생자들을 호모 사케르의 한 사례로 드는 논의가 있다. 이중, 삼중의 배제에 의해서만 대한민국과 북한, 일본과 관계를 맺을 수 있는 자이니치의 삶이야말로 호모 사케르의 삶이 아닐까.

이 책은 이들 자이니치들이 경계의 영역에서 정치의 영역으로 들어서는 여러 풍경을 세밀하게 그리고 있다. 가장 뭉클한 장면은 1976년 한국적으로 일본 사법시험에 합격했으나 귀화를 거부해 사법연수소에 들어가지 못하고 있던 김경득과 그가 사법연수소에 채용되어 변호사가 되는 데 결정적인 도움을 준 당시 일본 최고재판소 인사과장 이즈미 도쿠지가 연출했다. 2002년 일본의 최고재판소 재판관이 된 이즈미 도쿠지가 2004년 대법정에서 김경득 변호사를 만나는 부분이다. 당시 김경득은 도쿄도 보건소의 관리직 시험에 응시했으나 일본국적이 없다는 이유로 원서 접수가 거부된 것을 문제 삼은 정향균 사건의 변호사였다. 김경득은 변론을 하기 위해 일어났으나 10초가 지나고 20초가 지나고 1분이 지나고 2분이 지나도록 아무 말도 하지 않았다. 울고 있었다고 한다. 김경득 변호사가 대리한 정향균은 패소했고 이즈미 도쿠지 재판관은 패소 판결을 반대한 2명의 재판관 중 한 사람이었다. 승소, 패소를 떠나 30년 가까이 이어져온 두 사람의 인연이 만든 풍경은 상상만으로도 정말 아름답다.

차례

평양

도쿄

작가의 글

일본제국의 식민 지배로 일본으로 건너간 조선인은 1945년 무렵 200만 명에 이릅니다. 일본의 패전과 함께 많은 사람이 귀국하지만 60만 명이 돌아오지 못하고 남겨집니다. 이렇게 일본의 식민지를 계기로 일본에 살게 된 조선인과 후손이 자이니치在日이며 100만 명에 달합니다. 일본 전체 인구의 1퍼센트입니다.

자이니치의 일본 거주가 올해로 70년, 식민지 35년의 두 배가 됐습니다. 일본에서 독립한 조선은 그 사이에 남북으로 나뉘고, 3년간 전쟁을 벌이고, 독재 정권에 고통을 받으며, 먹고살기 위해 안간힘을 썼습니다. 우리가 이렇게 사는 동안 자이니치는 일본에서 더욱 혹독하고 잔인한 차별을 견디며 살아야 했습니다.

일본은 조선인의 일본국적을 박탈한 뒤 모든 기본권은 국민에게 있다고 했습니다. 가령 1961년 만들어진 의료보험과 연금이 '국민의료보험'과 '국민연금'입니다. '국민'에 대한 일본의 집착은 강고했습니다. 일본인이 아니라서 집을 빌리지도 못했고, 취직할 수도, 공무원이 될 수도 없었습니다.

도저히 먹고살기가 힘들 때 북조선이 '조국으로 돌아오라'고 했습니다. 자이니치의 98퍼센트가 남쪽 출신인데도 10만 명이 이주했습니다. 한국은 금전적인 대가를 요구하며 받아주지 않았습니다. 일본에 남은 이들은 생존하기 위해 죽을힘을 다했습니다. 가짜 일본이름만 썼고 우리말은 못 하게 됐습니다.

일본의 이러한 태도를 그대로 따라한 곳이 한국입니다. 식민지를 거치면서 일본이 만든 내셔널리즘을 학습했습니다. 미국을 비롯한 많은 나라에서 헌법의 주어가 '인민people'이지만, 한국은 일본과 똑같이 '국민'입니다. 일본이나 한국이나 초안은 모두 '인민'이었습니다. '국민'으로 바꾸어 인권의 조건으로 국적을 요구했습니다.

《일본제국 vs. 자이니치》는 내셔널리즘의 바닥에서 고통받아온 자이니치의 역사입니다. 2015년 광복 70주년을 앞두고 3년에 걸쳐 기획·제작했습니다. 2012~2013년 전 세계의 문서와 영상을 확보해 검토했고, 2013~2014년 홋카이도에서 오키나와까지 일본 전국을 취재했습니다. 2014~2015년 증언과 취재를 확인해 기록을 마쳤습니다.

취재를 위해 일본에 머무르는 동안 유난히도 비가 오지 않았습니다. 숨이 막히도록 뜨거운 오사카의 여름을 보내면서 자이니치들의 고단한 인생을 생각했습니다. 아무런 소리도 흔적도 없이 사람을 배제하는 사회에서, 말라 죽지 않고 살아남은 그들의 삶을 반드시 기록해야 한다고 거듭 다짐했습니다.

어깨를 짓눌러온 이 무거운 짐을 이제 내려놓습니다. 저의 실력으로 감당하기에는 너무나 커다란 프로젝트였음을 고백합니다. 서울에서 보내는 이 기록이 그들의 아프고 외로웠던 지난날에 작은 위로가 되기를 기도합니다. 마지막으로 미우나 고우나 자이니치들을 도와온 사람들은 우리가 아닌 일본인임을 알고 있습니다. 모두에게 깊은 감사의 인사를 올립니다.

서울, 이천십오년 여름
이범준

읽어두기

일제의 식민지로 일본에 남겨진 사람들의 역사를 기록하면서 고민스러운 것은 용어의 선택이었습니다. 가령 일본에는, 대한민국과 조선민주주의인민공화국이 생기기 전에 주어진 신분을 가진 사람들이 있습니다. 그들의 외국인등록증에는 '조선'이라고 적혀 있습니다. 이들의 출신 지역이 조선반도라는 의미입니다. 한반도라는 단어는 한국을 제외하고는 쓰이지 않으며 그나마 대한민국 수립 이후에 본격적으로 나타났습니다.

'북한'이라는 말도 인터뷰 당사자가 그 명칭을 받아들이지 않는 경우가 많았습니다. 그렇다고 조선이라고 부르기에는 식민지 이전의 조선과 헷갈릴 우려가 있었습니다. 오히려 '우리나라'나 '공화국'이라고 했습니다. 그래서 일본에서 일반적으로 쓰는 '북조선'이라는 단어를 쓰기로 했습니다. 그 밖에도 맥락에 따라 한국어, 조선어, 우리말을 혼용했고, 상황에 따라 자이니치, 재일 조선인, 올드커머 등의 표현을 썼습니다.

일본에서 흔히 쓰이는 민단과 총련 대신 재일민단과 조선총련으로 표기해 독자들이 실체를 쉽게 알도록 한 경우도 있습니다. 그러면서 왜 이런 용어를 선택했는지 설명을 본문에 적었습니다. 등장인물의 직함은 전·현직을 구분하지 않았고, 한자는 해당 단어가 맨 처음 나올 때 한 번만 썼습니다. 후속 연구를 위해 한국·일본·미국·호주 자료의 출처를 빠짐없이 기록했고, 재인용도 엄밀히 표기했습니다.

일본어 인터뷰는 그대로 옮기면 어색할 수 있어 윤문하고 일본어를 병기했습니다. 당사자가 우리말을 독해하는 경우에는 확인을 거쳐 일본어를 삭제했습니다. 기록의 엄격함을 위한 경우를 제외하고는 일본어 표기를 억제해 읽기 편하도록 했습니다. 일본 현지 취재 기간은 410일이며, 역사적인 성격을 고려해 녹음으로 남긴 인터뷰는 83시간 32분 46초입니다. 한 글자도 빠뜨리지 않고 문자화했습니다. 촬영한 사진은 6240장입니다.

서울

일본의 한국인

풍경

그리워 헤매던 긴긴 날의 꿈

1976년 겨울 신인 가수 조용필의 노래 '돌아와요 부산항에'가 거리 곳곳에서 흘러나왔다. 1975년 시작된 재일동포의 고향 방문에 맞춰 1973년 발표했던 노래의 가사를 바꿨다. "가고파 목이 메여 부르던 이 거리는, 그리워서 헤매던 긴긴 날의 꿈이었지. 언제나 말이 없는 저 물결들도, 부딪혀 슬퍼하며 가는 길을 막았었지." 그리고 이 무렵 일본 도쿄발 외교문서에 외무부장관 박동진이 줄을 그어가며 읽고 있었다. '일본 사법시험 합격자 김경득에 관한 보고'. 1976년 12월 7일자로 주일대사 김영선이 급히 보내온 것이다. 문서 번호 일본(영)725 - 6904.

"10월 9일 발표한 일본 사법시험에서 27세 김경득이 우수한 성적으로 합격. 465명 가운데 38등. 10월 19일 최고재판소에 사법수습생 채용신청서를 제출했지만, 최고재판소는 '귀화 신청을 제출하는 것을 조건으로 수리하겠다'고 김경득에게 통보."

1972년 김경득은 와세다대 법학부 졸업을 앞두고 교내 취업 상담실을 찾는다. 수험 정보를 얻어 시험을 쳐볼 생각이었다. 구체적으로 진보 성향의 아사히신문에 들어간다는 계획까지 세웠다. "메이저 신문사나 방송사에 외국적자外國籍者가 들어가는 것은 불가능합니다." 김경득은 상담실을 돌아 나오면서 결심했다. 조선인의 자아를 되찾는다. 가나자와 게이토쿠金澤敬得 대신 김경득金敬得으로 이름을 쓰기 시작한다.

사법시험을 치기로 마음먹었다. 1년 정도 아르바이트를 하면서 시험공부를 해보지만, 그렇게는 가망이 없었다. 1973년 고향집 와카야마현으로 돌아간다. 학비를 마련하려고 공사판 일을 시작했다. 운전면허가 있으면 일당을 더 받을 수 있었다. 하지만 학원비가 없어서 오전 4시에 일어나 큰형이 운전하던 차로 연습했다. 트럭이 전복되는 사고를 당한다. 다행히 크게 다치지는 않는다.

한겨울이 됐다. 현장에는 찬물뿐이니 흙만 씻어내고 바로 목욕탕에 가야 감기에 걸리지 않았다. 김경득은 100엔을 아끼려고 목욕탕에 가지 않았다. 큰형은 "내가 돈을 줄 테니까 뜨거운 물에 씻어"라고 했다. 김경득은 "대학까지 나온 놈이 앞가림은 하겠습니다"라고 사양했다. 결국 시험을 치르는 데 필요한 60만 엔이 모였다. 빨래와 청소를 해준 형수에게 인사하고, 고향을 떠난다. "고맙습니다. 변호사가 되어 돌아오겠습니다."

1974년 김경득은 도쿄로 돌아간다. 모교인 와세다대의 주물연구소에서 숙직 아르바이트를 하며 시험공부를 시작한다. 2년 뒤인 1976년 10월 9일 사법시험에 합격한다. 하지만 국적의 장벽이 다시 앞을 가로막았다. 사법수습생은 일본국적이어야 했다. 그때까지 외국적으로 합격했다가 귀화하지 않은 사람은 아무도 없었다. 김경득은 10월 18일

24

도쿄 최고재판소에 사법연수소 수습생 채용신청서를 낸다. 국적은 한국이었다.

"이대로는 연수소에 못 들어갑니다. 일본국적으로 귀화해야 합니다." 최고재판소 인사국 직원은 김경득에게 거듭 설명했다. "한국적韓國籍 그대로 채용신청서를 받아주세요. 제가 그렇게 내려는 겁니다." 그는 한국적으로 연수소에 들어가겠다고 되풀이했다. 사법수습생 채용요강의 결격사유란에 '일본국적을 갖지 않은 자'가 있었다. 최고재판소 직원은 도저히 말이 통하지 않자 이를 임용과장에게 보고했다.

당시 최고재판소 인사국 임용과장 이즈미 도쿠지泉德治의 인터뷰. "인사국 직원이 김경득에게 귀화해야만 한다고 설명했다. 하지만 김경득이 한국적으로 연수소에 들어가겠다고 계속 주장해서, 결국 나한테 보고가 들어왔다."■ 계속해서 이즈미의 인터뷰. "수습생은 준공무원이기 때문에 일본국적이 필요했다. 검사 수습을 하면 피의자를 조사하고, 기밀이 유지되어야 하는 재판소의 판결 과정에도 접근하기 때문이다."■■

당시까지는 합격자 모두 귀화해서 수습생이 됐다. 일본국적이기 때문에 원하면 판·검사도 됐다. 10월 19일 인사과장실 응접탁자를 두고 이즈미와 김경득이 마주 앉았다. "저는 대한민국적 그대로, 김경득이라는 이름 그대로 연수소에 들어가겠습니다."[1] 목소리는 차분했지만

■　人事局に司法修習生採用申込書を持ってきていらっしゃると。どうもその一、「帰化しなきゃいけないんです」という説明しても、ご本人は「いや、このまま採用してほしいと言ってらっしゃる」という報告が僕のとこに来たわけ。

■■　これは準公務員であると。だから、公務員なって、そういう検事の修習ではあるけども取り調べもする。それから、判決の秘密の場所にも入っていくと、で、起案もするということで、これは日本国籍が必要であるということ。

양시밍이 1971년 최고재판소 사무총국 인사국에 낸 탄원서 원본. 최고재판소는 대만 국적이라는 이유로 채용 불가를 통보하고 받은 탄원서 등을 모두 돌려주었다.

2013 1023

의지는 분명했다. 이즈미의 인터뷰. "솔직히 처음에는 간단하게 생각했다. 설명을 하면 알아듣겠지 싶었다. 하지만 김경득은 단단히 공부해서 왔다. 요시이 마사아키吉井正明까지 만나고 왔더라."▪

요시이 마사아키. 1971년 사법시험에 대만 국적으로 합격한 양시밍楊錫明이 그다. 대만이 일본의 식민 지배에서 해방된 이듬해인 1946년 태어났다. 그의 어머니가 태어났을 때부터 대만은 식민지였다. 그런 어머니와 함께 일곱 살에 일본으로 건너갔다. 사법시험에 합격했다는 통지를 받자마자 최고재판소에 수습생 신청서를 내고 귀화를 기다리는데 문제가 생겼다. 대만의 국적법은 45세 이후에만 국적 이탈이 가능하도록 해놓은 것이었다. 결국 최고재판소는 양시밍에게 채용 불가를 통보하고, 그는 수습생이 되지 못했다.

요시이의 인터뷰. "(1971년) 야구치 고이치矢口洪一 인사국장을 직접 만났다. 이유를 정확히 알려주지는 않고 '여러 가지 검토해보니 올해는 안 되겠다'고만 하더라. 내년에는 되는 거냐고 물었더니, '약속하지 못한다'고 했다. 그리고 채용 불가 통지서가 왔다."▪▪ 김경득은 5년 앞서 같은 일을 겪은 요시이를 만나러 효고현 고베시로 갔다. 요시이는 자신이 확보한 모든 자료를 그대로 김경득에게 건네주었다.

이즈미를 면담하고 한 달 뒤인 11월 20일 김경득은 최고재판소에

▪　ご本人がそんなに詳しいことをね。吉井さんにも会って勉強してんだよ。すでにね、十分知識を持ってた。正直言ってね、軽い気持ちで対応していた。

▪▪　矢口(洪一)さんに呼ばれて直接会ってるんです。会った時に「今回はあなたは採用を認められないということになりました」と。理由は言えないけれども、「こういういろいろ検討したけども、あなたの採用認めません」と。という話で、その通知が届いたんですけれどもね。「じゃ、来年度は認めてくれるんですか?」と言ったら、「そんな約束はできない」というふうに言われた。

그리워 헤매던 긴긴 날의 꿈

청원서를 제출한다. "저는 어려서부터 한국인으로 태어난 것을 한스 럽게 생각했습니다. 스스로를 보호하기 위해 한국적인 것이라면 어떠 한 것도 하지 않으려 노력해왔습니다. 그러나 일본인의 차별을 피하려 고 일본인처럼 가장하는 것은 무척 고통스러운 일이었습니다. 대학을 졸업할 무렵에는 주위에서 한국인이라는 사실을 알까 봐 전전긍긍하 는 제 모습에, 견딜 수 없는 비참함을 느꼈습니다. 일본인처럼 보이기 위한 그간의 노력이 얼마나 바보 같은 짓인지 뼈저리게 알게 됐습니 다. 돌이켜보면 제가 해야 할 일은 차별을 없애는 것이지, 일본인을 가 장하는 게 아니었습니다. 저처럼 자신의 민족에게 등을 돌려온 인간도 자기를 찾을 수 있는 것은 대한민국 국적을 보유하고 있기 때문입니 다. 제 자신의 존재 의의를 잃게 하는 일본국 귀화를 받아들일 수 없습 니다."

김경득은 이렇게 한국인임을 온몸으로 호소했지만, 한국 정부는 재 일동포에 관심도 애정도 없었다. 박정희 정부의 외교관들은 재일동포 에게 무슨 일이 있는지 몰랐다. 12월 1일 아사히신문에 김경득의 이야 기가 실린다. 아르바이트로 와세다대에서 청소하는 모습을 찍은 사진 도 함께 실렸다. 일본 법조계는 물론 사회 전반에 문제가 된다. 한국대 사관은 그때서야 이 기사를 첨부한 보고서를 만든다. 이러한 대사관과 정부이니 일찍 알았어도 달라질 것은 없었다. 이렇게 한국 정부가 재 일동포를 무시하는 것은 기민정책棄民政策[2]으로 불렸다.

28

김경득 이야기가 일본 사회에 반향을 일으켰지만 그렇다고 쉽사리 해결될 문제가 아니었다. 일본에 귀화하려고 했던 양시밍이 국제법상 불가능해 수습생이 되지 못한 게 겨우 5년 전이다. 그런데 귀화가 가능한데도 거부하는 김경득을 받아줄 일이 아니었다. 더구나 선례를 중요하게 생각하는 최고 사법기관이 이유 없이 입장을 바꾸는 것은 상상하기 힘들었다. 이즈미 임용과장으로서는 재판관들에게 김경득 문제를 선례대로 처리하겠다고 보고하면 됐다.

이즈미의 인터뷰. "이런 말 하기 뭣하지만 우리 때는 사법시험에 3퍼센트 합격했다. 모두들 고생 고생한 끝에 됐으니 솔직히 쉽게 포기할 수 있는 건 아니었다. 그래서인지 몰라도 귀화가 필요하다고 설명하면 대개 그렇게 했다."■ 실제로 김경득에 앞서 합격한 외국적자 13명은 모두 귀화했다.[3]

계속해서 이즈미의 인터뷰. "그런데 김경득은 1년이든 2년이든 기다리겠다고 한 거다. 야단났다고 생각했다. 야단났구나, 야단났어. 젊은이 한 사람의 진로, 아니 인생이 닫혀버리는 것 아닌가 싶었다. 야단났다는 말이 어떨지 몰라도 솔직한 심정이 그랬다."■■

김경득은 청원서를 냈지만 아무 소식이 없었다. 이듬해인 1977년 1월 1일 김경득은 고향 와카야마로 돌아간다. '변호사가 되어 돌아오겠다'는 약속은 지켜지지 못했다. 고향에서 특별히 하는 일 없이 시간을 보낸다. 6시간에 걸쳐 자신의 반평생을 녹음하기도 한다. 외국인이 연수소에 들어가는 게 간단히 이뤄질 것도 아니었고, 설령 해결이 된

■　こう言って悪いんだけど、僕らの時は3％しか受からなかった。大変苦労してやっと受かったんだから、それを捨てるっちゅうことはない。だから説得すると、大体みなさん「ああ、そうか」って言って帰化されるわけだね。

■■　それで、いやー、その1年でも2年でも待つっておっしゃったんだ。こりゃ困ったなって思ったね。それで僕は、困っちゃったんだ。困っちゃったっていうと変だけど。1人の若者ですよ。この1人の若者の進路というか人生というものを閉ざしていいんだろうかという。困ったっていう表現はちょっと適当でないかもしれないけど。当時な正直な心境というのは、困っちゃった。

그리워 헤매던 긴긴 날의 꿈

다 해도 10년은 걸릴 일이었다. 그 사이 김경득을 위해 움직인 이는 일본인 변호사들이었다. 하라고 산지原後山治 등이 '김경득을 지원하는 모임金敬得君を支援する会'을 만들어 활동했다. 최고재판소에 여섯 번에 걸쳐 의견서를 제출했다.

한편 양시밍은 입소가 거부된 이듬해인 1972년 극적으로 요시이 마사아키로 귀화한다. 1972년 9월 29일 일본 총리 다나카 가쿠에이와 중국 총리 저우언라이가 베이징에서 중일 공동성명을 발표한다. 일본은 대만과의 관계를 끊고 중국과 외교 관계를 수립한다. 이때 대만 정부는 일본에 살던 대만인이 국적 이탈을 하도록 허락했다. 요시이의 인터뷰. "중국대사관이 생기면 대만인도 중국인으로 국적 이탈하는 게 가능했을 것이다. 대만 정부로서는 어차피 상황이 이러니 일본에 사는 대만인과 관계를 좋게 가져가려고 일종의 서비스를 한 것 같다."■ 그리고 최고재판소는 귀화한 요시이를 받아준다.

이렇게 엄격한 최고재판소가 김경득을 입소시켜줄 리 없었다. 그런데 가망이 없다고 여기던 3월 23일, 김경득은 사법수습생에 채용됐다는 소식을 듣는다. 김경득은 "그렇게 일찍 연수소에 들어가리라고 예상하지 못했다. 10년은 걸릴 것이라고 생각했다"[4]고 말했다. 심지어 김경득 지원 모임을 이끈 변호사 하라고도 '최고재판소가 하루아침에 바뀔 일이 아닌 만큼, 일단 변호사가 되어 차별과 싸우라'고 했었다. 쉽게 이뤄질 수 없었던 이 사건은 김경득의 인생은 물론, 일본 사회의 차별, 재일동포의 운명을 한꺼번에 바꾼다.

30

■　中国の大使館ができると台湾人も中国の一応国民ということだから、中国の大使館に行って国籍離脱すればいいわけ。日本にいる台湾人を引き続いて一応台湾政府のひとつ庇護っちゅうか、のもとに置きたいということで、そういう柔軟な姿勢でサービスをしたと。

최고재판소는 왜 갑자기 김경득을 입소시켰을까. 그동안 김경득의 열정이 최고재판소를 바꾸었다고 막연히 생각해왔다. 재일동포의 운명을 바꾼 획기적인 이 사건의 배경과 진실을 이즈미가 35년여 만에 공개했다. 이즈미는 김경득을 면담한 다음 이 사건을 최고재판관 15인 회의에 올리기로 결정한다. "연수소도 최고재판소의 일부다. 따라서 수습생 채용은 최고재판소가 결정하도록 재판소법에 나와 있다. 하지만 수습생은 재판관 이외에 검찰관도 되고 변호사도 된다. 수습생 연수도 세 곳에서 한다. 그래서 검찰청과 변호사회는 어떻게 생각하는지 의견을 물어야 한다고 생각했다. 그렇게 (김경득 문제를) 최고재판관 회의에 보고했다. 그런데 법무성이 연수생에게 일본국적이 없어도 된다고 한 것이다."▪

법무성에서는 무슨 일이 있었을까. 1970년대 들어 일본은 대미 무역에서 대규모 흑자를 내고, 그러면서 무역 분쟁이 발생한다. 국제 유가가 상승하면서 일본의 소형 자동차가 미국 시장을 석권한 때문이다. 당시 미국은 급한 대로 오렌지와 소고기를 대량 수입할 것을 요구하고 있었다.[5] 또 1973년 시작된 다자간 무역 협상인 도쿄 라운드도 한창 진행 중이었다. 이즈미의 인터뷰. "당시 일미 통상 문제가 있었다. 미국은 미국 변호사가 일본에서 일할 수 있게 하라고 요구했다. 미국의 그런 의견을 외무성이 법무성에 전달한 상태였던 것 같다. 내가 법무성

▪ 司法修習生を採用するかどうかは、最高裁が決めるというふうに裁判所法に書いてある。しかし、司法修習ていうのは、裁判官だけじゃなくて、検察官になったり、弁護士になったりするんじゃないか。しかも、この司法修習ていうのは、この3者がね、裁判所も検察庁も弁護士も全部教育するんだと。そうすると、その人達が、どう考えるべきか、やっぱり意見聞かなきゃいけないじゃないかというふうに僕は思ったんだね。だから、裁判官会議には、こういう問題が、こういう質問があると。一応ご報告しますと。その時に法務省がね、「かまわない」と言ったんだね。国籍がなくても良いという。

그리워 헤매던 긴긴 날의 꿈

에 (김경득에 관해) 의견을 묻자 법무성은 외무성 아시아국에 물었다. 미일 통상 교섭의 실무는 북미국이 했는지 몰라도 아시아국을 비롯해 여러 국이 관여했다. 아무튼 아시아국은 '미국이 이런저런 요구를 하는 상황이니, 일본국적 없이 채용하는 데 이견이 없다'고 했다. 이것이 법무부를 거쳐서 내게 왔다. 그리고 이것을 최고재판관 회의에 보고했다. 그렇게 해서 '법무성이나 외무성이 그렇다면 입장을 바꾸자'고 결정됐다. 결국 외무성이 결정적인 역할을 했다."■

최고재판소는 외국적 합격생도 적당하다고 판단되면 입소시킨다고 방침을 바꾸고, 첫 대상으로 김경득을 구제했다. 김경득 이후로 해마다 5~6명의 재일동포가 변호사가 됐다. 외국적은 안 된다는 원칙은 놔둔 채 예외적으로 입소시키는 방식이었다. 하지만 30년 넘도록 거부된 사람이 없었고, 재일동포뿐 아니라 로스쿨을 마친 유학생까지 합격했다. 2009년 최고재판소는 국적 제한을 완전히 없앴다.

이즈미의 마지막 이야기. "이제 솔직히 말씀드린다. 김경득이 1년이든 2년이든 기다리겠다고 했었으니, 3년도 기다린다는 얘기였다. 한 젊은이, 한 젊은이의 인생이, 이렇게 끝나야 하는가. 그 생각이 머리를 떠나지 않았다. 한 젊은이의 인생이었다. 한국이니 일본이니 그런 문제가 아니었다. 한 청년이 꿈꾸는 것을 이뤄주고 싶었다. 그렇게 내 마

■　その当時、日米通商条約でね。アメリカがね、盛んにアメリカの弁護士を日本で仕事できるようにしろという、非常に強い要求が来てた。それをあの外務省が受けて、法務省にその問題を持ち込んでたわけだ。法務省はね、僕が、法務省に意見を聞いたら、法務省は外務省のアジア局に聞いたんだ、意見を。アジア局ちゅうのは、そういう日米通商の交渉のね、日米通商協定ちゅうかなんていうか、そういうアメリカ関係のね、そりゃ直接やるのは、アメリカ局かもしれませんけど、いろいろ関係するから、アジア局も関係してたんだろうね。アジア局に法務省が聞いたわけだ。外務省は、今、そういう、アメリカから要求されてたから、むしろ外務省は外国籍のまま採用することに異議がないと言ったんだな。それが法務省に通じて、法務省から私のところに来たんだ。それを裁判官会議に報告した。法務省も外務省もそういうことであれば、採用にしようということで方針が変わったんです。ですから、一番大きかったのは、外務省の意向かな。それがまあ決定的なことでしたね。

음이 번져갔던 것 같다."▪

▪ 　それとやっぱり僕自身も1年も2年も待つ、1年も2年も。2年も待つってことは3年も待つってことでしょ? 1人の若者の、1人の若者の人生を、これ閉ざしていいのかなあっていう、それが非常に、そういう思いが強く、だんだんなってきた。なんとか、あのー、まあ1人の若者ですよ。別に韓国とか日本とかじゃないんだよね。1人の若者の、そういう希望ってものをやっぱり、叶えてあげられたらいいなという気持ちに、だんだん変わってきたね。

그리워 헤매던 긴긴 날의 꿈

나는 일본 사람이 아니다

신문기자가 되려고 했던 이유를 김경득은 "자이니치在日 차별에 맞서 싸우려는 것"[6]이라고 했습니다. 자이니치, 김경득이 자신을 가리킨 단어입니다. 재일동포라는 말은 일본에선 거의 쓰이지 않습니다. 사전으로 풀어봐도 '일본에 사는 같은 민족'이라는 뜻이어서, 어느 민족이 말하느냐에 따라 실체가 달라집니다. 의미가 불분명하고 대상을 타자화합니다. 따라서 재일동포가 스스로를 재일동포라 부르지도 못합니다. 자이니치를 한국식으로 '재일'이라고 부르는 것도 어색하기는 마찬가지입니다. 자이니치는 대부분 한국어를 말하지 못하며 이는 아주 중요한 정체성입니다. 재일이라는 표현은 당사자도 모르는 말로 상대방을 지칭하면서 우리말을 빼앗긴 역사를 생략하는 것입니다.

자이니치라는 단어에는 '일본에 있는'이라는 뜻밖에 없습니다. 생략된 단어를 살려서 '자이니치 조센진在日朝鮮人'이라고 해야 정확합니다. '조선'은 일본에서 쓰이는 지역·민족명입니다. 조선반도, 조선전쟁, 조선민족이라 부릅니다. 중국과 베트남을 비롯한 동아시아 모든 나라가 그렇습니다. 참고로 한반도라는 단어는 1948년 이후 한국에서만 쓰이고 있습니다. 1920년 4월 1일 창간된 동아일보의 기사를 확인해보면 1945년 8월 15일 광복되던 날까지 '조선반도'가 2969번, '한반도'가 8번 나옵니다. 하지만 '조센진'이란 단어가 조금씩 사라졌습니다. 식민지 시절부터 차별하는 의미가 있었기 때문입니다. 그러다 보니 해방 이후에는 일본에서 조선인을 조선인으로 부르지 못했습니다. 결국 '자이니치 조센진'에서 '조센진'이 빠지고 '자이니치'만 남았습니다.

이렇게 자이니치는 식민지 시절에 건너간 조선인과 후손을 가리켜 왔고 식민지 이후 이민자에게는 쓰이지 않습니다. 1965년 한일 수교 이후 이민 간 사람들을 '뉴커머ニューカマー'라고 부르기는 합니다. 이 경우 해방 이전에 건너간 자이니치는 '올드커머オールドカマー'가 됩니다. 한편 해방 이후 북쪽에서 '조선(민주주의인민공화국)'이 다시 등장하면서 의미가 복잡해졌습니다. 그래서 일본에서는 식민지 이후 등장한 조선을 식민지 이전의 조선과 구분하기 위해 북조선이라고 부릅니다. 우리가 기원전 108년까지 있던 조선을 1392년 세워진 조선과 구분하기 위해, 고조선으로 바꿔 부르는 것과 마찬가지입니다. 이 책에서는 '조선'과의 혼동을 피하기 위해, 또 당사자들의 요구 등을 고려해 북조선이라고 표기했습니다.

자이니치로 묶이는 데 국적은 상관없습니다. 자이니치는 나중에 일본국적이 됐든 한국적이 됐든 자이니치입니다. 한국 언론이 국적을 기준으로 묶어 부르는 '재일 한인'은 공동체로서는 존재하지 않는 가상의 집단입니다. 한국에서 태어나 교육받고 일본으로 건너간 사람과,

히로시마 평화기념공원 원폭희생자위령비
안으로 멀리 원폭돔이 보입니다. 1945년
8월 6일 미군이 이곳에 원자폭탄을 투하
한 뒤 일본은 항복하고 전쟁은 끝납니다.
2013 0727

한국에는 가본 적도 없는 사람이 한국적이라는 이유만으로 같을 수 없습니다. 오히려 자이니치는 국적이 달라도 정체성이 같습니다. 체험과 역사가 국적보다 훨씬 많은 기억을 담습니다. 일본이름을 쓰는 일본국적자가 스스로를 자이니치라고 소개합니다. 자이니치 가운데 한국적을 가진 사람들도 국적까지 밝혀 '자이니치 간코쿠진在日韓国人'이라고 하지 않습니다. 일본사회에서 자이니치는 조선반도 출신이라는 중요한 정체성을 드러내지만, 국적은 특별한 경우가 아니라면 밝힐 이유가 없습니다. 자이니치의 정체성은 국적보다는 역사에 있습니다.

2000년대 들어 '자이니치 코리안Zainichi Korean'이 자주 쓰입니다. 영어 문서에서도 '코리안 인 재팬Korean in Japan'이라고는 하지 않습니다. '자이니치'가 빠져서는 역사를 설명하지 못하기 때문입니다. 한편 일본에 거주하는 외국적이 늘어 2007년부터 자이니치를 제치고 중국인이 최대가 됩니다. 일본에서 이들을 가리키기 위해 '자이니치 주고쿠진在日中國人'이라고 쓰기 시작했습니다. 이때 '자이니치'는 '재일미군在日米軍'에 쓰이는 '자이니치'와 같습니다. '자이니치(조센진)'에 들어 있는 역사적인 의미가 없습니다. 이런 면에서 강상중의 책《자이니치在日》가 한국에서《재일 강상중》으로 번역된 것은 무척 아쉬운 일입니다.

다음으로 이즈미 도쿠지라는 인물에 관한 이야기입니다. 만약 당시 최고재판소 사무총국에 이즈미가 없었다면 변호사 김경득이 있었을까요? 의문을 풀어보기 위해 한국과 일본의 사법제도부터 비교해보겠습니다. 한국 법원은 일본 재판소의 영향을 강하게 받았습니다.[7] 누구도 부인할 수 없습니다. 한국의 사법연수원, 사법연수생, 연수생 임용은 모두 일본의 사법연수소, 사법수습생, 수습생 채용에서 가져온 것입니다. 최고재판소 사무총국을 본뜬 법원행정처가 대표적입니다. 엘리트 판사들로 구성한 사법 행정 기구입니다. 여기에는 세월을 거듭한 연구와 축적된 기준이 있습니다. 10년 넘게 법원행정처를 취재하면서 조금의 오차도 없는 거대한 컴퓨터 같다고 느낀 적이 많습니다. 일본은 제도 하나를 변경하는 데 최소 10년은 준비하는 나라입니다. 그렇다면 사무총국이 얼마나 견고한 조직인지 상상할 수 있습니다. 심지어 일본에서조차 상명하복의 강고한 관료 조직[8]이라는 비난이 있습니다.

김경득 사건 당시 이즈미 과장은 사무총국에 막 들어갔을 때였습니다. 외국적 수습생 채용 불가라는 최고재판소의 오래된 입장도 있었습니다. 그런데도 사법연수소 채용 문제를 뒤집기 위해, 다른 기관에 의견을 조회한 것입니다. 경력 10년 정도 판사로서는 용기가 필요한 일이었습니다.

이즈미 재판관이 태어난 후쿠이현은 시골에 속합니다. 이즈미가 소학교 1학년이던 1945년 돗토리현에 이어 전국에서 둘째로 인구가 적었습니다. 2014년에는 47개 지방공공단체 가운데 인구 순위 43위입니다. 카프 시인인 임화와 연대시를 주고받아 유명한 시인 나카노 시게하루中野重治의 고향이기도 합니다. 마을에는 직물 공장을 개조한 군수 공장이 있었습니다. 비행기 계측기를 만들었는데 이 때문인지 조선인들이 살았습니다. 이즈미는 친하게 지내던 조선인 형이 또래에게 둘러싸여 놀림받는 모습을 자주 목격합니다. 이 가족은 전쟁이 끝나자 조선으로 귀국했는데 해방된 조국을 재건하러 가는 것이 아니었습니다. 태어나 살던 일본이지만 버티지 못하고 도망치듯 떠나는 것이 었습니다.

이즈미 재판관이 인터뷰에서 말했습니다. "당시 조선인 형이 둘러 싸여 있는 모습을 보며 가엽다, 왜 저렇게 못살게 구나 싶었다. 소학교 1학생이었으니 거창하게 생각한 것은 아니었지만, 그런 느낌이 자연스 럽게 들었다."**

이즈미는 사무총국에 들어가기 전에 하버드대에 유학했습니다. 일본이 미국의 패전 국가라는 이미지가 남아 있을 때입니다. 다 시 이즈미 재판관의 인터뷰입니다. "(1969년) 유학 가던 비행기였 다. 내 좌석이 창가였는데 어느 미국인이 있었다. 자리가 바뀌지 않 았냐고 물었더니, 당장 '일본 놈Japs'이라고 내뱉더라. 그냥 듣고 있었 는데 '일본 놈이 무슨 말을 하느냐'고 그러더라. 나는 더 이상 말하지 않았다."**

이즈미 재판관은 이후 1996년 최고재판소 사무총장을 거쳐, 2000년 도쿄고등재판소 장관, 2002년 최고재판소 재판관이 됩니 다. 38년 재판관 생활을 하면서 완벽에 가까운 엘리트 코스를 밟습니 다. 최고재판소 재판관 이즈미에 대한 전문가들의 평가는 이렇습니 다. "(행정부나 변호사가 아닌) 재판관 출신 최고재판소 재판관들은 다 수의견에 서는 경우가 많다. 최고재판소 인사국장과 사무총장을 거친

■ あの一なんか取り囲まれてね、立ちすくむ姿見てかわいそうだなって、かわいそうだなっていうか日本 人はなんて悪いこと、そんなことするんだっていう気持ちがありましたね。もうこれは、そんな立派なあれじ ゃない、もう自然の感覚としてね。なんてことをするんだっていうのが小学校1年生かそこらの子供に感じま したね。

■■ 僕がアメリカに留学した時、飛行機乗っとってもね、そこにもうどかっとアメリカ人が座ってて、席が違 うじゃないのと言ったら、ジャップとか言ってね。相手にしないね。で、ジャップが何事言ってるかって言っ て、僕はそれ以上あれしなかったけど。

정통 사법 관료인 이즈미가 적극적으로 소수의견을 낸 것은 놀라운 일이었다. 그의 소수의견에는 문제의식이 들어 있다. 사법이 한 발 나아갈 영역은 어디인가라는."[9] 이즈미 재판관은 어려서부터 인권 감수성이 있던 데다 김경득 사건으로 강화된 것 같습니다. "김경득 채용 문제를 거치면서 이즈미 본인의 의식도 상당히 달라졌다"는 재일본조선인총연합회(조선총련) 출신 홍경의 인권운동가의 평가도 같은 맥락입니다.

이와 관련, 2014년 최고재판소는 혼외자의 상속분을 차별하는 것은 위헌이라고 결정했습니다. 이즈미 재판관은 최고재판소 재판관에 취임한 이듬해인 2003년 똑같은 사건[10]이 합헌으로 결정될 당시 위헌이라고 소수의견을 냈었습니다. "자신의 의사와 무관하게 결정된 요소로 차별하는 것은 개인 존엄의 이념을 후퇴시키는 것이다. 민주주의는 다수결로 작동한다. 하지만 이런 사건의 소수자들은 대표를 구하기 힘들다. 그래서 사법에 의한 구제가 필요한 것이다." 그리고 이즈미가 퇴임한 뒤 5년이 지나 최고재판소가 판례를 변경했습니다. 민법 조항이 위헌 결정된 것은 일본 사법 사상 처음이었고, 법률에 위헌이 선언된 것으로도 아홉 번째에 불과했습니다. 이즈미 재판관의 남다른 인권 의식과 균형 감각이 드러나는 대목입니다.

끝으로 일본과 미국의 관계입니다. 1945년 8월 15일 패전 이후 일본은 미국의 질서 안에서 움직였습니다. 2014년 7월 1일 일본 정부는 헌법 해석을 바꾸어 자위대가 외국에서 무력을 쓰도록 했습니다. 한국 정부는 일본 정부를 비난했지만 사실은 버락 오바마 미국 대통령의 사

히로시마역에서 출발해 원폭돔으로 가는 노면전차. 1912년 개통했고 전쟁 시절에는 군수 노선 기능을 하면서, 미쓰비시중공업으로 조선인 강제 징용자들을 실어 날랐습니다.

2013 0727

전 요청에 따른 것입니다.[11] 일본을 이용해 중국을 견제하려는 것이었습니다. 근본적으로 1946년 11월 3일 공포돼 한번도 개정되지 않은 일본국헌법 자체가 연합군 사령부(연합군국 최고사령관 총사령부·GHQ)의 주도로 만들어진 것입니다. 대만 국적인 양시밍이 일본으로 귀화할 수 있었던 배경에도 미국이 있습니다. 직접적 계기는 1972년 9월 중일 국교 정상화이지만, 이 역시 같은 해 2월 리처드 닉슨 미국 대통령과 마오써둥 국가 주석의 회담이 영향을 주었습니다. 미국과 중국이 먼저 가까워진 뒤에야 일본이 중국과 국교를 회복한 것입니다. 패전국인 일본은 미국이 만드는 국제 질서의 영향을 강하게 받았습니다.

김경득이 한국적으로 사법연수소에 들어가는 데도 결과적으로 미국의 힘이 작용했습니다. 통상 압력이 없었다면 최고재판소가 외국적을 입소시키지 않았을 것입니다. 취재 결과, 당시 재판관 가운데 반대가 있었습니다. 외무성 사무차관 출신 시모다 다케소下田武三 재판관은 회의에서 반발했습니다. 그는 외무성이 찬성 의견을 보내자 '어느 위치의 누가 결정했는지 알아내라'고 했습니다. 자신이 근무하던 외무성이 자신과 다른 의견을 보내온 것이 마음에 들지 않았던 것으로 보입니다. 시모다 재판관은 일본 최초의 법률에 대한 위헌 결정인 1973년 존속살인 가중처벌 사건에서 유일하게 합헌 의견을 냈던 인물입니다. 자이니치 변호사 배훈의 인터뷰입니다. 일본 사회의 차별을 없애려 수많은 소송을 벌여왔습니다. 그런 그이지만 국제사회에 호소하는 것도 하나의 방법이라고 말합니다. "일본은 스스로 개혁한 경험이 없다. 한국도 필리핀도 있지만 일본은 없다. 전쟁 이후 미군정이 했다. 이후 미국이나 유럽이 지적할 때만 움직였다. 국제사회에 국제인권협약을 위반하고 있다고 말해야 한다."

사실 일본으로서는 김경득을 거부할 명분이 있었습니다. 당시 최고재판소는 당연히 상호주의 문제를 확인했습니다. 한국에서 일본인을 비롯해 외국인을 사법연수원에 입소시키는지 말입니다. 불가능했습니다. 한국은 아예 변호사 자격을 금지했습니다. 당시 변호사법은 제3조에서 자격의 전제로 '대한민국 국민'을 명시했습니다. 이 조항은 김경득이 한국적으로 변호사가 되고도, 그가 서울로 유학을 와서도 유지됐습니다. 그러다가 1996년 경제협력개발기구OECD에 가입한 뒤, 통상개방 압력을 받아 1997년에 사라졌습니다.

조선적

멸망한 왕조의 생존자

자이니치 3세 양영철은 오사카에서 태어났지만 고향은 제주도다. 할아버지가 제주도에서 일본으로 건너왔다. 양영철의 호적은 제주도에 있고 본적지도 제주도다. 변호사가 되려고 사법시험을 준비해 합격했고, 2000년 10월 6일 사법연수소를 마쳤다. 최고재판소가 발행한 수료증에 '본적 북조선'이라 적혀 있었다. 북조선과 아무 관련이 없던 양영철은 어리둥절했다. 최고재판소가 무슨 뜻으로 이러는지 알 수 없었다. 그가 일하던 변호사법인의 대표 소라노 요시히로空野佳弘에게 상의했다. 김경득의 입소를 도왔던 하라고 산지, 조선학교 소송단장 니와 마사오丹羽雅雄 등과 함께 자이니치 차별에 맞선 일본인 변호사로 유명하다. 소라노는 "최고재판소가 무슨 생각으로 그런 문서를 보냈는지 서면으로 알아보는 게 좋겠다"고 말했다. 양영철은 최고재판소에 편지를 보냈다. 뜻밖에도 사법연수소는 곧바로 사과문을 보내왔다. 최고재판소 사무총국 임용과장 가네쓰키 세이시金築誠志가 작성했다. 가네쓰키는 2006년 최고재판소 재판관이 되는 사람이다.

"귀하께서 문의하신 수료증서 표기 문제를 조사한 결과입니다. 사법 수습을 수료한 사실을 증명하려면 본인을 특정해야 합니다. 그래서 본적·이름·생일을 적습니다. 이 가운데 본적은, 일본국적자는 본적지에 해당하는 (47개) 도도부현都道府 을, 그 밖에는 (1742개) 시정촌市町村이 발행한 외국인등록 서류의 국적란 표기를 적습니다. (일본인이 아닌) 귀하의 외국인등록증명서 국적란에는 '조선'이라고 적혀 있습니다. 하지만 실무상 착오로 '북조선'으로 표기되었습니다. 담당자가 서류를 보며 컴퓨터에 입력하다 실수했습니다. 이후 확인 과정에서도 놓치고 말았습니다. 사무상의 실수이며 다른 의도는 없습니다. 북조선을 귀하의 국적으로 생각해 적은 것이 아닙니다. 귀하에게 심심한 사과를 올립니다. 새로운 수료증을 보내오니 기존 수료증은 돌려주거나 파기해주시기 바랍니다." [12)]

양영철은 편지와 함께 보내온 새로운 수료증을 꺼냈다. 북조선이 조선으로 바로잡혔지만, 엉뚱하게 본적이 국적으로 바뀌어 있었다. '국적 조선'이라고 적혀 있었다. 더 이상 세상에 있지도 않은 조선의 국적자가 됐다. 양영철의 인터뷰. "내 본적은 제주도이니 '본적 북조선'은 틀리다. 설령 내가 북조선 사람이라 해도 공문서에 북조선이 뭔가. 조선민주주의인민공화국이면 몰라도. 그다음에 온 '국적 조선'은 뭔가. 조선이라는 나라는 없어졌다. 내 외국인등록증에 적힌 조선은 조선반도를 가리키는 지역명이다." 수료증으로 끝이 아니었다. 일본변호사연합회에 변호사 등록을 했는데 등록증서 본적지란에 물음표가 찍혀 있었다. 양영철의 일이 있은 뒤 일본변호사연합회는 외국적자의 경우 국적·지역을 적는 것으로 바꾸었다.

일본 최고재판소 사법연수소가 발행한 양
영철의 수료증서들. '본적 북조선'으로 잘
못 적은 뒤 재발행했지만, 이번에는 '국적
조선'으로 다시 잘못 적었다.
2013 1127

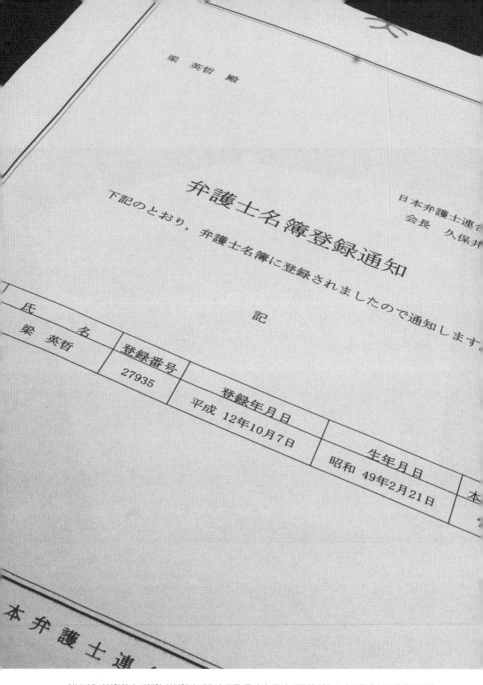

梁 英哲 殿

日本弁護士連合
会長 久保井

弁護士名簿登録通知

下記のとおり，弁護士名簿に登録されましたので通知します。

記

氏 名	登録番号	登録年月日	生年月日	本
梁 英哲	27935	平成 12年10月7日	昭和 49年2月21日	

本弁護士連

일본변호사연합회가 발행한 양영철의 변호사 등록 통지서. 근거 서류인 연수소 수료증에 북조선이던 것이 이번에는 물음표로 바뀌었다.

2013 0516

양영철의 '조선'은 무엇이고 어디에서 왔을까. 1947년 5월 2일 천황
의 마지막 칙령으로 외국인등록령이 발표된다. 마지막인 이유는 다음
날 5월 3일부터 대일본제국헌법 대신 일본국헌법이 시행되기 때문이
다. 마지막 칙령은 일본국헌법이 공포되기 6개월 전부터 준비된 것이
다. 등록령에는 '대만인 가운데 내무장관이 정한 사람과 조선 사람은
당분간 외국인으로 간주한다台湾人のうち内務大臣の定める者及び朝鮮人は、こ
の勅令の適用については、当分の間、これを外国人とみなす'고 적혀 있다. 일본 정
부는 곧바로 외국인등록을 시작했다. 반도에는 대한민국도 북조선도
생기기 전이었다. 조선반도에서 건너왔으므로 조선으로 표기됐다. 그
들이 낳은 자녀나 손자도 조선으로 적혔다. 이들 가운데 한 사람이 양
영철이다. 자이니치 가운데 외국인등록 표기가 조선인 사람을 '조선
적'이라고 부른다. 한국적이나 일본국적처럼 국國 자를 쓰지 않으며,
국적도 아니다.

외국인등록이 시작된 이듬해인 1948년 반도에 두 개의 국가, 한국
과 북조선이 생겼다. 1950년부터 연합군 사령부는 조선인들의 등록 표
기를 '한국'으로 바꾸어줬다. 한국 정부의 요청에 따른 것이며 '북조선'
으로는 바꿔주지 않았다. 1965년 한일협정 이후에 일본 정부는 한국적
자이니치에게만 영주 비자를 주었다. 역시 한국의 요청에 의한 것이며
이때 한국적 표기가 늘었다. 일본 정부는 조선적을 '북조선'으로는 바
꿔주지 않는 이유를 미승인 국가여서라고 설명한다. 하지만 일본이 한
국을 국가로 승인한 것도 1965년이 되어서다. 아무튼 이런 이유로 자
이니치 가운데 북조선 국적자는 존재하지 않는다.

조선적 자이니치는 얼마나 있을까. 2014년 12월 현재 한국·조선적

은 50만 1230명이다.[13] 여기에는 한국적 뉴커머가 섞여 있다. 올드커머 한국·조선적은 35만 4503명이다. 조선적이 몇 명인지는 모른다. 일본 정부가 1991년부터 한국·조선을 묶어서만 발표한다. 2014년 12월 현재 3만 5000명 정도로 추정된다. 한국·조선적 자이니치 가운데 10퍼센트이며, 일본국적 자이니치를 포함하면 3퍼센트 정도다. 조선적은 한국과 일본 어디에서도 존재를 설명하기 어렵다. 호적을 최종 판단하는 최고재판소에서도 오해받을 정도이니, 다른 곳에서는 말할 것도 없다. 조선적은 고사하고 자이니치가 왜 일본에 사는지 모르는 사람도 많다. 식민 지배 시절 건너와 산다고 생각하지 못한다. 이후에 건너온 사람들이라고 생각한다.

조선을 곧잘 북조선으로 오해하는 이유도, 남쪽에서 온 사람은 한국적이고 북쪽에서 온 사람은 조선적이라고 생각하기 때문이다. 일본에서 조선적의 존재는 조선이 당한 부당한 식민지 역사를 직접 드러낸다. 만약 조선이 해방 뒤에 다시 조선이 됐거나 국가의 이름은 바뀌었더라도 통일국가였다면, 지금처럼 조선적이 남아 식민지를 체현할 수 없었다. 그런 점에서 조선적은 식민과 분단의 역사를 모두 드러내는 존재다.

조선적을 유지하는 것은 실생활의 고통을 견디는 일이다. 양영철의 인터뷰. "조선적은 무국적과 비슷한 상태이기 때문에 여권이 없다. 외국에 갈 때마다 일본 정부가 발행하는 재입국허가서를 받아야 한다. 재입국허가서에 방문하는 나라의 비자를 받아 붙인다. 출입국 심사관에게 비자를 보여주고 입국하는 것이다. 다행히 나는 그런 경험이 없었지만 외국에서 트러블이 생기면 아주 곤란하다. 어느 나라 국민도 아니기 때문에 찾아갈 대사관이 없다. 가능하면 외국에는 가지 말자고 생각하게 된다."

이렇게 조선적은 일본 정부가 발행하는 재입국허가서와 방문국의 비자를 받아야 외국에 갈 수 있다. 이런 불편한 과정을 거쳐도 못 가는 나라가 있다. 한국이다. 2008년 이후로 한국은 조선적의 입국을 사실상 금지했다. 일본국적은 비자 없이 한국에 오지만, 조선적은 한국에 오지 못한다. 2008년 이전에는 임시 여권으로 불리는 여행증명서를 내주었다. 이명박 정부에서는 한국적으로 바꾸면 정식 여권을 주겠다는 입장이 됐다. 2011년 조선적 변호사 구량옥은 서울에서 열린 제24회 로아시아LAWASIA 총회에 일본변호사연합회 대표로 참여할 예정이었다. 하지만 외교통상부가 여행증명서를 내주지 않아 참석하지 못했다. 대한변호사협회 회장 신영무가 항의했지만 받아들여지지 않았다. 당시 외교부는 한국적을 받으면 입국이 허용된다고 밝혔다.

양영철의 인터뷰. "나는 우리 이름을 쓰고 우리말을 하기 때문에 한국 사람에게서 상담이 들어온다. 하지만 한국에 들어갈 수 없음을 미리 설명한다. 사건을 처리하다 보면 한국에 가야 할 경우가 생기는데, 중간에 예상치 못한 피해를 끼치면 안 되기 때문이다. 그래서 사건을 맡지 못한 적도 있다. 스스로 업무 영역을 넓히거나 우리말 능력을 살려보자는 생각 자체를 못 하게 된다. 변호사로서 기회가 많이 줄어드는 것이다. 수료증의 경우처럼 북조선 사람으로 오해받는 것도 물론이다." 여행증명서로 한국을 몇 차례 다녀온 양영철은 노무현 정부 때인 2006년 한국적으로 바꿨다.

　조선적들은 '왜 아직도 조선적이냐' '언제 한국적으로 바꾸냐'라는 질문을 끝없이 받는다. 이렇게 묻는 사람은 대부분 한국 사람이다. 이들이 조선적인 이유는 아버지가 조선적으로 살았던 이유와 같고, 아버지가 조선적으로 죽은 이유는 할아버지가 조선적이 됐던 이유에 있다. 할아버지는 왜 조선적이 되었을까. 1947년 이후로 시간을 되돌려보면 이렇다. 1952년 4월 28일 샌프란시스코평화조약이 발효된 날, 1947년 천황 칙령으로 '당분간' 외국인이던 조선인은 '완전히' 외국인이 된다. 법무성 민사국장 무라카미 도모카즈村上朝一의 통달에 의해서다. 통달은 법령도 아니고 일종의 회람에 불과하다. '조선과 대만은 조약 발효일부터 일본국 영토에서 분리하므로, 조선인과 대만인도 내지에 있는 자를 포함 모두가 일본국적을 상실한다'고 적혀 있다. 통달의 제목은 '평화조약의 발효에 따른 조선인 대만인 등의 국적과 호적 사무 처리에 관하여平和条約の発効に伴う朝鮮人台湾人等に関する国籍及び戸籍事務の処理について'다.

　'우리가 일본 사람도 아닌데 당연한 것 아닌가' 하고 생각하는 사람도 있다. 그렇지 않다. 1910년 이후 식민지 조선인은 모두 일본국적이었다. 1936년 베를린올림픽의 마라톤 우승자 손기정은 일본 국가 대표였다. 1910년 8월 29일 병합과 함께 일본은 모든 조선인에게 일본국적을 부여했다. 그러면 언제 다시 조선인이 됐을까. 1948년 5월 11일이다. 남조선과도정부 법률 제11호인 '국적에 관한 임시 조례'에 따라서다. 심리적으로는 1945년 8월 15일 이후 더 이상 일본국적자가 아니었다. 하루빨리 벗어나고 싶었을 것이다. 하지만 일본에 있던 조선인들은 달랐다. 일본국적을 박탈한 것은 차별의 시작이었다.

외국인등록령이 나온 날짜가 일본국헌법이 발효되기 전날이라는 점에 주목해야 한다. 연합군 사령부가 작성한 일본국헌법 초안은 '우리 일본국 인민我等日本国人民'으로 시작한다. 미국 헌법이 '우리 미국 인민We the People of the United States'으로 시작한다.[14] 미국 헌법과 마찬가지로 '인민'을 주어로 삼았다. 하지만 일본은 이를 반대하고 '국민'을 고집해 '일본 국민日本国民'으로 바꾼다. 그리고 헌법이 시행되기 전날 조선인을 사실상 외국인으로 만든 것이다. 조선인에게 기본권을 주지 않으려고 일본국적을 박탈한 것이다. 그리고 1952년 민사국장의 서류 하나로 조선인은 완전히 난민이 된다. 이즈미 재판관의 인터뷰. "조선인들은 원래 일본국적이었지만 평화조약 직후 민사국장이 내린 통달 하나로 하루아침에 바뀌어버렸다."■

일본은 조선인을 외국인으로, 난민으로 만든 다음 잠정 거주를 허가했다. '포츠담선언 수락에 따른 명령에 관한 외무성 관련 명령들 조치법ポツダム宣言の受諾に伴い発する命令に関する件に基く外務省関係諸命令の措置に関する法律'이다. 법률 번호가 126호여서 126호법으로 불렸고, 자이니치는 '126호 해당자'로 불렸다. 정식 체류 자격이 아니며 보장된 기한도 없었다. 몇 가지 기준에 따라 내보내면 그걸로 끝이었다. 자이니치 조선인은 종전 직전인 1944년 193만 6843명, 외국인등록이 시작된 1947년 59만 8507명, 평화조약이 체결된 1952년 53만 5065명[15]이었다. 2014년 현재 조선적인 변호사들이 스스로를 설명하는 이유는 이

■ もともとは、日本国籍だったもんね。それが、平和条約のあれでね、法務省の民事局長が一片の通達でぽっと変わった。

렇다. 오사카에서 활동하는 조선적 변호사 구량옥의 인터뷰. "통일 조국을 지향하는 입장에서 분단을 인정하는 한쪽 선택은 곤란하다. 또 조선인은 식민지 피해 당사자인데 한국인은 이미 배상을 끝냈다." 오키나와의 조선적 변호사 백충의 인터뷰. "불편함이 많은데 왜 한국적을 받지 않느냐는 질문은 이상하다. 나는 이렇게 조선적으로 태어났고, 그 배경에는 뼈아픈 식민과 분단의 역사가 있다. 잘못된 세상이 바뀌어야지 죄 없는 내가 바뀌어야 할 일이 아니다." 그는 한국어 능력을 써서 일을 하면 서울 출장이 불가피하니 한국적으로 바꾸라는 일본 대도시 로펌의 제안을 받았다. 하지만 이를 거부하고 오키나와에서 일자리를 잡았다.

"주의할 점은, 외국인 등록상의 '조선'은 북조선 국적이 아니라 조선반도 출신임을 나타내는 기호라는 사실입니다."[16]

자이니치 2세인 서경식 도쿄경제대 교수의 책《역사의 증인 재일조선인》에 나오는 한 구절입니다. 자이니치 역사가들의 책에 빠짐없이 이 설명이 나옵니다. 일본에서 취재를 시작하기 전에 한국에서 구할 수 있는 문서 자료는 대부분 읽었습니다. 그리고 '조선=중립'이라고 머릿속에 넣어두었습니다. 하지만 취재에 나서보니 조선적에 대한 정보가 어긋나기 시작했습니다. 처음은 일본에 가기 전에 만난 자이니치 3세였습니다. 서울에 유학 중인 20대였습니다. 자신을 소개하면서 북조선 국적에서 한국적으로 바꾸었다고 했습니다. 저는 자이니치도 세대가 바뀌면서 역사를 모르게 됐다고 생각했습니다.

하지만 일본에서도 북조선 국적이라는 말을 들었습니다. 일본 대형 로펌인 TMI 법률사무소의 김유미 변호사를 인터뷰할 때였습니다.

"현재 국적은 한국이다. 대학 때 북조선 국적에서 바꿨다. 아버지는 젊었을 때, 어머니는 최근에 한국으로 바꿨다. 언니는 아직 북조선 국적이다." 이에 대해 조선적 이춘희 변호사는 설명했습니다. "(조선적 중에 조선총련 지지자가) 많다고 본다. 이상적으로는 통일 조국을 지향하기 때문에 중립적인 조선적이기도 하다. 현실적으로는 조선총련을 지지하는 1세, 2세, 3세들이 한국적으로 변경하지 않고 조선적을 지킨다고 할까, 유지하면서 왔다. 대체로 조선총련이나 북조선을 지지해서 남아 있는 것도 사실이다." 일본에서 국적을 북조선으로 변경할 수 없는 상황에서, 표면상 조선적으로 내용상 북조선 국적을 대신해온 것입니다.

조선적 가운데 북조선 여권을 가진 사람이 많습니다. 북조선은 일본에 영사관이 없기 때문에 조선총련이 발급한 것입니다. 이들은 북조선 정부에 특별히 국민으로 신고한 적은 없다고 합니다. 특이한 것은 이들이 북조선 여권으로 북조선에 입국할 때도 북조선 비자를 받아야 합니다. 북조선이 편의상 여권을 주기는 해도 완전히 자국민으로 취급하지는 않는 것입니다. 한국적 자이니치 김철민 변호사의 이야기입니다. "조선적이던 사법시험 수험생 시절 큰아버지를 만나러 아버지와 함께 평양에 다녀왔다. 북조선 여권에 북조선 비자를 받아서 갔다. 여권을 주면서도 국민으로 취급하지 않았다. 조선학교 시절 (교과서에) '조선 땅에 왼발로 내릴까 오른발로 내릴까' 고민했다는 글이 있었다. 현실은 외국인 취급인데 무슨 감동을 받을 수 있겠느냐." 참고로 해외 영주권을 가진 재외동포는 북조선 방문에 제약이 없습니다. 남북교류협력법에 따라 신고만 하면 됩니다.

이쯤에서 다소 어색함을 느끼는 분이 있을지 모르겠습니다. '북조

58

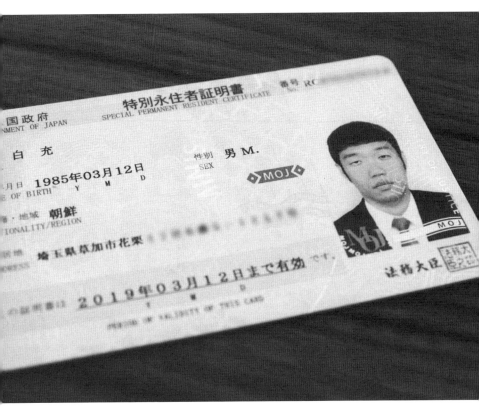

特別永住者証明書　番号 RC
SPECIAL PERMANENT RESIDENT CERTIFICATE No. RC

国政府
NMENT OF JAPAN

白 充

性別 男 M.
SEX

月日 1985年03月12日
E OF BIRTH　Y　M　D

◇MOJ◇

籍・地域 朝鮮
TIONALITY/REGION

住所 埼玉県草加市花栗

2019年03月12日まで有効です。
ERIOD OF VALIDITY OF THIS CARD

法務大臣

2012년부터 특별영주자의 외국인등록증이 특별영주자증명서로 바뀌었습니다. '국적·지역'이라고 적혀 있습니다. 한국은 국적이고, 조선은 지역입니다.

2013 0627

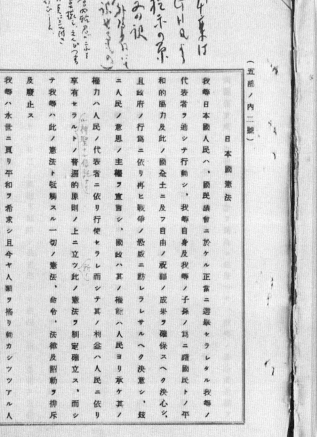

1946년 2월 13일 연합군 사령부가 만든 일본국헌법 초안의 주어는 '인민'입니다. 영어본에 'We, The Japanese People' 일어본에 '我等日本國人民'이라고 적혀 있습니다. ⓒ 일본 국립국회도서관

2014 0728

선에 드나드는 사람이 한국에도 온다는 것인데, 정부는 가만히 보고 있나.' 사실 방북한 사실을 신고하지 않아도 벌칙은 300만 원 이하 과태료가 전부입니다. 식품 접객업소가 일회용품을 제공했을 때 물어야 하는 과태료[17]와 같습니다. 자이니치 상당수는 한국에도 북조선에도 가본 적이 없습니다. 어쩌다 가본 사람이라 해도 1~2주 여행이 전부입니다. 이러한 자이니치의 처지라는 것은, 전쟁의 위험 속에 운명을 걸고 사는 우리와는 다릅니다. 대부분 반도에 두 개의 조국이 있다고 생각합니다. 한국을 적극 지지하는 사람도 북조선을 빨리 민주화되어야 할 조국이라고 말합니다. '평양에도 갔던 사람이 서울에 와도 되는가'라는 한국인의 우려는, 한국 아니면 북조선 가운데 한 곳을 지지하면 나머지는 자연히 적대한다는 상상에서 나옵니다.

자이니치 가운데는 북조선 지지자이면서 해외여행 등을 이유로 한국적으로 바꾼 사람도 많고, 국적은 한국이지만 평균적인 일본인보다 한국을 모르는 사람도 많습니다. 자이니치들을 만나보면 확실히 국적이 사상을 반영하지도 않고, 개인의 사상이 국적으로 나타나지도 않는다는 것을 깨닫게 됩니다.

다음으로 일본이 조선인의 일본국적을 없앤 것은 매우 부당한 일입니다. 1955년 독일은 오스트리아가 분리되면서 이듬해 특별법으로 국적을 선택하게 했고, 1960년 프랑스는 알제리가 독립하면서 마찬가지로 국적 선택권을 줬습니다.[18] 일본이 조선인의 일본국적을 서둘러 박탈한 이유는 헌법의 보호에서 제외하기 위해서입니다. 다음 날 시행될 헌법의 주어를 '인민'에서 '국민'으로 바꾼 것에서 짐작할 수 있습니다.

당시는 조선인의 반도 이주가 끝나지 않았을 때여서 이들을 빨리 내보내려는 의도가 강합니다. 하지만 자이니치는 생활 기반이 일본에 있었고, 해방된 조국은 분단되어 전쟁을 벌입니다. 일본을 떠나지 못한 50여 만 조선인은 무국적에 따른 무권리의 삶을 시작합니다.

새로 만들어진 헌법의 주어가 '국민'이라고 해서 자이니치의 기본권을 빼앗아야만 하는 것은 아닙니다. 헌법이 보장하도록 강제하지는 않았더라도, 소수자를 보호하는 게 위헌일 이유는 없습니다. 가령 2013년 프랑스에서 동성 결혼 법안이 합헌으로 결정됐습니다. 결혼을 남녀의 연합에서 인간의 계약으로 바꿔도 위헌이 아니라고 했습니다. 헌법은 동성 결혼을 금지하지 않았다는 것입니다. 하지만 1947년 일본은 조선인을 외국인으로 만든 이유가 있었고, 이를 위해 제도적으로 자이니치를 차별합니다. 1961년 만들어진 의료보험과 연금의 이름이 '국민의료보험'과 '국민연금'이고, 자이니치는 여기에서 제외됐습니다. 김경득을 비롯한 자이니치 변호사들이 법정 투쟁에 나섭니다. 자이니치를 차별하는 제도를 없애려 헌법의 보호를 요청합니다. 앞으로 살펴볼 이 투쟁은 역사를 새롭게 바꾸기도, 좌절시키기도 합니다.

'국민'은 일본에서 강력한 공동체입니다. 이 단어를 자주 쓰면서 의식에 주입한 것은 침략 전쟁 시절입니다. 전쟁에 참여하라고 독려하면서도 '국민'을 내세웠습니다. 협조하지 않으면 비국민非國民이라고 불러 낙인을 찍었습니다. 이렇다 보니 국민에서 제외하는 것은 법률상 차별뿐 아니라, 공동체에서 배제하는 효과도 있습니다. 지금 21세기에는 모든 나라에서 국민이 아닌 사람들과 살고 있습니다. 여전히 국민이 되는 요건은 까다롭습니다. 그런데도 '국민'을 앞세운다면 폭력이

6

고 차별입니다. 공영 방송 KBS는 수상기 소유를 기준으로 수신료를 걷어가면서도 '국민의 방송'이라고 자칭합니다. 언론은 국민타자, 국민 배우 같은 일본어를 당연한 듯 쓰고 있습니다. 해직 기자들이 만든 대안 매체의 이름이 '국민 TV'입니다. 자이니치들이 일본에서 겪어온 차별과 소외를 한국의 미디어가 모방해 전파하고 있습니다.

대한민국 헌법도 일본국과 다르지 않습니다. 1948년 제헌 헌법부터 1987년 현행 헌법까지 주어가 '국민'입니다. 하지만 헌법은 해석으로 정해지는 것이고, 우리 헌법재판소는 외국인의 기본권을 인정하고 있습니다. 2011년 9월 선고된 외국인 직업 선택의 자유 사건[19]이 대표적입니다. 헌법재판소는 '직장 선택의 자유는 인간의 존엄과 가치 및 행복 추구권과도 밀접한 관련을 가지는 만큼 단순히 국민의 권리가 아닌 인간의 권리로 보아야 한다'고 밝혔습니다. 당시 외국인의 기본권을 인정하지 않은 의견을 낸 재판관이 한 사람 있었습니다. "기본권의 주체를 '모든 국민'으로 명시한 우리 헌법의 문언 등에 비추어보면 모든 기본권에 대하여 외국인의 기본권 주체성을 부정함이 타당하다." 이순신 전문가로서 애국심을 강조하는 김종대 재판관입니다. 다행히 2014년 국회 헌법개정자문위원회는 헌법 개정안을 만들면서 주어를 '국민'에서 '사람'으로 바꾸었습니다.

마지막으로, 조선적이 줄어든 원인은 무엇일까요? 당연하지만 일본국적과 함께 한국적이 늘어난 결과입니다. 그런데 이유에 대해서는 설명이 엇갈립니다. 취재하면서 만난 자이니치는 대부분 한국적으로 바꾸는 것은 1965년 한일협정 이후 시작됐다고 했습니다. 이때부터 한국적으로 바꿀 수 있었고 그 수가 크게 늘었는데, 일본 정부가 한국적 자에게만 협정영주권을 주었기 때문이라는 것입니다. 조선총련 등에서는 이를 두고 일본 정부의 자이니치 분열 정책에 한국 정부가 동조해 조선적을 줄게 만들었다고 주장합니다. 이를 뒤집어, 한국이 북조선과의 경쟁 때문에 한국적을 늘리고 싶어 했고 일본 정부가 이를 도왔다고도 말합니다. 서경식 교수의《역사의 증인 재일 조선인》에는 이렇게 나와 있습니다. "일본 정부도 한국 정부에 협력해서 같은 재일 조선인이라도 한국 국적을 취득한 사람에 한해 비교적 안정된 거주권을 주는 협정을 체결했습니다. (중략) 무국적 상태로 사는 것은 매우 곤란한 일이어서 점점 한국 국적을 취득하는 사람이 증가해, 현재는 재일 조선인의 80퍼센트 정도가 한국 국적을 갖고 있다고 생각됩니다."

그런데 자료를 분석해보면 다릅니다. 우선 한국적으로 바꾸는 것은 연합군 사령부가 1950년부터 가능하게 했습니다. 한일협정 이전에도 한국적이 상당히 많았습니다. 1965년에 이미 41.9퍼센트[20], 한국적 24만 4421명, 조선적 33만 9116명이었습니다. 이는 자이니치의 출신지와 관계가 있습니다. 자이니치 중 98퍼센트는 경상·전라·제주 등 남쪽 출신입니다. 조선적이라는 무국적 상태를 벗어나려 했고, 한국이 고향이기도 하니 택한 것 같습니다. 따라서 한국적에 배신의 의미가 강했던 것은 아닌 것 같습니다. 다음으로 협정영주권의 영향도 생각보다 작습니다. 1965년 한국과 일본은 '대한민국과 일본국 간의 일본에 거주하는 대한민국 국민의 법적 지위와 대우에 관한 협정'[21]을 맺어 이듬해 발효합니다. 자이니치 1세, 2세의 거주를 제한적으로 보장했습니다. 그런데 한국적이 증가한 추세를 보면 협정 이전인 1960~1965년

6만 5123명에서, 1965~1970년 8만 6968명이 됐습니다. 차이가 크지 않습니다. 한국적이 조선적을 넘어선 것은 1969년입니다. 한국적 30만 9637명, 조선적 29만 7678명으로 51.0퍼센트가 됩니다. 매우 느리게 진행됩니다. 1965년 이후로 조선총련이 '한국적을 신청하는 것은 민족 분열'이라고 정치 선전을 벌였는데 효과가 있었던 것 같습니다.

조선적이 일본에서는 실체적으로 무국적인 것은 확실합니다. 그런데 법률적으로도 무국적일까요. 그렇지 않습니다. 한국법에 따르면 한국적이고, 북조선법에 따르면 북조선 국적입니다. 누가 한국인인지는 국적법에 나와 있습니다. 제1조가 '이 법은 대한민국의 국민이 되는 요건을 정함을 목적으로 한다'입니다. 법을 보면, 아버지 또는 어머니가 한국인이면 자식도 한국인입니다. 1998년 6월 13일까지는 어머니만 한국인이면 국적을 주지 않았습니다. 그러면 아버지는 어떻게 한국인이 되었을까요. 할아버지가 한국인이었기 때문입니다. 그렇다면 할아버지는 어떻게 한국인이 되었을까요. 도대체 최초의 한국인은 누구이고, 어떻게 정해졌을까요?

1948년 12월 20일 시행된 첫 국적법에조차 '출생한 당시에 부가 대한민국의 국민인 자'라고 돼 있습니다. 최초의 한국인을 정하지 않았습니다. 답답하게도 한국인의 자녀가 한국인이라는 얘기뿐입니다. 1996년에 와서야 대법원이 판결[22]로 뒤늦게 정했습니다. 조선왕조의 백성은 (식민지 시절 일본국적을 거쳐) 1948년 5월 11일 남조선과도정부 법률 제11호 '국적에 관한 임시 조례'에 따라 조선 국민이 됐고, 1948년 7월 17일 제헌 헌법이 공포되면서 대한국민이 됐다는 것입니다. 이 대법원 판결이 최초의 한국인에 대한 기준입니다. 하지만 명쾌하지는 않습니다. 실은 제헌 헌법도 최초의 한국인을 정하지 않았기 때문입니다. 대한민국 국민은 법률로 정한다고만 적혀 있습니다. 사실상 대법원이 만들어낸 것입니다.

이러한 대법원 해석에 따라 모든 조선인은 한국적이 됐고, 따라서 자이니치는 물론 북조선에 사는 사람도 한국적입니다. 그렇다고 이와 같은 법률 해석이 북쪽에 효력을 미칠 리 없습니다. 북조선에서는 식민지 이후 분단국가의 국적을 어떻게 볼까요. 조선민주주의인민공화국 사회주의헌법 제62조는 '조선민주주의인민공화국 공민이 되는 조건은 국적에 관한 법으로 규정한다. 공민은 거주지에 관계없이 조선민주주의인민공화국의 보호를 받는다'입니다. 따라서 공민은 국적과 같은 범주입니다. 그리고 북조선 국적법 제2조는 '공화국 창건 이전에 조선의 국적을 소유하였던 조선인과 그의 자녀로서 그 국적을 포기하지 않은 자'라고 정하고 있습니다. 법리상 자이니치와 한국적자도 북조선 국적자에 포함된다[23]고 합니다. 한국에 살면서 북조선 공민이랄 사람은 없을 것이고, 반대로 북조선에 살면서 한국민으로 인식하는 사람은 없을 것입니다. 하지만 한국이나 북조선에 거주하지 않는 자이니치는 자신의 인식에 따라 외국인등록 표기가 한국적이든 조선적이든, 한국 국민이면서 북조선 국민이라는 이중적 지위에 놓입니다. 특히 조선적은 법률로도 이중적인 지위를 갖습니다.

6

네이션

헛된 고백은 울음이 되고

바닷바람처럼 상쾌한 호수 바람이 불어왔다. 호수로 뛰어든 태양은 금가루로 부서져 반짝거렸다. 호수를 껴안은 산들은 이불마냥 포근했다. 면적 670제곱킬로미터에 둘레 241킬로미터로 일본에서 제일 큰 호수인 비와코琵琶湖다. 베토벤과 브람스를 즐겨듣던 소년 다케모토 가오루武本薫는 이곳 시가현 오쓰시에서 자랐다. 새벽이면 도시락 두 개를 싸들고 나서는 덤프트럭 운전수, 밤늦도록 화덕에 고기를 구워 파는 식당 주인이 아버지와 어머니다. 그는 6남매의 장남이다. 하루하루 고달팠지만 전후의 일본인 모두가 어려웠다. 다른 문제가 다케모토에게는 있었다. 아버지와 어머니가 조선 사람, 자신도 조선 사람이었다. 1945년 8월 조선이 해방됐지만, 1950년 6월 남북이 전쟁을 벌였다. 1953년 3월 그가 태어났다. 식민지 시대에 건너온 가족은 조선으로 돌아가기를 포기한다. 귀향을 준비하던 야마구치현 시모노세키시 생활을 접고 비와코가 있는 오쓰시로 이사한다. 공부를 잘해 시가현에서 가장 좋은 고등학교에 갔고, 소학교와 중학교 때 동창이 적어지면서 조선인임을 아는 친구도 드물었다.

1971년 고등학교 3학년 때 친한 친구를 집에 불렀다. "야, 이게 다 뭐냐." 집 안에 있던 조선 인형을 가리키고 있었다. 놀란 다케모토는 "아, 그거 우리 집 물건 아니야" 하고 얼버무렸다. 얼굴은 새빨갛게, 머릿속은 새하얗게 됐다. 쿵쿵, 심장 소리가 빨라졌다. 어차피 빤한 거짓말이었다. 다케모토는 죄를 고백하는 사람처럼 주눅 든 목소리로 말했다. "나 말이야. 실은 조선 사람이야." 위태로운 날들이었다. 그 무렵 다른 친구와 영화를 보러갔다. 3부작 〈전쟁과 인간戦争と人間〉의 2부 〈사랑과 슬픔의 산하愛と悲しみの山河〉였다. 영화에서는 항일 빨치산 유격대가 관동군과 전투를 벌였다. 영화 속의 서재림과 조대복 등은 조선말을 썼다. 다케모토는 자신이 조선인이면서도 말하지 않고 있는 게 견디기 힘들었다. 돌아가는 전차에서 친구에게 말했다. "사실 나, 조선 사람이야." 그런데 친구는 "다케모토, 나는 이거야" 하며 손가락 네 개를 펴보였다. 다케모토는 무슨 뜻인지 몰랐다. 친구는 부락민部落民이었다. 다리가 넷 달린 동물과 마찬가지라는 뜻으로 '요쓰四つ'로 불렸다. 전근대 신분제 당시 최하층인데 현대에도 차별을 받았다. 그 역시 다케모토에게 처음 고백한 것이었다.

다케모토는 대학에 들어가면서 이름을 바꾼다. '다케모토'는 식민지 당시 창씨개명으로 바뀐 이름이다. 한국과 북조선에서는 해방 이후 창씨개명을 무효로 했다. 하지만 자이니치들은 차별을 피하려고 그 이름을 계속 썼다. 그는 분성 배씨盆城 裵氏였다. 일본어로는 '하이'로 읽혀 대학에는 그렇게 등록했고, 가까운 친구들은 '배'로 불렀다. 그는 대학에 들어가면서 조선인 모임에 나갔다. 조선반도의 역사를 공부하고 조선말과 노래를 배웠다. 비로소 자아가 정리되기 시작했다.

변호사 배훈의 인터뷰. "다케모토라는 이름은 조선 사람인 것을 숨기려는 뜻은 아니었다. 창씨개명 이후 줄곧 써온 것뿐이다. 소학교 저학년 때만 해도 차별을 느끼지 못했다. 오히려 일본에서는 없어진 음력 설날에 친구들을 불러 밥을 먹기도 했다. 나 자신이 조선인이라고 알고는 있었지만 별다른 의식이 없었다. 그러다가 소학교 고학년 무렵 어느 친구가 '이놈은 조선인이야'라고 했다. 구태여 저런 소리를 왜 할까 싶었는데 시간이 지나면서 조선인에 대한 차별 감정을 느끼게 됐다. 그 친구 역시 조선인에 대한 차별적 감정을 학습한 것이고, 다분히 부모의 영향이 아니었겠나 싶다." 배훈은 차별에 어떻게 대처해야 할지 몰랐다. 조선인임을 숨기게 됐고 소극적인 성격으로 바뀌어갔다. 계속해서 배훈의 인터뷰. "나는 민족교육을 받은 것도 아니고 대부분의 조선인과 마찬가지로 줄곧 일본학교를 다녔다. 그래서인지 소학교 고학년부터는 조선인인 사실을 심각하게 의식하게 됐다. 당연히 그걸 숨겨야 했다. 중·고교 때는 아주 소극적인 생활을 했다."

1977년 교토대 경제학부 졸업을 앞두고 대기업의 취업 안내서가 밀려들었다. 보통 두 박스가 넘었다. 마음만 먹으면 모두 1부 상장 회사에 들어갔다. 정식 명칭은 '도쿄증권거래소 1부 상장 기업'인데 주요 대기업을 가리킬 때 쓴다. 그 수가 적잖아 상위권 대학 졸업자는 어렵지 않게 입사한다. 1977년에는 926개 회사였다.[24] 하지만 일본인 친구들만 그랬다. 배훈에게는 한 통도 오지 않았다. 자이니치들이 모두 마찬가지였고 상위권 대학 출신도 예외는 아니었다. 오히려 도쿄대나 교토대 출신은 간부로 승진할 가능성이 있어, 아예 입사를 막았다. 교토대를 다니던 자이니치 동기 13명은 대부분 집에서 하는 일을 물려받았다. 알아보니 공인회계사는 외국적자도 가능했다. 상업부기를 공부해 시험에 합격했다. 그래도 일본 회사는 여전히 들어가기 어려웠다. 오히려 세계적인 영미 펌인 PW_{Price Waterhouse} 사무소에 들어갔다. 그러다가 회계가 적성에 맞지 않다는 걸 금세 알게 된다. 숫자를 세면서 평생을 보내기는 어려웠다. 그 무렵 김경득이 외국적으로 사법연수소에 들어갔다는 뉴스를 듣는다. 배훈은 결혼해서 아이도 있었지만, 독학으로 사법시험 공부를 시작했고, 합격했다.

1985년 막상 사법시험에 합격해보니 사법연수소가 일본국적자와 똑같이 대우하지는 않았다. 여전히 면접관들은 '일본으로 귀화할 생각 있느냐'고 물었다. 3개월이면 시켜주겠다고 했다. 일본국헌법과 법률을 준수한다는 서약서도 내라고 했고, 부모와 일본인 법조인을 대동하는 면접도 있었다. 일본인 합격자는 하지 않는 것이었다. 사법연수소를 마치고 1988년 변호사 등록을 마치자마자 서울로 유학을 떠났다. 연세대 한국어학당에 들어갔다. 서른다섯이라는 적잖은 나이였지만 한국을 배우기 위해 혼자서 어린 학생들과 하숙했다. 고려대 법학과 최달곤 교수의 연구실에서 한국법을 공부한다. 최달곤은 남북한 가족법이 전공이었다. 이후 고려대 교수가 되는 신영호, 명순구, 숙명여대 교수가 되는 우병창 등과 교류했다. 변호사 김평우, 송영식 등과도 교류한다.

어느 날 길어진 머리카락을 자르기 위해 하숙집 앞의 이발소에 갔다. 그의 어눌한 말투를 듣고 이발사가 말을 걸었다. "일본에서 왔나?

일하러 왔나? 공부하러 왔나?" 한국어가 아직 서툰 배훈은 짧게 말했다. "한국말 배우러 왔습니다." 이발사는 반색을 했다. "아이고 잘했네, 잘했어. 일본 사람이 한국말 배우고 아주 잘하고 있어요." 집으로 돌아와 배훈은 생각했다. '어렵게 한국에 왔는데 일본 사람 취급을 받는구나.' 다음번 이발소에 갔을 때다. 기회를 봐서 말을 했다. "저는 일본 사람이 아니고 재일동포인데, 우리말 배우러 왔습니다." 이발사는 표정이 일그러지면서 소리를 질렀다. "아니, 한국 사람이 이렇게 한국말을 못 해서 말을 배우러 온 거야. 한국말을 못 하면 한국 사람이 아니지. 나 원 참." 한국에서도 같은 취급을 받는구나. 배훈은 대학 시절 자신이 생각났다.

야키니쿠 肉집을 하던 어머니는 화덕 때문에 흘러내리는 땀에 고기 굽는 냄새가 섞여, 몸에서 빠져나가질 않았다. 탁자가 다섯 개 있는 작은 가게였다. 그래도 큰아들이 교토대에 들어가자 다들 부러워했고 어깨가 가벼워졌다. 그러다가 얼마 지나 이웃의 수군거림을 듣는다. "큰아들이 빨갱이 짓 한다면서?" 자이니치 학생들이 문화와 역사를 공부하는 동아리가 둘 있었다. 각각 북조선 지지 성향과 한국 지지 단체였다. 배훈은 한국을 지지하는 단체에서 한국 민주화를 위해서도 운동을 벌였다. 일본에 사는 재일교포들이 민주화에 참여한 이유가 있다. 자이니치들에게 조국의 독재 정권은 수치스러운 일이었다. 자신의 국적이 있는 나라가 자랑할 만한 곳이길 원했다. 그런데 군사정권에서 예산을 받아쓰던 기성 조직은 이 학생들을 빨갱이로 몰아붙였다. 이런 배훈이지만 한국에서는 자기 돈 내고 이발을 하면서도 '반쪽발이'라는 욕설을 들은 것이다.

헛된 고백은 울음이 되고

변호사 배훈이 1988년 연세대 한국어학당 유학 당시 쓰던 〈민중 엣센스 한일사전〉. '재일'이라는 단어에 붉은색 줄이 그어져 있다. 풀이에는 '자이니치', 용례에는 '재일동포'가 나온다.

2013 1127

배훈의 인터뷰. "나 자신이 한국말도 못 했고, 한국 문화도 한국 사람도 몰랐다. 일본에서 한국 이름을 쓰는 변호사로서 일본 사회에 발언해야 했고, 직접 가서 보는 공부가 필요했다. 한국 유학은 소중한 시간이었다. 어깨에 얹힌 짐을 내려놓은 것 같았다. 하지만 동시에 자이니치들이 한국에서 사는 것이 간단치는 않다는 것도 알게 됐다. 생활 습관이 다르고 말이 완벽하게 통하지 않아서다. 한국어를 못 하는 것에 차별적인 감정도 가지고 있다. 자이니치의 99퍼센트는 일본에서 태어나 일본에서 죽는데 이들을 위해 어떤 일을 해야 할지 생각하게 됐다."

연세대로 유학가기 전 일본에서 있었던 일이다. 회계사가 되어 PW에 다니던 시절. 감사를 하러 한 회사에 갔다. 상대는 배훈의 이름을 보고는 물었다. "중국 출신이십니까?" "아닙니다. 한국인입니다." "그래요? 지금도 한국인입니까?" "네, 그렇습니다." "부인은 일본 사람입니까?" 어떻게든 일본인과의 연결을 확인하려 들었다. 변호사가 되어 오사카변호사회에 가입한 뒤에도 다들 어떤 사람인지 궁금해했다. 하지만 그들과 똑같이 일본어 네이티브에 한신 타이거즈 팬이기도 했다. 시간이 지나고 보면 결국 똑같은 인간이었다. 하지만 그러는 데 시간이 적잖이 걸렸고, 그런 생각에 이르지 못하는 경우도 많았다.

배훈의 인터뷰. "유학 당시 재미동포와 재중동포를 많이 만났다. 재미동포는 2세, 3세였고, 재중동포는 조선족이다. 모두들 한국말을 잘했다. 중국에는 조선족 자치구와 학교들이 있다. 집에서도 조선어로 말한다. 미국의 코리아타운에 가봐도 모두 한국어로 말한다. 한국어

방송사가 있고 변호사도 3000명이 넘는다. 그런 사람들이 스스로 미국인이라고, 중국인이라고 말한다. 오히려 말을 못 하게 된 자이니치만 한국인·조선인이라고 하고, 국적도 유지하고 있다. 세계적으로 현지에 100년 가까이 살면서 국적을 유지하는 것은 자이니치뿐이다. 미국과 중국의 동포들을 보면 알지만 자이니치가 그러는 것은 코리안의 문제가 아니라, 식민지 이후 일본 사회의 문제다."

민족국가에 대한 환상은 한국도 마찬가지다. 자이니치들은 한국 생활을 통해 한국에 일본과 유사한 내셔널리즘 정서가 있음을 간파하고 있다. 배훈의 인터뷰. "민족의 본질이라고 할 만한 절대적인 것이 있을까. 없다고 본다. 조금 느껴지는 것이 이름과 의식 정도인데, 오히려 개인의 존엄과 관련돼 있다." 민족의식과 함께 내셔널리즘의 주요 토대인 국적주의에 대해서도 자이니치들은 고민이 깊다. 배훈의 인터뷰. "국적은 본적과 마찬가지다. 오사카에 살면서 본적지를 도쿄로 얼마든 바꿀 수 있다. 오사카 부민으로서의 권리나 의무가 달라지지도 않는다. 국적도 그렇게 된다. 왜냐하면 우리는 본적지, 아니 국적이 한국이어도 똑같이 일본법을 적용받는다. 일본법을 거부할 권한이 없다. 그렇다면 그 법률, 정치를 정하는 참정권도 주어져야 한다. 그래서 세금을 내고 있는 외국적자에게 국정참정권이 주어져야 한다는 것이다. 그리고 참정권은 선거권과 피선거권이므로 외국적도 선거에 나갈 수 있다. 도쿄도지사에 오사카가 본적지인 사람이 나가도 상관없는 것과 마찬가지다. 고정관념을 버리고 근본적으로 생각해보자. 국적은 이런 것이다." 70

너는 왜 다르냐는 물음

학창 시절 배훈에게 모멸감과 열등감을 주었던 학생들은 무슨 이유로 그랬을까요? 배훈은 일본에서 태어나, 일본어를 말하면서, 일본 음식으로 자랐고, 일본 교육을 받았습니다. 다른 점은 조상이 조선에서 왔다는 것뿐인데, 그나마 숨겨진 것이었습니다. 조선에는 가본 적도 없고, 조선말을 할 줄도 몰랐고, 조선 교육을 받지도 않았습니다. 김치를 먹는 게 전부였습니다. 사실 그들과 배훈은 다른 점이 없었습니다. 일본인 학생들은 일본인이라는 공동체를 학습하고 내면화했을 겁니다. 교육을 통해 특정한 일본인의 모습이 주입됐을 것이고, 애국심의 대상이자 주체로 훈련받았을 겁니다. 몇 가지 요소를 묶어 일본인을 만들고 이들과 운명을 같이하도록 말입니다.

배훈이 어린 시절 겪은 모멸은 정서적으로 상처를 주었습니다. 인격 형성에 커다란 영향을 받았습니다. 더 나아가 어른이 되어서 받은 배제는 아예 생존을 위협하는 것입니다. 영리 추구가 목적인 기업에서도 조선인이라는 이유만으로 배제되었습니다. 일본 양대 명문이라는 교토대를 졸업했지만 취직하지 못했습니다. 회계사 시험에 합격했지만 일자리가 없었고, 영미 펌에 들어가서도 고객들에게 불신을 받았습니다. 회사가 좋아할 리 없습니다. 만약 배훈이 한국에서 태어나 일본에 유학한 뉴커머였다면 어렵지 않게 취직했을 겁니다. 일본 사회가 배훈을 받아들이지 않은 것은 그의 존재가 일본인이라는 공동체를 균열시키기 때문입니다. 한국 유학생은 일본어가 서투르고, 한국 교육을 받았으며, 한국 문화에 익숙한 사람입니다. 따라서 일본인이라는 공동체의 외부에 있습니다. 하지만 배훈은 보통 생각하는 일본인의 모습에서 아주 조금 다른 사람, 그래서 기존의 공동체를 흔드는 존재라고 생각한 것입니다.

신촌 이발사 아저씨의 분노도 마찬가지입니다. 재일동포가 비록 일본에 살아도 한국인과 같아야 한다고 믿었는데 그렇지 않았기 때문입니다. 이발사 아저씨와 우리는 얼마나 다를까요. 강상중은 도쿄대 최초의 한국인 교수로 한국 언론이 자랑스럽게 소개하는 존재입니다. 실제로 많은 사람이 그렇게 생각합니다. 사실 그는 한국어를 거의 못 합니다. 여러분이 그를 만나도 통역이 없다면 그의 책에 대해 물을 수 없습니다. 어떻습니까. 강상중 교수는 여전히 한국인입니까. 그렇다면 이유가 무엇입니까. 외국인등록이 한국이라서입니까. 이름이 한국식이라서입니까. 조상이 조선에서 태어나서입니까. 질문을 바꿔서, 일본이름을 쓰던 시절의 강상중도 한국인입니까. 7세기 무렵 백제에서 건너간 도래인의 후손도 한국인입니까. 한국 언론이 강상중에 대해 최초의 한국인 교수가 아니라, 한국적 교수라고 했으면 명확했을 것입니다. 이제 강상중은 일본인입니까. 그를 일본인이라고 생각하는 일본인은

자이니치 2세인 배훈 변호사의 집에 걸린 '배'라는 이름의 문패입니다. 일본인들은 어떻게 발음하는지 모릅니다. 후배인 3세 김기언 변호사와 딸이 왔습니다. 4세인 유진에게 한국과 일본은 어떤 곳이 될까요.

2014 0801

없습니다.

이렇게 일본인 또는 한국인이라는 공동체는 강력하게 작동하지만 뜻밖에도 태두리가 명확하지 않습니다. 이유는 정치적 목적으로 교육된 가상의 공동체이기 때문입니다. 학자들은 이를 '상상의 공동체 imagined community'라고 부르고, 작동 방식을 내셔널리즘이라고 합니다. 인종, 종교, 토지, 언어, 습관, 역사 등을 공유한다는 확신에서 옵니다. 동포를 옹호하고 외인을 차별하면서 통일성을 유지합니다. 그렇게 하지 않으면 동일성이 불명확해지기 때문입니다. 내셔널리즘은 19세기에 본격적으로 나타났다는 것이 정설입니다. 일본과 조선에서는 식민지를 거치며 대립적으로 형성된 감정·의식입니다.

이렇게 상상된 공동체가 '네이션 스테이트nation state'입니다. 한국과 일본에서는 주로 국민국가로 번역하며, 일부 민족국가로도 번역하지만 어느 것도 정확하지는 않습니다. 본래 '네이션'은 기원이나 생활 습관을 같이해서 일정한 통합을 이루는 사람의 집합이라는 뜻[25]입니다. '스테이트'는 체제입니다. 따라서 균질하고 동일한 집단이라는 가정을 바탕으로 조직한 정치 체제인 상상의 공동체입니다. 대부분의 학자들이 네이션 스테이트의 핵심이 언어라고 합니다. "실제로 만난 적이 없는 누군가를 동포로 느낄 수 있는 것은 그 사람이 반드시 자신과 동일한 언어를 말하고 있다는 확신이 있기 때문이다."[26] '상상의 공동체'를 처음 말한 베네딕트 앤더슨Benedict Anderson도 근원에는 동일한 언어가 있다고 했습니다. 다양한 언어를 가진 인간의 '숙명'이 특정 언어의 인쇄물로 세계를 이해하는 과정을 겪으면서, 동일한 언어를 쓰는 사람들은 스스로를 '네이션'으로 상상한다는 것입니다. 일본과 한국의 언어 교과 이름이 '국어'입니다. 세계에서 유례를 찾기 힘듭니다. 중국은 어문 文이라고 하고, 미국은 잉글리시English라고 합니다. '국어'는 1800년대 후반에 생겨나 1900년대부터 본격적으로 쓰였습니다. 두 나라는 '국민'과 '국가'와 '국어'를 단단히 묶어 네이션 스테이트를 만들었습니다.

배훈은 자신이 일본인 공동체에서 배제된다는 사실을 어려서부터 뼈저리게 겪어서 알았습니다. 한국인으로도 인정받지 못한다는 것은 서른다섯에야 알았지만, 그 사실은 그가 한국에 유학하기 전부터 있던 것입니다. 배훈은 한국과 일본 어느 곳에도 속하지 못했습니다. 네이션 스테이트가 배제를 동력으로 삼기 때문이며, 특히 두 곳이 대립적으로 존재하기 때문입니다. 배훈은 서울 유학을 거쳐 한국어를 하게 됐습니다. 한국적에, 한국 이름에 한국어를 합니다. 1년에 몇 번씩 한국에 옵니다. 이제 한국인이 된 것일까요. 하지만 일본에 세금을 내고, 일본 정치를 걱정하고, 일본에서 인생을 마칠 계획입니다. 그럼 일본인이 된 것일까요.

여러분 자신을 생각해보면 어떨까요. 한국인이라고 답하는 게 어렵지 않을 것입니다. 이런 질문은 어떻습니까. 여러분은 애국자입니까. 추상적이고 막연하게 느껴집니다. 하지만 네이션 스테이트의 구성원인지는 훨씬 애매한 것입니다. 여러분의 '한국인'은 증명된 것이 아니라 확신되는 것입니다. 우리들의 정체성은 하나가 아닙니다. 구체적이고 다양한 정체성의 집합입니다. 학교에서 학생이면서, 집안에서 둘째

딸이고, 아파트의 주민이고, 카페의 아르바이트생이며, 누군가의 애인이고, 어느 교회의 신도이며, 수영장의 이번 달 회원입니다. 배훈도 마찬가지입니다. 분성 배씨 종친이고, 경상남도에 본적이 있고, 교토대 졸업생이고, 오사카 주민이며, 일본국의 납세자이며, 오사카총영사관의 고문이고, 일본센추리교향악단 회원입니다.

배훈이 열 살 되던 해, 1963년 4월 16일 아사히신문에 김일분이라는 29세 주부가 보낸 편지가 실렸습니다. 이름만 봐도 자이니치였습니다. 배훈의 어머니입니다. "덤프트럭이 없어진 지 석 달이 지났습니다. 비슷한 차만 봐도 가슴이 벌렁거립니다. 어제는 드디어 2763 자동차를 보았습니다. 후들거리는 다리로 달려가 보니 2783. (중략) 우리 가족에게 너무나 소중한 트럭입니다. 어렵게 돈을 빌려서 구입한 차인데 그마저 갚지 못하게 생겼습니다. 큰아들은 '내가 나중에 열심히 일해서 10대, 아니 20대라도 사드릴게요'라고, 작은아들은 '경찰이 되어서 반드시 도둑놈을 잡을 거예요'라고 합니다. (중략) 한국인이라고 다를 게 없다고 생각하며 가난해도 행복하게 살고 있습니다. 주변 사람들과 따뜻하게 잘 지냅니다. 그리고 제게는 아이들이 있으니 그런 일로 용기를 잃지도 않습니다. 하지만 그래도, 우리 트럭이 돌아왔으면 좋겠습니다."[27]

이 기사가 나가고 각지에서 용기를 내라는 편지가 왔습니다. 많은 사람이 트럭 값에 보태라며 돈을 보내왔습니다. 김일분 주부는 아사히신문에 편지를 보냈습니다. "국적은 달라도 사람들의 마음씨는 다르지 않은 것 같습니다. 저와 아이들은 용기를 얻었습니다. 돈으로 살 수 없는 행복을 받았습니다. 아이들이 우리보다 더 어려운 사람에게 이 돈

일본 고유 종교인 신도에서 기원한 스모에는 외국인 선수가 많습니다. 2015년 현재 1부 리그 격인 마쿠우 치幕内 42명 가운데 16명이 몽골, 브라질 등 출신의 외국인입니다. 일본에서도 스모 공동체에는 국적이 없습니다. 오사카부립체육회관.

2014 0311

을 보내고 싶다고 합니다." 그리고 성금으로 받은 돈을 다시 아사히신
문 문화사업단에 보냈습니다. 트럭은 끝까지 돌아오지 않았고 다시 할
부로 트럭을 사야 했습니다.

배훈의 어머니는 당시를 이렇게 기억합니다. "가게에 나와서 일을
거들던 아이들에게 일본인 손님들이 참 잘해줬다. 조선인이라도 공부
만 잘하면 된다며 1만 엔을 주기도 하고, 자기 집의 책을 전부 가져가
라는 사람도 있었다. 고등학생한테 맥주를 주는 것은 좀 그랬지만." 오
히려 배훈 어머니의 가게를 찾아와 괴롭힌 것은 조선인 야쿠자였다고
합니다. 약자를 괴롭히는 야쿠자는 누가 약한지 알아봤던 것입니다.
일본인 손님과 조선인 야쿠자는, 네이션 스테이트보다 이웃 또는 깡패
의 구성원으로서 역할을 한 것입니다.

우리가 느끼는 한국인으로서의 감정·의식은 무엇일까요. 민족이라
고 불리는 감정·의식과는 다른 것 같습니다. 북조선 국민, 중국 조선
족, 자이니치를 포함하지 않기 때문입니다. 조선족은 중국적이라는 이
유로, 자이니치는 일본어 사용자라서 배제합니다. 더 나아가 조선족
의 사투리를 업신여기고, 일본국적자는 배신자로 봅니다. 한국인이라
는 감정·의식은 불과 50년이 조금 넘은 것입니다. 빠른 시일에 만들
어진 만큼 강력한 배제의 원리가 작동했습니다. 일본이 식민지와 패
전을 수습하기 위해 그랬던 것과 비슷한 속도입니다. 다분히 정치권
력의 의도에 따른 교육의 효과가 강합니다. 예를 들어 1972년부터 문
교부가 '국기에 대한 맹세'를 만들어 초등학생에게 외우게 합니다. '나
는 자랑스러운 태극기 앞에 조국과 민족의 무궁한 영광을 위하여 몸

8

과 마음을 바쳐 충성을 다할 것을 굳게 다짐합니다.' 앞서 1937년에는 조선총독부가 비슷한 '황국 신민의 맹세皇国臣民 / 誓詞'를 어린이들에게 암기시켰습니다.

한국인, 일본인 공동체는 이렇게 정치권력이 만든 상상의 공동체인 만큼 핵심도 정치적 공동체입니다. 가장 배타적입니다. 야키니쿠 손님 공동체나 야쿠자 조직 공동체와는 비교가 되지 않습니다. 투표권은 국가 밖에 거주하는 국적자에게도, 국가 안에 사는 외국적자에게도 주지 않습니다. 배훈의 이야기처럼 본질적으로는 같은 본적과 국적을 구분해 다르게 만든 것이 바로 내셔널리즘이고, 특히 한국과 일본은 서로를 적대시하며 이를 강화했습니다. 자이니치는 그 사이에 있습니다. 정치는 구성원의 운명을 결정하는 것이고, 자이니치는 일본의 정치에 운명이 좌우됩니다. 그런 점에서 배훈은 한국인이 되려고 한국에 유학한 것이 아닙니다. 자이니치로서 일본에서 제대로 살아가기 위해 한국을 알아야 했던 것입니다. 조선의 역사와 한국의 인식을 누구보다 자세히 아는 것도 같은 노력에서 나온 것입니다. 유학을 마치고 '어깨에 얹힌 짐을 내려놓은 것 같았다'고 말한 것은 그런 뜻입니다.

본명과 통명

한 사람, 두 이름

2012년 배훈의 오사카 사무실에 사법수습생 가네모토 아이코金本愛子가 찾아왔다. 자이니치였고, 가네모토는 일본식 가짜 이름이었다. '김金' 자에 일본식으로 '본本' 자를 더하고 일본식으로 발음한 것이다. 좀처럼 일자리를 잡지 못하던 가네모토는 꼭 취직하게 해달라고 부탁했다. 배훈은 본명을 쓰지 않으면 함께 일하기 어렵다고 말했다. 가네모토는 고민한 끝에 본명인 '김'으로 변호사 등록하고 명함에도 새겼다. 처음으로 써보고 불러보는 이름이었다. 그래서 친구들에게는 여전히 가네모토로 불리고, 이메일에 이름을 적을 때도 괄호를 이용해 金(本)愛子라고 쓴다. 배훈의 사무실에 취업하지만 않았다면, 김이라는 이름을 쓰지 않고도 살 수 있었을 것이다. 가네모토는 한글은 전혀 모르고 한국에도 가본 적이 없다. 국적은 한국이다.

1940년 조선총독부는 조선인들에게 일본식 씨氏를 만들어서 등록하라고 강요했다. 조선민사령을 개정해 2월 11일부터 6개월 안에 하도록 했다. 이날은 초대 진무천황神武天皇이 기원전 660년에 즉위한 날이다. 기원절로 불리다가 1967년부터 건국기념일로 바뀌었다. 일본식 창씨를 강요한 의도가 나타난다. 하지만 3개월이 지나도록 창씨한 사람은 7.61퍼센트에 불과했다. 조선총독부는 유·무형의 압력을 가했다. 학교는 아이들의 입학을 받아들이지 않았고, 식량 배급에서 제외했으며, 철도에서 화물 취급을 거부했다. 그래서 79.3퍼센트가 됐다.[28] 한편 개명은 재판소의 허가가 필요했기 때문에 복잡했다. 그래서 10퍼센트도 되지 않았다. 흔히 창씨개명이라 부르지만 핵심은 창씨다.

조선총독부가 일본식 씨를 도입한 이유는 조선식 성姓을 없애기 위해서다. 조선식 성은 부계 혈통 제도이기 때문에 결혼한 여자도 본래 성을 유지했다. 집안家을 중심으로 하는 일본의 씨와는 달랐다. 참고로 조선에서 쓰이던 '전주 이씨'의 '씨'는 일본식 씨와는 달랐다. 제도가 아니라 호칭이다. 총독부는 창씨를 목표로 했다. 부계 혈통의 조선식을 천황 중심의 일본식으로 바꾸고, 이에 기초해 황국 신민으로서 침략 전쟁에 동원하려는 것이었다. 이런 이유로 조선 사람들은 상당수 일본식 씨를 갖게 됐다.

해방이 되면서 일본식 씨는 무효가 됐다. 재조선 미육군사령부 군정청United States Army Military Government in Korea 일명 미군정청은 1946년 10월 23일 조선 성명 복구령을 공포했다. 군정법률 제122호다. 조선 이름을 복구하고 일본이름은 무효, 다만 일본이름으로 한 법률행위는 유효로 했다. 실제로 조문을 보면 제2조는 일본식 씨명의 실효를 밝히고 있다. '일본 통치 시대 법령에 따른 창씨 제도로 조선 성명을 일본식 씨명으로 변경한 호적부 기록은 만들어진 날부터 무효임을 선언함.

9

단 창씨개명으로 성립된 모든 법률행위는 아무런 영향이 없음 日本統治 時代의 法令에 基因한 創氏 制度에 依하야 朝鮮姓名을 日本式 氏名으로 變更한 戶籍 簿 記載는 그 創初日부터 無效임을 宣言함. 但, 創氏 改名下에 成立된 모든 法律 行爲 는 何等의 影響을 受치 아니함.' 이북의 소련민정청 Советская гражданская администрация도 비슷한 절차를 거쳐 창씨를 무효로 만든다.

사실은 창씨개명 당시 일본 정부 안에서 반발이 있었다.[29] 우선 치안을 담당하는 총독부 경무국이 먼저 반대했다. 누가 조선인이고 일본인인지 구분하기 어렵다는 것이다. 또 아이들은 일본말이 능숙하고 생활 태도도 일본화하는데 이름까지 일본식으로 바꾸게 하면 차이가 사라진다는 것이었다. 아무튼 해방 당시 조선인의 호적은 모두 조선에 있었고 미군청에 의해 창씨가 무효가 됐으므로, 일본에 사는 조선인의 일본이름도 법률상 무효가 됐다.

해방 이후 자이니치들은 창씨한 성을 계속 쓰거나 없던 사람은 새롭게 지어서라도 썼다. 사회적 차별에서라도 벗어나려는 시도였다. 일본은 일본이름을 인정해 쓰는 것을 허용했다. 주민표를 비롯한 공문서에는 본명과 통명通稱名이 함께 실렸다. 통명은 이미 알려져서 통하는 이름이라는 뜻이다. 자이니치는 대부분이 일본이름으로 생활한다. 가네모토의 진짜 이름은 김이다. 하지만 그 이름을 써본 적이 없다. 대학에서도, 로스쿨에서도, 사법연수소에서도 가네모토였다. 30년 넘는 그의 인생은 '가네모토'로 이뤄진 것이다.

오사카 코리아국제중·고등학교 부교장인 엄창준의 인터뷰. 한국에서 태어나 교토로 유학했다가 일본에 정착해 자이니치 중고생을 교육

金

龍夫

（金城）

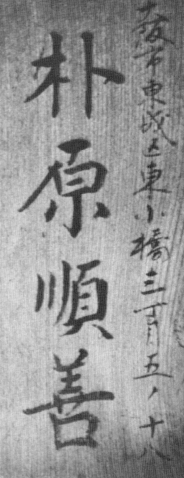

朴原順善

攝市東城ㅅ東小橋三丁目五ㅅ十

자이니치가 많이 사는 오사카 지역의 명패. 왼쪽은 김씨가 통명인 가네시로를 괄호 안에 적은 것이고, 오른쪽은 박씨가 창씨하면서 본관인 수원을 살린 경우다. 가운데는 가네모토 아이코의 법전이다.
2013 0126 | 2013 0516 | 2013 0907

하고 있다. "자이니치 아이들은 통명을 많이 쓴다. 이 아이들에게 본명을 쓰라고 말하기 어렵다. 일본 사회가 인정하지 않는데 자살 특공대도 아니고 어떻게. 더구나 일본이름도 100년 가까이 써오면서 애착이 생겼다. 통명을 쓰게 된 것은 네 책임이 아니라 일본 사회의 책임이라고 가르친다."

변호사 배훈이 교토대에서 졸업을 앞두고 취업 안내서를 받지 못한 것은 이름 때문이다. 만약 다케모토라는 일본이름을 썼더라면 안내서 정도는 받았을 것이고 혹시라도 취직이 됐을지도 모른다. 엄창준이 말하는 '자살 특공대'는 이런 것이다. 조선이름을 쓰면 일본 사회에 들어갈 기회부터 없어진다. 그래서 대학생이 되어서 본명을 써보던 사람도 졸업을 앞두고는 통명으로 돌아간다. 가네모토를 고용한 배훈의 인터뷰. "일본 통명을 쓰고 있으면 클라이언트들이 보기에 어떻겠나. 다른 장사하는 사람들이나 회사원들은 차별이 있어서 그런다고 치자. 하지만 변호사는 그런 어려움이 없다. 더구나 인권을 보호해야 하는 직업이다. 그런 사람이 일본이름을 쓰고 있으면 고객들이 신뢰하지 않는다."

소학생, 중고생 자이니치 가운데 조선이름을 쓰는 이는 10퍼센트 미만이다. 2001년 현재 오사카부에서 조선·한국적 학생 가운데 본명을 사용하는 비율은 소학교 9.6퍼센트, 중학교 11.6퍼센트, 고등학교 15.7퍼센트다. 중국 등 다른 외국적은 본명을 사용하는 비율이 소학교 65.9퍼센트, 중학교 74.9퍼센트, 고등학교 58.3퍼센트였다.[30] 여기에 더해 일본국적 자이니치는 거의 모두 일본 씨로 바꾼다. 현지 국적을 가진 재미동포나 재중동포가 한국 성을 그대로 쓰는 것과는 다르다. 그래서 조선 이름을 쓰는 자이니치는 10퍼센트가 안 된다. 이러한 상황이 70년 가까이 계속 되면서 최근 세대들은 통명과 본명의 의미와 역할이 애매해졌다. 일본 통명은 태어나 계속 쓰면서 자신의 표지가 됐고, 본명은 쓰지도 않는 서류상 이름을 가리키게 됐다. 이렇게 되자 본명과 통명이 아니라 민족명과 일본명이라고 부르기 시작했다.

자이니치가 두 이름을 갖는 것은 어색한 것이 사실이고 갈등과 분쟁으로 이어진다. 2009년 3월 오사카의 건설 현장에서 일하던 김임만은 헬멧에는 'きむ(金·김)'라고 이름표를 붙였다. 그런데 얼마 지나 공사 담당자가 통명을 쓰라면서 이름표를 'かねうみ(金海·가네우미)'로 바꾸었다. 김임만은 손해배상 소송을 제기했다.[31] 반면 2013년 1월 시즈오카현의 한 40대 남성은 사장에게 본명을 쓰면 어떠냐는 얘기를 들었다. 2월에는 '지금은 조선이름으로 생활해도 괜찮은 시대'라고 했고, 5월에는 '조선이름으로 불러주겠다'고 했다. 남성은 위자료 소송을 제기했다.[32] 자이니치가 두 이름을 쓰는 것에 대해 일부 일본인들이 반감을 가지고 있다. 그래서 본명을 쓰기로 결심한 자이니치 가운데 일부 통명을 주민표에서 삭제하기도 한다.

통명을 쓰는 것은 조선학교 출신도 다르지 않다. 학교에서는 본명을 쓰지만 밖에서는 그렇지 않은 경우가 많다. 변호사 임범부는 "조선학교 애들은 온실 속의 화초다. 그 안에 있으니 일본을 모르고 일본이 무서워서 통명을 쓰는 것"이라고 했다. 조선학교 출신의 변호사 김영철은 "통명을 안 쓰면 차별받는다. 조선이름을 왜 쓰냐는 질문부터 여러 가지로 힘들다." 참고로 한국인 뉴커머는 통명을 거의 쓰지 않는다. 아무래도 일본어가 불완전해 통명을 써도 의미가 없고, 한국인 정체성이 확실해 일본이름에 거부감이 있다. 그리고 부모가 통명을 쓰지 않으면 자녀들도 쓰지 않는 경우가 많다. 따라서 뉴커머 2세는 완벽한 일본어를 해도 통명을 쓰지 않게 된다. 통명은 식민지와 차별의 역사가 낳은 것이다.

이름은 집안 성과 개인 이름으로 나뉘는데, 이민자의 개인 이름은 현지 방식이 보통이다. 미국에 사는 동포라면 '스테파니 황'이고 브라질에 사는 동포라면 '줄리아노 손'이다. 미국과 브라질이 고향이니 그곳 이름을 따라간다. 하지만 자이니치는 집안 성은 물론 개인 이름도 복잡하다. 같은 한자라도 어떻게 읽느냐에 따라 조선이름인지 일본이름인지 나뉜다. 조선이름은 다시 한국과 북조선 발음으로 나뉘기도 한다. 李는 이 또는 리, 林은 임 또는 림이다. 자이니치 가운데 본명이 특별히 많은 집단이 변호사다. 이들의 이름만 봐도 이름 문제가 얼마나 복잡한지 알 수 있다.

변호사 양영자梁英子는 이름이 여러 차례 바뀌었다. 어려서는 줄곧 야나모토 히데코梁本英子였다. 중학생이 되어 본명을 어머니에게 물었다. 자이니치가 일본에 사는 것은 역사적인 이유가 있다는 말을 들어서다. 대학에 들어가서 본명을 쓰기 시작했다. 일본식 읽기인 야나 히데코를 거쳐, 변호사가 되어서 양영자로 다시 바꾸었다.

변호사 김성희金星姬는 조선학교 출신으로 도쿄의 조선대학까지 졸업했다. 일본학교에 다닌 것은 법과대학원뿐이다. 그래도 통명을 쓴다. 할아버지부터 일본이름이 있었다. 광산 김씨여서 미쓰야마光山다. 동네 세탁소는 여전히 미쓰야마라고 부른다. 부모 때부터 일본이름으로 거래해왔기 때문이다.

변호사 임범부林範夫는 북조선 읽기를 거쳤다. 어려서 오바야시 노리오大林範夫였다. 시골이라 모두 일본이름으로 살았고 조선이름이 뭔지도 몰랐다. 대학에 들어가 조선식 이름 읽기를 배웠다. 림범부로 지내다가 임범부로 바꾸었다. 통명은 기록에서 삭제했다. 가끔 하야시林라는 일본식 읽기로 부르는 사람이 있다. 그때마다 반드시 바로잡아 알려준다.

변호사 김봉식金奉植은 아버지와 성이 다르다. 히라노平野라는 일본명이 있었다. 아버지는 통명으로 오래 사회생활을 했기 때문에 지금도 히라노다. 아버지의 일본인 친구들이 상담하러 오는데 히라노의 아들 김을 만나는 셈이다. 김봉식은 자녀들이 일본국적이 되더라도 이름만은 김으로 해주기를 바란다.

변호사 김 류스케金竜介는 이 이름이 본명이다가 통명이다가 다시 본명이 됐다. 고등학교까지 긴바라 류스케金原竜介라는 통명을 쓰다가, 대학에 들어가면서 본명인 김 류스케金竜介를 썼다. 일본의 유명 코미디언인 아버지가 가족을 모두 일본국적으로 바꾸면서 긴바라가 본명이 됐다. 하지만 이에 상관하지 않고 김을 계속 썼는데 이 시절에는 김이 통명인 셈이었다. 결혼을 앞두고 재판소에 신청해 본명을 김으로 되돌렸다. 그래서 똑같은 김이 본명, 통명, 본명이 됐다. 김 류스케의 국적은 일본이므로 아내도 똑같이 김이 됐다.

변호사 백승호白承豪는 뉴커머이지만 일본식 읽기를 한다. 서울에서 태어나 열두 살에 일본으로 이주했다. 한국어가 모국어이고, 일본어는 배운 말이다. 하지만 자기 이름을 일본식 읽기로 하쿠 쇼고라고 한다. 일본인은 물론이고 자이니치에게도 하쿠로 소개한다. 일본어 네이티브가 발음하기 편하게 하기 위해서다. 백승호라고 소개할 때는 한국 영사관 사람 등 한국어 네이티브를 만났을 때뿐이다.

변호사 사이 슌키崔舜記는 최에서 사이로 바꾸었다. 어려서는 통명대로 도요타 슌키豊田舜記였다. 민족 모임에 나가면서 최 슌키崔舜記가 됐다. 백승호의 사무실에 취직한 뒤로 지금 이름이 됐다. 예전에 일하던 사무실에서 일본인 대표도 사이로 읽자고 했었지만 거부했다. 하지만 한국에서 건너온 백승호가 스스로도 하쿠로 하면서 일본식 읽기를 하자고 해서 설득당했다.

변호사 송혜연宋惠燕은 뉴커머 2세다. 부모가 1970년대에 일본에 왔고, 자신은 일본에서 태어났다. 여전히 차별이 심했다. 자이니치 학생이 따돌림을 당해 자살한 사건이 일어났다. 담임교사가 집에 찾아와 조심하라고 당부했다. 그래서 통명을 썼다. 개인 이름도 혜惠 자의 일본식 읽기인 메구미로 했다. 중학교에 진학하면서 부모의 반대에도 한국 이름을 쓰기 시작했다. 그리고 변호사가 되기로 마음먹었다.

대화

허락되지 않는 이름들

일본에서는 가족 씨가 20만여 개에 이르고 인구 90퍼센트를 채우는 데 3000여 개가 필요합니다. 반면 한국의 집안 성은 288개뿐이고 38개가 인구 90.09퍼센트를 차지하며, 김·이·박·최·정 5개만으로 53.92퍼센트가 됩니다.[33] 그래서 일본에서 누군가를 부르거나 가리킬 때 가족 씨만 씁니다. 야마모토 유지山本祐司라는 사람이라면 대부분의 상황에서 야마모토 상으로 통합니다. 한국은 특별한 경우를 제외하면 집안 성으로 누군가를 특정하지 못합니다. 자이니치의 이름에 관해 말할 때 핵심은 개인 이름을 제외한 가족 씨입니다. 자신의 정체성을 강제로 부정당한 역사가 여기에 있습니다. 개인 이름은 차별의 역사가 깊거나 저항감이 크지 않습니다. 똑같은 한자를 써놓고 일본식으로 읽느냐, 조선식으로 발음하느냐 정도입니다. 그래서 가족 씨를 조선식으로 고집하는 사람 중에도 개인 이름은 일본 발음을 쓰는 경우가 많습니다.

'일본 소프트뱅크 사장 손정의가 2013년 포브스가 선정한 세계에서 영향력 있는 인물 45위에 뽑혔다'는 한국 언론의 기사가 있었습니다. 이건희 삼성 회장이 41위, 박근혜 대통령 52위입니다.[34] 하지만 그의 이름은 손정의가 아니라 손 마사요시孫正義가 맞습니다. 포브스도 Masayoshi Son이라고 했고, 그의 트위터 아이디도 masason입니다. 통명은 야스모토安本였는데 본관이 안동인 것과 관계가 있는 것 같습니다. 흔한 통명 작법입니다. 손이라는 본명은 열여섯 살에 미국 캘리포니아에 유학하면서부터 쓰기 시작했습니다. 1990년 일본국적을 받을 당시 곡절이 있습니다. 당시 일본 정부는 자이니치가 일본국적을 받을 때는 일본식 가족 씨만 가능하게 했습니다. 법무성은 손이라는 이름으로는 어렵다고 했습니다.

가족 씨가 20만 개 넘게 있는 나라에서 '孫'이 없을 리 없습니다. 일본 자료를 보면 마고 등으로 읽는 孫 씨가 2013년 전국에 1100명으로 전체 가족 씨 중 7857위[35]에 달합니다. 아마도 법무성은 '손'이라는 읽기를 적어내니, 조선이름이 명백하여 거절했을 겁니다. 그래서 일본인 부인 오노 마사미大野優美를 먼저 손으로 개명하도록 했습니다. 그리고 일본인 손 씨가 있다고 법무성에 주장한 것입니다. 더구나 그가 야스모토라는 이름으로 일본국적이 된다면 부인은 야스모토로 또다시 이름을 바꿔야 했습니다. 일본에서 조선의 가족 성을 쓰는 자이니치들은 대체로 조선식 읽기를 합니다. 하지만 개인 이름은 일본식 읽기가 많습니다. 태어나고 살아갈 고향인 일본에 대한 애정과 의지인 것 같습니다. '손 마사요시'는 고민, 결단, 투쟁으로 얻어낸 이름입니다. 한국 언론이 이러한 그의 이름을 마음대로 손정의로 바꿀 필요가 있었을까

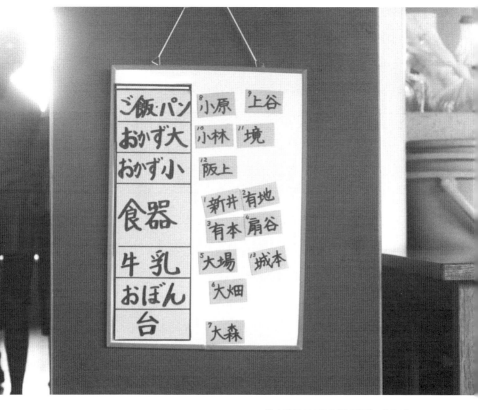

ご飯・パン	小原	¹⁰上谷
おかず大	⁸小林	¹¹境
おかず小	¹²阪上	
食器	¹新井	²有地
	³有本	⁴扇谷
牛乳	⁵大場	¹³城本
おぼん	⁶大畑	
台	⁷大森	

밥과 반찬 등 점심시간 역할을 나눠놓은 학급 알림판. 알림판의 이름 중에도 자이니치의 통명이 보입니다. 효고현 고베시 다이치소학교.

2013 0717

요. 이름에 담긴 자이니치의 고단한 역사와 현실을 모두 삭제하고, 성공한 누군가에게 '한국인의 피가 흐른다'고 주장하는 것 같습니다. 조국이 그가 성공하도록 도와준 적도 없으면서, 잘못된 인종적 자부심을 내세우는 것 같습니다. 물론 개인적으로 만나는 사람들이 친근감을 나타내려 손정의라 부를 수는 있겠지만, 언론사가 세계적 인물의 이름을 바꾸는 것에는 내셔널리즘이 잠재되어 있습니다.

이름은 자이니치가 조선인임을 드러내는 핵심입니다. 자이니치는 일본인과 생김새가 같고, 일본인과 말투가 같습니다. 남는 것은 국적과 이름인데 누군가의 국적은 일상적으로 확인되는 것이 아닙니다. 조선·한국적이라도 일본이름이라면 일본인으로 여겨집니다. 반대로 일본국적이라도 조선이름을 쓴다면 자이니치로 불립니다. 한국인이 자이니치를 상대로 동일성을 확인하는 기준이 언어라면, 자이니치가 일본인을 상대로 차이를 드러내는 표지는 이름입니다.

여러분은 '한국이름＋일본국적'과 '일본이름＋한국적' 가운데 어느 쪽이 가깝게 느껴집니까. 일본국적의 손 마사요시와 한국적의 가네모토 아이코 가운데 누구입니까. 이른바 동포로서 가깝게 느껴지는 게 누구입니까. 시각을 바꿔 생각해봅시다. 일본 정부는 자이니치에게 왜 통명을 쓰게 해줄까요. 학교생활부터 금융거래까지 거의 모든 것이 가능합니다. 짐작컨대 일본이름을 쓰는 이상 식민지 출신 조선인이 보이지 않기 때문입니다. 현실적으로 없어지는 효과가 있습니다. 물론 이들이 조선·한국적이지만 신경 쓸 게 없습니다. 오히려 투표권을 비롯해 각종 기본권에서 배제할 수 있습니다. 위의 질문에서 여러분의 답이 손 마사요시였다면, 이유는 자이니치들이 정체를 드러내기를 바라기 때문입니다. 일본 정부가 정체를 숨기기를 바라는 것과 마찬가지 이유로, 여러분은 자이니치가 정체를 드러내기를 원하는 것입니다. 김경득의 사례를 다르게 가정해보면 명확히 알 수 있습니다. 한국적으로는 처음으로 가나자와 게이토쿠가 입소한 경우와, 처음으로 한국 이름을 가진 김경득이 입소했을 때를 비교해보면 됩니다. 이와 관련한 배훈의 인터뷰입니다. "나는 '배'라는 한국 이름을 가진 첫 번째 판사가 되고 싶었다." 판사는 일본국적이 필요하므로 일본국적을 받는 것이 전제입니다. 따라서 국적보다는 이름이 정체성을 드러낸다는 뜻이 담겨 있습니다.

실제로 이런 일이 2000년대 들어 생깁니다. 2008년 도쿄지방재판소에 김홍주金洪周 판사가 부임합니다. 자이니치인 김홍주는 고등학교까지는 조선학교를 나왔으며 리쓰메이칸대에 입학하면서 처음 일본학교에 갔습니다. 오사카조선고급학교를 다닐 때는 축구부 주장으로 활약했습니다. 사법연수소를 차석으로 수료했습니다. 일본국적을 받고 판사가 된 뒤에도 김이라는 이름을 유지했습니다.

한편 2010년에는 후쿠오카지방재판소에 하야시 간에이林漢瑛 판사가 부임합니다. 자이니치가 아닌 유학생 뉴커머 출신입니다. 귀화하기 전 이름은 박한영인데 일본식으로 개명했습니다. 이후 도쿄대로 진학했고 와세다대 로스쿨을 나왔습니다. 임관할 당시 일본 생활을 한 지 10년 정도밖에 되지 않았습니다. 일본에서 김 재판관이 조선인인 것은 자이니치는 물론 일본인도 곧바로 알지만, 하야시 판사는 직접 만나고도 한국 출신인지 몰랐던 사람이 있습니다.

방과 후 수업으로 우리말을 배우는 자이니치 다카기高木 양의 이름표. 소학교 학생의 이름표는 한자가 아닌 히라가나로 적습니다. 공책에는 개인 이름을 조선어 읽기로 적어놓았습니다. 효고현 고베시 다이치소학교.
2013 0717

통명 제도는 보기에는 일본 정부가 허용한 것이지만 일본 사회의 차별적 분위기와 합쳐지면 강제에 가깝습니다. 일본 정부는 자이니치가 일본이름을 쓰기를 원했습니다. 자이니치가 일본국적으로 변경하려 하면 반드시 일본이름이어야 가능했습니다. 이전까지 법무성의 귀화 신청 안내에는 '이름은 자유롭게 정할 수 있지만 일본인으로 적합한 것으로 할 것'이라고 적혀 있었습니다.[36] 조선이름이 없기를 바라는 이유는 식민 지배의 역사를 부정하는 것과 관련이 있습니다. 그러다 2000년을 전후로 조선·한국 이름 그대로 일본국적을 받을 수 있게 됐습니다. 그 무렵 영주 비자를 가진 자이니치에게 지방참정권을 줘야 한다는 논의가 있었고, 일본 정부가 차라리 귀화를 하라며 이름 제한을 완화한 것입니다. 김홍주 판사가 조선이름으로 재판관에 임관할 수 있었던 데에도 이러한 배경이 있습니다.

다만 일본에는 한국과 마찬가지로 이름에 쓰이는 한자가 정해져 있습니다. 김金, 이李, 박朴, 정鄭, 한韓, 류劉, 송宋은 가능하지만 강姜, 최崔, 조趙, 윤尹은 불가능합니다. 하지만 인명용 한자의 제약 때문에 조선 가족 성을 유지하지 못한다는 문제 제기는 없었습니다. 일본국적으로 바꾸는 자이니치는 거의 대부분 일본이름을 유지하기 때문입니다. 2002년 오사카시가 조선·한국적 자이니치를 조사한 결과를 보면 81.2퍼센트가 일본이름을 씁니다. '항상 일본이름을 쓴다'가 56.2퍼센트, '대부분 일본이름을 쓴다'가 25.0퍼센트로 나옵니다.[37] 이런 사람들이 일본국적으로 바꾸기로 결심하면서 쓰지 않던 조선·한국 이름을 일부러 쓸 리가 없습니다. 일본국적을 취득하려는 건 제도적 차별은 물론 사회적 차별에서 벗어나려는 목적이 있는데, 조선·한국 이름을 써서는 의미가 없습니다.

자이니치의 이름과 관련해 눈에 띄는 것은 조선학교 출신이 통명을 거부감 없이 쓴다는 점입니다. 많은 경우 두 이름을 모두 쓴다고 합니다. 학교 안에서는 조선이름을, 밖에서는 일본이름을 쓰고, 졸업 후에도 상황에 따라 두 이름을 번갈아 쓰는 데 주저함이 없습니다. 자이니치 사회에서 유일하게 민족교육을 받는 이들이 통명에 거부감이 없다는 것은 의외입니다. 조선학교 출신이 아닌 경우 통명을 쓰면서도 내심 갈등을 겪는다고 합니다. 일본학교를 졸업한 자이니치에게 조선학교 출신의 이러한 태도는 놀라운 일이라고 합니다.

김봉식 변호사의 설명입니다. "조선학교 출신은 통명을 쉽게 쓰고 별다른 갈등을 느끼지 않는다. 조선학교 출신이 아닌 경우 본명과 통명을 두고 자존심과 정체성을 고민하는 것과 다르다. 하지만 조선학교 출신은 통명을 써도 자기 본질은 달라지지 않는다고 생각하는 것 같다. 어려서부터 민족에 대해 느끼고 배워왔고, 또 우리말도 할 수 있다는 자신감이 있어서다. 이들의 자신감은 일본국적을 간단히 받는 뉴커머들에게서도 비슷하게 느껴진다." 다음은 배훈 변호사의 설명입니다. "오히려 조선학교 출신이 여기서는 박이라고 했다가 저기서는 아라이라고 한다. 그러면서도 모순을 느끼지 않는 것이다. 그런 식이라면 이런 사회가 유지된다. 그러면 안 되는 것이다. 이런 사회를 바꿔야 한다는 생각이 필요한데 완전히 따로따로 사는 셈이다."

본명을 많이 쓰는 특별한 직업군인 변호사들의 얘기를 통해 그 고민을 알 수 있습니다. 자이니치가 본명을 쓰고 싶어도 그러지 못하는 원인은 일본 사회에 있습니다.

변호사 김기언金紀彦은 스즈키라는 통명이 있지만 유치원 시절부터 김이라고 썼습니다. 소학교 입학을 앞두고 이지메를 당할 수 있으니 통명을 쓰라고 학교에서 권했지만, 부모가 거절했습니다. 아버지가 통명을 쓰지 말라고는 안 했지만 학교는 본명으로 다니라고 했습니다. 입학과 동시에 이지메가 시작됐습니다. '여기 조선인이 있다. 김치 냄새 나니까 한국으로 돌아가라.' 3년을 버티다 4학년 때 아이들을 두드려 패면서 놀림이 그쳤습니다. 중학교에 진학하니 다시 시작됐습니다. 조선인이냐는 빤한 물음에 김기언은 '모른다. 아버지는 후쿠시마현, 어머니는 효고현 출신이다'라고 답했습니다. 당연히 할아버지, 할머니가 조선에서 건너온 것을 알았고 이름도 김이었는데, 그렇게밖에 말할 수 없었습니다. 김기언의 인터뷰입니다. "주변 사람이 내가 조선인인 걸 다 알았지만 나는 그렇다고 말할 수 없었다." 그의 개인 이름은 일본식 읽기로 노리히코입니다. 일본인을 만나면 김 노리히코, 한국인을 만나면 김기언입니다.

고등학교 시절까지 통명 도요타를 쓰던 사이 슌키 변호사는 이렇게 설명합니다. "내가 일본인이 아니라고 이름부터 드러내봐야 좋을 게 없다. 최라는 이름을 써서 기분 좋은 것은 나 자신뿐이다. 그럼에도 본명을 쓰는 것은 자신을 숨기지 않기 위해서다. 할아버지부터 최라는 이름으로 일본에서 살아왔는데, 그 이름을 부끄러워하지 말자는 것이다. 자신을 숨기는 것이 좋은 일도 아니니 자신감을 갖고 살려는 것이다. 최라는 이름을 좋아하는 사람도, 싫어하는 사람도 있겠지만, 그냥

사이 슌키라는 사람이 어떤 사람인지를 봐주면 좋겠다." ▪

■　僕らにとって、あえて日本人じゃないって名前を出すことにプラスはないと思うんですよ、外に関して
は。僕がチェって名乗ってうれしいのは僕だけ、別に。一番の理由は自分が隠してることがないってことで
すよね。名前を、ハラボジとかが日本に来て、チェって名前で生きてて、そのチェっていう名前を恥ずかし
いっていうふうにね、自分で隠すのはやっぱり良くないことだと思うんですよ。だからそれは、自分に自信を
持つことだと思うんです。そのチェが好きでも嫌いでも、いろんな人がいるけど、自分という人間を見てくれ
る、見てくれればいいっていう気持ちを。

본명과 통명

배타적 언어

—
말의 감옥

"당장 내 택시에서 내려! 한국말도 못 하는 반쪽발이!"

1988년 당시 소학교 6학년이던 자이니치 김 노리히코와 아버지는 택시에서 쫓겨났다. 기사는 이쪽으로 가면 상주가 나올 것이라며 버스도 없는 곳에 부자와 여행 가방을 내려놓고 대구로 돌아갔다. 땀이 등줄기를 타고 한없이 흐르던 한여름에 세 시간을 걸어 할아버지의 산소에 도착했다. 택시 안에서 일본어로 대화한 게 이유였다. 기사는 아들이 한국어를 왜 못하냐고 했고, 아버지는 일본학교를 다녀 그렇다고 했다. 하지만 기사는 "그러면 당신이 가르쳐야지"라고 소리치며 내리라고 했다. 아버지는 자이니치 2세였지만 조선학교 고급부까지 다닌 덕에 조선말을 했다. 일본학교에 다닌 김 노리히코는 우리말을 배울 기회가 없었다. 우리말은커녕 김이라는 이름만으로도 괴롭힘을 당했고, 통명을 쓰는 다른 자이니치 학생들은 조선 사람인 사실이 드러날까만 걱정했다.

1

서울

김기언(김 노리히코)은 대학에 들어가 조선총련계 학생 모임에서 한글을 배웠다. 자신은 재일민단(재일본대한민국민단) 성향이었지만 말을 배우는 데는 상관하지 않았다. 졸업할 무렵 교토대에 조선어 과목이 생겼고 우리말 기초를 배웠다. 리쓰메이칸대 로스쿨을 다니면서 여름방학을 이용해 한 번, 사법시험을 치고 난 뒤 한 번 더 연세대 한국어학당 3주 코스를 다녔다. 변호사가 되고 나서는 한국에 3년간 머물며 고려대에서 한국어를 익혔고, 여러 로펌에서 연수하면서 한국어를 다듬었다. 김기언의 인터뷰. "당시 아버지가 택시 기사에게 이게 뭐 하는 거냐고 화를 냈다. 하지만 상주까지 가면서 '한국말 못 하면 이렇다. 앞으로 차근차근 배우라'고 했다." 김기언의 부인은 조선학교 출신으로 우리말이 능숙하며, 서울에서 자란 큰딸도 한국어를 할 줄 안다.

변호사 김 아이코는 교토대 문학부를 졸업했다. 고등학생 시절 가장 자신 있던 과목은 영어다. 변호사 배훈의 사무실에 취직하면서, 이름을 가네모토에서 김으로 바꾸고 기역니은을 처음 배우기 시작했다. 일주일에 1시간이지만 빼먹을 때도 많다. 김 아이코의 인터뷰. "한국어는 일상생활에 전혀 필요가 없다. 국제사회라지만 꼭 필요하다고 말하기도 어렵다. 오히려 영어가 필요하다고 생각한다. 한국어를 배우는 이유는, 한 번은 한국에 가보고 싶은데 갔을 때 말도 해보고 싶어서다."■

배훈의 사무실에 취직한 이유로 공부를 시작한 것이라 열정이 있지는 않다. 오히려 우리말을 가르치는 조선학교 출신에 대해 비판적이다. 변호사 김 아이코의 인터뷰. "조선학교는 엄청나게 폐쇄적이다. 아

1

■　日常生活に必要か否かと言われれば、必要は絶対なくって。で、今後、国際社会で生きていくなかで、必要か否かっていったら、微妙っていうところで、英語があれば生きていける。一回は行ってみたい。一回は行ってみて、しゃべりたいなって思うからです。

버지나 어머니한테도 들었지만 조선학교는 시험공부를 하지 않는다. 조선대학까지 간다면 일본에서 취직이 안 된다. 자기 인생의 선택지가 제한된다. 따라서 당연하고도 자연스럽게 일본학교에 다니면서 최대한 노력해서 인생의 가능성을 높여야 한다. 반드시 그래야 한다."■ 뭐라도 하나 일본 사람과 달라서는 성공하기 힘들다는 얘기다. 실제로 가네모토 아이코가 보통의 일본인과 다른 것은 국적 정도다.

원래 살던 땅을 떠나 다른 곳에 정착한 이주민 가운데 단시간에 언어를 완벽히 잃어버린 경우는 세계적으로도, 역사적으로도 자이니치가 유일하다. 이유는 세 가지다. 첫째, 식민 지배가 끝난 뒤 극심한 차별을 겪으면서 조선인이라는 존재를 숨겨야 했다. 1세들은 조선에서 태어났으므로 우리말을 알았다. 하지만 자녀에게 우리말을 가르치지 않았다. 2세부터 우리말을 할 수 없게 됐고, 3세부터는 다른 일본인과 똑같이 우리말이 제2 외국어가 됐다. 변호사 송혜연은 뉴커머 2세이지만 한국말이 서툴다. 1970년대 일본으로 이주한 부모님이 우리말을 가르쳐주지 않았다. 오히려 집 밖에서 우리말을 쓰면 혼났다. 한국인이라는 사실이 알려져 이지메 당할 것을 우려해서였다.

둘째, 이른바 민족학교의 쇠퇴다. 조선학교는 일본어 과목 이외의 모든 수업을 우리말로 한다. 우리말을 못 하는 2세 부모의 3세 자녀가 우리말을 하는 것은 조선학교에 보낸 경우뿐이다. 조선학교는 1946년

3

■ 朝高や建国はとても閉鎖的だし、あとお父さんが、お母さんも、よく言ってたのは、受験勉強しないから朝鮮大学まで行ったら本当に日本で就職できなくて、自分の選択肢がすごく限られていると。それで普通に自然な選択で日本の学校に行って、できるだけその中で努力して、自分のまぁ人生で、その選択肢が多いほうが、いいに決まってるというのが1つ。ですね絶対に。

4월 개교했다. 전신은 1945년 9월 만들어진 국어강습소. 학생 수는
1960년에 4만 6294명[38]으로 전체 자이니치 학생의 30퍼센트 정도였
다. 1985년에는 152개 학교에 1만 9562명이 다녀서 전체 자이니치 학
생의 13퍼센트[39], 2012년에는 102개 학교에 8500명[40]이 다녀서 전체
의 5퍼센트가 됐다. 한국과 북조선이 생기기도 전에 문을 연 이 학교
에 북조선만 꾸준히 지원했다. 이후 북조선이 고립되면서 조선학교도
외면받는다.

　셋째, 3세, 4세의 현실감각 작동이다. 극심한 차별을 겪은 2세들은
자녀들이 일본 사회에서 자리 잡기를 바랐다. 우리말을 배우느라 시간
을 낭비하는 것을 원치 않았다. 시간이 있으면 영어를 배우는 게 도움
이 된다고 말했다. 많은 3세들이 우리말을 경제적 관점에서 생각한다.
배워서 돈이 되느냐는 것이다. 현실적으로는 이익은커녕 쓸 기회도 없
었다. 실제로 한국 정부를 지지하는 대가로 예산을 받아쓰는 재일민단
도 일본어로 회의하고 문서를 만든다. 재일민단에서 우리말을 통역하
는 사람은 대부분 조선학교 출신이다. 투자 대비 효과만 생각하면 조
선·한국어를 배울 이유가 없었다.

　하지만 눈앞의 이익을 생각하지 않고 우리말을 배운 자이니치들이
2000년대 들어 두각을 나타내기 시작했다. 일본에서 대형 로펌에 근
무하는 자이니치 변호사는 모두 우리말을 한다. 3위 로펌 모리·하마
다마쓰모토森·濱田松本法律事務所의 김창호, 5위 로펌 TMI의 김유미, 7위
로펌 시티유와シティユーワ法律事務所의 김철민 등이 그렇다. 2000년 중
반부터 한류 붐이 일었고 그러면서 한국과의 교류가 활발해졌다. 어려

움 속에서 조선학교를 졸업한 3세들이 일본 사회에서 평가받기 시작했다. 조선학교 고급부까지 졸업한 변호사 김유미의 인터뷰. 일본 1위 로펌[41] 니시무라아사히西村あさひ法律事務所와 5위 TMI에 동시 합격했고, 2012년 TMI에 입사했다. "한국어가 가능하다는 점을 가장 중요하게 평가받았다. 한국 업무를 집중적으로 하라고 했다. 이후에 우리말을 하는 후배 변호사가 들어왔다. 조선학교 초급부를 졸업했고 대학 시절 고려대에 교환학생으로 다녀왔다."

더 나아가 2010년대 들어 한국에서 건너간 유학생 가운데 일본 변호사 시험에 합격하는 사람이 나왔다. 완벽한 한국어 덕에 대형 로펌에 입사하기 시작했다. 1위 로펌 니시무라아사히에 근무하는 변호사 김영민의 인터뷰. 성균관대 법대와 게이오대 로스쿨을 졸업했다. "일본 변호사 시험에 붙었지만 일본어가 완벽하다고 말하기는 힘들다. 클라이언트들의 얘기를 듣다 보면 모르는 말이 종종 나온다. 사실 일본어를 제대로 공부한 지 10년밖에 안 됐다. 특히 문서를 작성하는 데는 분명히 장벽이 있다. 하지만 내가 일본어를 지금보다 훨씬 잘하게 되어도 수만 명 일본 변호사와 같은 수준이 되는 것에 불과하다. 대신 나는 완벽한 한국어를 한다. 일본 변호사 가운데 나처럼 말하는 사람은 없다. 일본에서 내가 인정받는 길은 같아지는 것이 아니라 달라지는 것이다."

한국어를 말하는 자이니치에게 다시 장벽이 생긴다. 한국 정부가 2008년부터 조선적의 입국을 막으면서다. 우리말을 하는 자이니치 대부분이 한국에 들어오지 못하게 됐다. 일본 회사로서는 한국어 실력을 고려해 채용하려다 이런 사실을 알고 그만둔다. 우리말을 하면서 대형 로펌에 취직한 변호사들은 모두 한국적으로 바꾸었다. 자이니치 가운데 우리말이 가능한 사람은 조선학교 출신뿐이고, 조선학교 졸업자의 60퍼센트는 조선적[42]이다. 결국 우리말을 하는 자이니치의 60퍼센트가 조선적인데 한국 입국이 금지되면서 재능이 버려진다.

조선학교 출신의 조선적 변호사 백충은 우리말이 유창하다. 한국적으로 바꾸어 일하자는 로펌의 제안을 거절하고 오키나와에 자리 잡은 그의 인터뷰. "한국적이 아니면 못 하는 일이 있고 불이익이 있는 것이 이상한 일이다. 역사를 모르는 사람이 그런 상황을 만들어낸 것이다. 사실 국적을 바꾸면 동포들이 많은 곳에서 일할 수 있었다. 조선적을 견지하는 게 무슨 의미가 있을까. 통일이 됐을 때 누가 착하다고 해줄 것도 아니었다. 하지만 굴한다는 심정이었다. 왜 변호사가 됐는지 돌이켜봤다. 사회의 모순을 바꾸고 싶었기 때문이었다. 결국 부조리에는 응하지 않았다." 조선적이 한국에 입국할 수 있던 시절에는 없던 문제다.

일본어만 쓰는 자이니치는 한국 문화에서 빠르게 배제됐다. 한국의 고등학교 문학 교과서에는 중국 조선족의 문학작품이 실려 있다. 글쓴이의 국적은 중국이지만 우리말로 표현한 작품이라서 민족문학으로 인정받는다. 이러한 점에서는 카자흐스탄 고려인도 마찬가지이고, 북조선 문학작품도 배운다. 하지만 자이니치의 작품은 실리지 않는다. 국적은 한국이지만 일본어로 쓰여 있어서다. 그러는 사이 일본 최고의 문학상인 아쿠타가와 류노스케상을 자이니치가 꾸준히 수상한다. 1935년 상반기 1회부터 1999년 하반기 122회 사이에 네 차례다. 민단

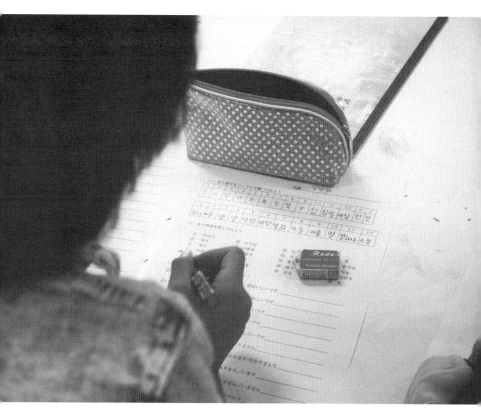

자이니치가 많은 일부 학교의 '방과 후 수
업'에서 일주일에 2시간 우리말을 배운다.
교육위원회가 비용 일부를 지원한다. 효고
현 고베시 다이치소학교.
2013 0717

신문은 "재일 문학은 해방 후 60여 년에 걸쳐 일본어 문학권에서 중요한 위치를 점하고, 일본 문학계에 큰 영향을 미쳤다. 이회성, 이양지, 유미리, 현월이 아쿠타가와상을 수상했고"[43]라고 적었다. 자이니치 작품을 일본 문학으로 규정했다. 수상 작가들의 주제는 자이니치의 갈등이며, 이는 조선 민족의 문제이자 일본 사회의 문제다. 하지만 일본어로 기록되면서 일본의 문학, 일본의 자산이 됐다.

조선학교 출신이 아닌 자이니치는 우리말을 배우려 해도 방법이 마땅치 않았다. 우리말이 능숙하지 않은 변호사 김 류스케의 인터뷰. "나는 87학번으로 서울올림픽 조금 전에 대학에 들어갔다. 당시 한국어를 배우려는 사람이 거의 없었다. 특별한 계기가 있는 사람이 아니고서는 어려웠다. 지금이야 동네에서도 이곳저곳에서 배울 수 있게 됐다. 이 자체만으로도 아주 좋은 일이다."■ 당장 일본인 부인이 한류 붐이 인 이후에 한국어를 배우기 시작했는데 그보다 잘한다고 한다.

우리말이 완벽한 변호사 김철민은 한국어 배우기가 얼마나 힘든 상황인지 구체적으로 설명한다. "1997년 도쿄도 안에서 우리말을 가르치는 대학이 거의 없었다. 한국은 군사정권이 마구잡이로 사람을 죽이는 나라였다. 야만국으로만 생각했지 별달리 좋은 평가는 없었다. 서울올림픽이 열렸던 나라, 딱 그 정도였다. 우리 세대에도 한국어는 거의 도움이 안 됐다. 내가 다닌 와세다대는 아주 드문 케이스였다." 김철민은 조선학교 초급부까지 졸업했고 대학의 국제학부에서 조선·한

11

■　私、大学の時に、まあ87年に大学入ったんで、まあ、ソウルオリンピック前にして多少いましたけど、でもやっぱり大学の時に韓国語習うっつうと本当少数でしたよね。よっぽど動機づけがないと。今、本当にいろんなところで習えるんで、それ自体はいいことだと思いますよ。それは、町中でもいろんな学校あるし。良いことだと思います。

국 관련 과목을 들었다. 계속해서 그의 인터뷰. "로펌에 입사해서 5년 정도 지나 유학 갈 시기가 됐다. 선배들이 미국은 사람이 많으니까 한국에서 공부해 일인자가 되면 어떻겠냐고 했다. 나 역시 한국 업무를 하려면 한국에서 일을 해보는 게 맞다고 생각했다."

일본 공영방송 NHK의 10개 외국어 프로그램 가운데 'TV 한글 강좌テレビでハングル講座'가 영어 다음으로 인기가 많았다. 2013년 월간 교재의 판매량이 최대 24만부로 중국어 교재 판매량인 14만부를 크게 앞질렀다.[44] 하지만 같은 해 대학 입시에서 한국어 응시자가 중국어 응시자의 3분의 1에 불과했다.[45] 이유가 무엇일지 추측해보면 이렇다. 대입에서 중국어나 조선어 응시자는 중화계와 조선계가 상당수 포함돼 있다. 양쪽 인구는 일본국적 취득자를 포함해 100만 명 안팎으로 비슷하다. 그렇다면 중화계는 10대들도 이미 중국어를 수준급으로 하는 셈이고, 조선계는 성인이 되어서야 배우려는 것으로 추측된다. 이런 이유로 대학의 조선어 강좌는 아직도 많지가 않다. 2010년 전국 723개 대학의 외국어 교육 현황을 보면, 영어 수업이 있는 곳은 98.9퍼센트 715곳, 중국어는 84.4퍼센트 610곳, 프랑스어 73.4퍼센트 531곳, 독일어 73.0퍼센트 528곳, 조선·한국어가 59.3퍼센트인 429곳이다.[46]

그리고 NHK 어학 프로그램의 이름이 어색하게도 한글 강좌인 이유가 있다. NHK의 다른 모든 어학 방송은 '~어'로 끝난다. 영어·중국어·독일어·프랑스어·아랍어 등이다. NHK는 1960년대부터 조선어 회화를 계획했다. 조선은 반도의 이름이고 쇼가쿠칸 출판사의 유명 사전도 〈조선어사전〉이었다. 하지만 재일민단이 조선어가 아닌 한국어로 하라면서 프로그램을 막았다. 1984년에야 '한글'로 합의되면서 '회화'가 아닌 '강좌'를 붙였다. 이 때문에 적잖은 일본인들이 '한글어'라고 한다. 이러한 맥락에서 많은 자이니치들이 한국어나 조선어보다는 우리말이라고 한다.

배타적 언어

와타시와 자이니치데스

자이니치들은 한국어가 능숙한 중국 조선족을 보고는 놀랍니다. 3세, 4세가 되어도 우리말을 잘하기 때문입니다. 2세부터 우리말을 잃어버린 자신들과 너무나 달라서입니다. 한국인들은 이런 조선족을 일상적으로 접하기 때문에, 자이니치가 우리말을 못 하는 사실을 알면 오히려 놀랍니다. 그리고 두 언어를 쓰는 조선족의 능력을 다시 보게 됩니다. 조선족의 미묘한 억양 차이를 웃음거리로 만드는 방송사의 경박함을 깨닫게 됩니다. 물론 재미동포도 세대가 바뀔수록 우리말 실력이 떨어진다는 말도 있지만, 자이니치와는 비교할 바가 못 됩니다. 재미동포와 달리 재일동포 가운데는 한국에서 활동하는 연예인이 거의 없습니다. 말을 못 하기 때문입니다. 아이돌 가수 권리세 정도였는데 그 역시 조선학교 출신입니다.

베네딕트 앤더슨은 《상상의 공동체》에서 "네이션이라는 상상의 공동체는 인간의 본질과 관련된 언어가 핵심이다. 다른 언어로는 완전하게 번역할 수 없는 '우리' 의식과, 우리들에 대한 강한 애착을 내부에 만든다. 이러한 내면 때문에 사람들이 자기 목숨을 던져가며 남을 죽이는 것도 정당화한다. 이것이 내셔널리즘"[47]이라고 설명했습니다. 마찬가지로 식민지와 근대화를 거치면서 민족, 국가 개념을 익힌 우리에게 언어가 다른 자이니치는 쉽게 동포로 다가오지 않습니다. 더구나 국적이나 이름은 한순간의 결단으로 되돌릴 수도 있지만, 언어는 그렇지 않습니다. 한국인의 이런 감정을 자이니치들도 잘 알고 있습니다. 그래서 한국에 여행이라도 오게 되면 어쩔 수 없이 일본인 행세를 하게 됩니다. 자기가 한국적이라고 일본말로는 하지 못합니다. 결국 일본에서는 일본이름으로 일본인인 체하다가, 한국에서는 말을 못 해 일본인 취급을 받습니다.

일본에서 이른바 뉴커머와 올드커머 사이에 갈등 또는 알력이 있습니다. 정확히 말하면 뉴커머가 올드커머를 무시하는 것인데, 핵심에는 우리말을 못 한다는 이유가 있습니다. 뉴커머가 보기에 자이니치는 한국말을 못 해 한국에 대한 이해가 떨어지고 정보도 부족합니다. 자이니치와 교류할 이유가 별달리 없습니다. 일본을 배우기 위해서라면 일본인을 만나는 게 낫습니다. 물론 우리말을 하는 조선학교 출신이 있지만 조선총련 지지 성향이 많기 때문에, 한국인 정체성이 강한 뉴커머로서는 쉽게 어울리지 못합니다. 뉴커머는 자이니치가 일본인과 같은 생각을 가지고 있어 한국어 학습에도 소극적이고 한류 팬보다도 한국을 모른다고도 말합니다. 정말 자이니치가 조국을 무시해서 우리말을 못 하는 것일까요. 12

자이니치는 조선어 금지라는 식민지 역사를 거쳐 일본 사회의 배타

배타적 언어

적 정책을 겪어왔습니다. 소수민족을 인정하는 중국의 조선족과는 상황이 다릅니다. 1954년 제정된 중화인민공화국 헌법 제3조는 '중화인민공화국은 통일된 다민족 국가다. 각 민족은 모두 평등하다. 어느 민족에 대해서도 차별과 억압을 금지하고, 민족의 단결을 해치는 행위도 금지한다'고 정했습니다. 조항은 계속해서 '각 민족은 모두 자신의 언어·문자를 쓰고 발전시킬 자유가 있고 고유한 풍속을 보존하고 개선할 자유가 있다'고도 밝혀두었습니다. 일본이 샌프란시스코평화조약을 체결하기 직전에 조선인을 모두 외국인으로 만들고, 헌법의 주어를 '국민'으로 바꾼 것과는 완전히 다릅니다. 배훈 변호사는 "한국 유학 당시 재미동포와 재중동포 2세, 3세도 만났는데 모두 두 가지 말을 했다. 중국에는 조선어로 교육하는 학교가 있고, 미국에는 우리말 방송국이 있다"고 했습니다.

자이니치 사회에서 우리말 공동체는 거의 사라졌습니다. 조선학교가 마지막 남은 공동체이지만 해마다 학생이 줄어들고 있습니다. 조선학교가 없어지면 우리말 커뮤니티는 완전히 사라집니다. 이제 자이니치가 한국어를 배운다고 해도 우리말 공동체가 붕괴됐기 때문에 말할 기회가 없습니다. 따라서 재중동포나 재미동포처럼 우리말이 능숙해지기 어렵습니다. 조선학교가 살아나지 않는 이상 자이니치에게 조선·한국어는 완전한 외국어가 됩니다. 조선학교 출신의 김순식 변호사는 "조선학교가 없어지고 졸업생이 나오지 않으면 재일 조선인의 성격도 달라질 것"이라고 말했습니다. 조선 민족 전체가 일본에 완전히 동화되리라는 얘기입니다. 여기서 조선학교는 민족교육 전반을 가리키지만 언어교육이 핵심임을 부인할 수 없습니다.

배훈 변호사의 사무실에 걸린 한글 학습용 달력. 날짜마다 새로운 단어가 적혀 있습니다. 일본에서 만든 우리말 지진 매뉴얼에는 조선어도 한국어도 아닌 한글이라 적혀 있습니다. 재일민단과 조선총련의 대립 때문입니다.

2013 0304 | 2013 0919

자이니치가 우리말을 하려면 정치·사회적 상황이 달라져야 합니다. 중국처럼 국가가 자치구를 만들어 학교를 지원하는 곳에서는 우리말이 사라지지 않습니다. 미국 역시 새로운 이민자와 기존 이민자 사이에 벽이 없어 언어가 이어집니다. 자이니치의 90퍼센트가 일본이름을 쓰는 사회에서 우리말 커뮤니티가 유지될 리 없습니다. 조선학교 학생끼리도 학교 밖에서는 일본말을 합니다. 일본어가 편해서이기도 하지만 조선어를 쉽게 말할 분위기가 아닙니다. 차별을 피하려 일본이름까지 쓰는데 굳이 조선어를 말할 이유가 없습니다. 몇몇 자이니치가 불굴의 노력으로 말을 배운다고 언어 공동체가 살아나지 않습니다. 자이니치는 일본의 납세자이지만 일본 정부는 조선학교에 세금을 거의 나눠주지 않습니다.

이렇게 자이니치가 우리말을 못 하는 것은 언어 공동체가 붕괴됐기 때문이고, 배경에는 일본 정부와 사회의 차별이 있습니다. 자이니치가 자신의 뿌리를 업신여겨 우리말을 안 배우는 것이 아닙니다. 일제 식민 지배가 35년보다 길어졌다면 한반도에 사는 우리도 어찌 됐을지 모릅니다. 자이니치는 우리말을 버린 게 아니라 빼앗긴 것입니다. 조선학교 출신은 아니지만 뒤늦게 우리말을 배우는 사람들이 있습니다. 취재를 위해 일본에 머무르는 동안 자이니치 청년 단체의 우리말 수업에 나갔습니다. 아르바이트를 마치고, 육체노동을 마치고 수업에 옵니다. 그러니 그 실력이라는 게 대단할 리 없습니다. 자기 이름도 정확히 발음하지 못합니다. 이들이 우리말을 해보려 애쓰는 모습을 보고 있으면 울컥합니다. 뭐하려고 굳이 우리말을 배우려 할까 싶

일본 대형 서점에는 우리말 교재가 중국어와 비슷한 규모로 있습니다. 한류에 관심을 갖고 배우는 사람이 많아 대부분 '한국어'라고 합니다. 학술적 표현인 '조선어'는 잘 보이지 않습니다. 기노쿠니야서점 신주쿠점.
2014 0117

은 마음도 듭니다.

한글 강좌를 운영하는 자이니치코리안청년연합在日コリアン青年連合의 다나카 조 미나코田中趙美奈子 대표의 이야기입니다. 그는 아버지가 일본인이고 어머니가 자이니치 2세입니다. "한국에서 유학하는 자이니치 가운데 한국어를 완벽하게 말하고 싶어 하는 경우가 있다. 어학을 마스터하려는 이유만으로 그러는 게 아니다. 자이니치인 사실을 모르게 하고 싶은 것이다. 완벽한 한국인이 되고 싶다는 갈망이다. 어중간한 자이니치의 삶을 끝내고 싶은 것이다. 하지만 지나고 보면 누구도 완벽한 한국인이 되지 못했다."

다나카 대표는 어디에 잘못이 있는지 설명합니다. "자이니치의 정체성 갈등은 동질성이 높은 일본 사회에 살지만 일본인과 다르다는 데서 시작된다. 물론 동질성은 환상에 불과하다. 이 갈등을 극복하기 위해 이번에는 한국인이 되어보려는 것이다. 마이너리티인 자이니치의 고통은 메이저리티인 일본인, 한국인의 차별과 편견에서 비롯된 것이다. 이는 메이저리티에 동화되거나 국민화가 되어서는 해결될 수 없다. 소수자들을 어중간한 존재로 보는 내셔널리즘을 문제 삼고, 지금도 계속되는 일본의 식민주의에 반대해야 한다."

자이니치는 일본이 조선을 식민지화했기 때문에 일본에 살게 된 조선인과 자손들입니다. 핏줄이 문제가 아니라, 뿌리가 조선 반도에 있는 사람들, 역사를 체현한 사람들입니다. 그래서 국적이 조선이든 한국이든 일본이든 상관없습니다. 일본인과의 사이에 태어나 고민하는 사람도 마찬가지입니다. 그래서 자이니치의 우리말 공부는 조선·한국인이 되려는 시도가 아니라, 소수자·중간자로서의 존재를 찾으려는 도

전입니다. 이는 내셔널리즘과 식민지주의에 대한 항의입니다. 그래서 한국어를 못 한다는 이유로 자이니치를 무시하는 것은, 이들을 억압하는 일본 내셔널리즘과 다를 바가 없는 것입니다.

조선학교 출신 이춘희 변호사의 인터뷰입니다. "조선학교에는 '말이자 곧 민족'이라는 표어가 있다. 우리말을 하는 것은 민족성의 문제다." 한국어가 유창한 배훈 변호사의 인터뷰입니다. "언어는 습관에 불과하다. 서울 젊은이들은 제주도 할머니의 얘기를 못 알아듣는다. 자이니치들은 우리말을 연습할 기회가 없어서 못 하는 것이다." 두 사람은 정치적 성향도, 국적에 대한 입장도, 조선학교에 대한 생각도 모두 다릅니다. 두 사람의 말을 듣고 있으면, 같은 말을 하는 것 같기도 하고 다른 말을 하는 것 같기도 합니다. 여러분의 생각은 어떻습니까. 이춘희 변호사는 도쿄에서, 배훈 변호사는 오사카에서 활동 중입니다. 일본에 가실 일이 있으면 두 사람을 만나서 이야기해보십시오. 여러분만의 답이 나올지도 모릅니다.

여기에서 1부를 마무리합니다. 재중동포는 스스로 중국인이라고, 재미동포도 자신을 미국인이라고 말합니다. 우리말이 유창하고, 우리식 성姓을 그대로 가지고 있습니다. 그런데 국적은 중국이나 미국이 대부분입니다. 조선 민족 또는 코리안 출신의 중국인, 미국인으로서 납세자와 유권자의 권리를 행사합니다. 하지만 자이니치는 정반대입니다. 우리말을 못 하고 일본이름을 쓰는데, 국적만 한국입니다. 배훈 변호사의 인터뷰입니다. "자이니치처럼 외국에 70년 가까이 살면서 조부모의 국적을 유지하는 것은 유례가 없는 일이다. 더구나 자이니치의

90퍼센트는 통명을 쓰고 대부분 한국어도 하지 못한다. 조선적·한국적을 유지하기 때문에 정치적 권리도 없다. 어쨌든 정상적인 것은 아니다." 중국 조선족에게 중국인이냐, 한국인이냐 묻는 것도 비루한 일이지만, 자이니치에게 한국적을 유지하라고 요구하는 것도 올바르지는 않습니다.

자이니치는 언어와 이름을 잃고 국적을 가지고 있습니다. 일본이름을 쓰는 것은 일본에서 일본인으로 보이기 위해서입니다. 우리말을 못하기 때문에 한국인을 만나도 한국인으로 인정받지 못합니다. 아니, 한국적이라고 말하지도 않습니다. 그런데도 국적만은 온갖 어려움을 참아가며 유지하고 있습니다. 주민표에 적힌 조선·한국 표기는 가족 이외에는 아무도 모릅니다. 왜 그럴까요. 자이니치들은 무엇을 위해 국적을 악착같이 유지하는 것일까요. 무슨 일이 있었을까요. 1945년 해방 이후 자이니치들은 어떤 삶을 살아온 것일까요. 지난 70년 동안 우리는 북조선의 침략을 막아내고, 노동자의 힘으로 경제를 발전시키고, 목숨을 건 민주화 투쟁으로 독재를 무너뜨리고, 대중문화를 발전시켜 한류를 수출했습니다. 우리가 돌아보지 못하는 사이 우리의 형제들은 일본에서 무슨 일을 겪은 것일까요. 2부에서 그 얘기를 들려 드리겠습니다.

미주 - 서울

1) 泉德治, 「金敬得さんを憶う」, 『弁護士・金敬得追悼集』, 新幹社, 2007, 120頁

2) '박정희와 이민 정책', 〈동아일보〉, 1990.05.15.

3) 李洙任 編著, 『在日コリアンの経済活動』, 不二出版, 2012, 108頁

4) 金敬得弁護士追悼文集編集委員会, 『弁護士・金敬得追悼集』, 新幹社, 2007, 355頁

5) 日米通商交渉の歴史(概要), 外務省ホームページ 米国経済に関する資料, 平成24年3月

6) 金敬得弁護士追悼文集編集委員会, 『弁護士・金敬得追悼集』, 新幹社, 2007, 350頁

7) 양창수, '버클리대학교 한국법센터 학술회의에서 한 말 Ⅱ', 〈법원사람들〉, 2014.7.

8) 瀬木比呂志, 『絶望の裁判所』, 講談社, 2014, 84頁

9) 山口進・宮地 ゆう, 『最高裁の暗闘』, 朝日新書, 2001, 17頁

10) 最高裁判所 平成14年(オ)第1963号 判決文, 平成15年3月31日

11) The United States and Japan: Advancing Toward a Mature Partnership, INSS Special Report, October 11, 2000

12) 司法修習生の修習終了証書について(回答), 最高裁人任D第618号, 平成12年11月8日

13) 国籍・地域別 在留資格別 在留外国人, 政府統計の総合窓口 (www.e-stat.go.jp)

14) GHQ草案と日本政府の対応 - 日本国憲法の誕生, 国立国会図書館 (www.ndl.go.jp)

15) 年度別人口推移, 在日本大韓民國民団 (www.mindan.org)

16) 서경식, 《역사의 증인 재일 조선인》 반비, 2012, 143쪽

17) 자원의 절약과 재활용촉진에 관한 법률, 제41조, 법률 제12319호

18) 金敬得, 〈弁論要旨〉, 最高裁判所, 平成10年(行ツ)第93号, 2004 1215, 2頁

19) 헌법재판소 2007헌마1083, 2011 0929

20) 宋基燦, 『語られないもの」としての朝鮮学校』, 岩波書店, 2012, 33頁

21) Agreement between the Republic of Korea and Japan concerning the Legal Status and Treatment of the Korean Residents in Japan

22) 대법원 96누1221, 1996 1112

23) 손희두,《북한의 국적법》, 한국법제연구원, 1997, 33쪽

24) 上場株式取引高及び利回り、総務省統計局 統計データ (www.stat.go.jp)

25) J. 에르네스트 르낭, '국민이란 무엇인가', 《내셔널리즘론의 명저 50》 일조각, 2010, 31쪽

26) イ・ヨンスク、『「国語」という思想』、岩波書店、2012、iv - v頁

27) 「私たちのダンプが盗まれた」、〈朝日新聞〉、昭和38年4月16日

28) 宮田節子・金英達・梁泰昊、『創氏改名』、明石書店、1992、79頁

29) 水野直樹、『創氏改名 - 日本の朝鮮支配の中で』、岩波新書、2008、135 - 144頁

30) 民族教育ネットワーク 編、『イルム - もえるいのち』、みずのわ出版、2002、17頁

31) 金稔万さん本名損害賠償裁判を支援する会 (irum - kara.jimdo.com)

32) 「『社長が朝鮮名強要』静岡の在日男性が提訴」、〈朝日新聞〉、2013 0728

33) 2000년 성씨·본관별 가구 및 인구, 국가통계포털(www.kosis.kr)

34) The World's Most Powerful People (www.forbes.com/powerful - people)

35) 名字由来net (myoji - yurai.net)

36) 在日コリアンにとっての名前、在日コリアンKEYワード (www.key - j.org/keyword)

37) 第42表、〈大阪市外国籍住民の生活意識についての調査報告書〉、大阪市、2002 03、75頁

38) 姜在彦・金東勳、『在日韓國・朝鮮人 - 歴史と展望』、労働経済社、1994、142頁

39) 姜在彦・金東勳、『在日韓國・朝鮮人 - 歴史と展望』、労働経済社、1994、140頁

40) 宋基燦、『「語られないもの」としての朝鮮学校』、岩波書店、2012、144 - 145頁

41) 2013年弁護士事務所全国ランキング100 (www.jurinavi.com)

42) 宋基燦、『「語られないもの」としての朝鮮学校』、岩波書店、2012、144頁

43) 「재일 문학 - 다채롭고 풍부한 광맥」、〈민단신문〉、2006 0809

44) 「独仏の影薄く、中国も陰り…… いえ、第二外国語の話」、〈朝日新聞〉、2014 0108

45) 「国語平均5割切る一センター試験 過去最低」、〈読売新聞〉、2014 0207

46) 『学士課程答申』、後の大学改革の進捗を探る (chieru - magazine.net)

47) Benedict Anderson, Imagined Communities: Reflections on the Origin and Spread of Nationalism, Verso, 2006, pp.141 - 154

평양

자이니치 대이주

국경의 긴 터널

1959년 12월 16일 함경북도 청진항에 북조선 거물 정치인들이 모여 있었다. 부수상 리주연, 외무상 박성철, 최고인민위원회 부위원장 한설야 등이다. 이들은 이틀 전 일본 니가타항을 출발한 재일동포 귀국선이 들어오기를 기다렸다. 부두에 나온 시민은 1만 명이 넘었다. 재일동포 975명을 실은 귀국선 2척이 항구에 들어오자 엄청난 함성이 터져 나왔다. 귀국한 동포들은 12월 21일 평양에서 시민 15만 명의 환영을 받으며 수상 김일성과 만난다. 이 자리에서 김일성은 "해방 직후에는 사정이 어려웠지만 당을 중심으로 인민들이 협력해 지금은 달라졌다. 여러분이 먹을 걱정 없이 편하게 살 수 있게 됐다"고 말했다.[1] 이렇게 일본에서 북조선으로 건너간 자이니치는 1967년까지 155회 운항으로 8만 8611명이다. 한일협정 이후인 1968~1970년 중단됐고, 1971년 재개돼 1984년까지 이어졌다. 25년간 186회에 걸쳐 9만 3339명, 2만 8410세대가 갔다.[2] 당시 자이니치 60만 명 가운데 10만 명이 북조선으로 이주했다.

시간을 되돌려 1년여 전인 1958년 8월 가나자와현 가와사키의 재일동포들이 집단 귀국을 결의하고, 북조선 수상에게 편지를 보낸다. 그러자 김일성이 9월 8일 북조선 창건 10주년 경축 대회장에서 "일본에서 생활 수단을 잃고 조국의 품으로 되돌아오고 싶어 하는 재일 조선인 동포의 귀국을 문과 마음을 크게 열고 맞이하겠다"고 말한다. 일주일 뒤에는 외무상 남일이 "생활 안정과 자녀 교육을 전면적으로 보증한다"고 성명을 낸다. 조선총련이 북조선 귀국을 희망하는 사람을 모았고, 1959년 1월에 이미 10만 명을 넘어선다. 2월 13일 일본 기시 노부스케 내각은 자이니치의 북조선 귀국을 인정한다. 이어 일본의 언론과 정치권이 지지한다. 8월 13일 양국의 적십자사가 인도 캘커타에서 귀국 협정에 조인한다. [3] 재일민단이 반대 시위를 벌였지만 명분이 없었다. 국제적십자사 감시위원단이 출항하기 직전까지 개인의 자유의사를 거듭 확인했기 때문이다. [4]

한국 정부는 북조선 이주를 저지하려 안간힘을 썼다. 2월 14일 주미공사 한표욱이 미국 국무부를 방문해 "재일 조선인은 한국인이며 북송은 북한 체제를 사실상 인정하는 것"이라며 막아달라고 부탁했다. 하지만 로버트슨Walter S. Robertson 국무차관보는 거절했다. 그러자 6월 15일 이승만 정부는 대일 통상 중단 조치를 내렸다. 오히려 일본에 의존하던 한국에게 불리할 뿐 일본에는 압력 수단이 되지 못해, 석 달 만인 10월 8일 스스로 해제했다. 다음에는 한일 회담을 일방적으로 중단했지만 효과가 없자 먼저 재개를 요청한다. [5] 국제사회가 한국에 등을 돌리자 물리력을 동원한다. 1959년 서울수도방위사단 고급부관이던 김구 살해범 안두희가 일본에 파견돼 현지에서 북송선 폭파 공작을 벌였다. 하지만 이러한 정보가 〈주간 요미우리〉에 보도되면서 실패한다. 같은 해 9월에는 특수 공작원 66명을 밀파하지만 조난되어 숨지거나 일본에서 체포된다.[6]

일본에 살던 조선인 10만 명이 25년에 걸쳐 북조선으로 이주한 사건은 자이니치 사회의 성격을 바꾼다. 자이니치 중 15퍼센트가 북조선에 살게 되면서 모두가 북조선과 관계가 생겼기 때문이다. 자이니치는 조선에서 일본으로 건너온 사람이듯이, 동시에 친척 누군가가 북조선으로 이주한 사람이 됐다. 자이니치의 북조선 이주가 단순하지 않은 이유는, 이들 거의 모두의 고향이 해방 이후 한국 지역이라서다. 구체적으로 자이니치 본적지의 98퍼센트가 남쪽이다.[7] 강원도가 남북에 걸쳐 있어 소수점 아래까지 정하지 못한다. 북조선 이주가 한창이던 1964년의 통계를 보면 경상남도가 본적인 경우가 38.3퍼센트, 경상북도 25.2퍼센트, 제주도 14.9퍼센트, 전라남도 10.2퍼센트다. 제주도가 1946년 7월까지 전라남도에 속하기도 했으므로, 경남·경북·전남 3도가 88.6퍼센트다. 조선의 남쪽에서 일본으로 갔던 사람들이, 살아본 적이 없는 반도 북쪽으로 다시 이동한 셈이다.

자이니치 대이동은 보통 '재일 조선인 귀환 사업'이라고 하며, 조선총련은 '귀국 사업', 재일민단은 '북송 사업'이라고 부른다. 이 일에 대해 한국에서는 북조선이 속여서 '한국인'을 데려갔다, 북조선에서는 자발적으로 귀국했다, 일본과 미국은 본인의 의사대로 귀국시켰다는 입장이다. 하지만 어느 나라도 그 이상 실체를 밝히려 들지 않았다. 자이니치를 받아들이지 않은 한국은 물론이고 어려운 삶이 시작된 북조

북조선 이주가 1968년 중단되었다가 1971년 재개된다. 이전까지 빌려 쓰던 소련 선박 대신 북조선 선적의 만경봉호가 이때 등장한다. 보슬비가 내리는 니가타 중앙 부두에 환송 나온 인파의 모습.

© 아사히신문

1971 0820

선도 마찬가지였다. 일본과 미국으로서는 더 이상 관심 가질 일이 아니었다.

이런 자이니치 대이동의 국제정치적 배경을 극적으로 밝혀낸 사람이 호주의 역사학자 테사 모리스-스즈키Tessa Morris-Suzuki다. 2007년 발표한《북조선으로의 엑소더스-귀국 사업의 그림자를 따라北朝鮮への エクソダス—帰国事業の影をたどる》는 한국, 북조선, 일본, 스위스를 찾아다니며 집필한 역작이다. 모리스-스즈키 교수는 이 책을 통해 50년 동안 묻혀 있던 자이니치 대이동의 실체를 상당 부분 밝혀냈다. 그는 자이니치 대이주를 진행한 국제적십자사의 1951~1965년 공문서를 확보했다. 15년치 공문서의 기밀이 해제된 2004년 6월 스위스 제네바를 찾아 문서를 분석했다. 영어, 일본어, 프랑스어, 러시아어를 독해한다는 점은 그의 연구가 성공한 이유 가운데 하나다. 서술 방식이 저자가 등장하는 일인칭 논픽션이어서 각국에서의 연구 과정이 고스란히 들어 있다.

'자이니치들이 일본을 떠난 이유는 일본에서의 생활이 극도로 어려웠기 때문이다. 그래서 태어나 살아온 땅을 뒤로하고 반도로 돌아갈 출구를 찾은 것이다'라는 게 모리스-스즈키가 책을 내기 이전의 상식이었다. 하지만 그의 연구에서 원인과 결과가 반대로 뒤바뀌어, 일본 정부가 자이니치들을 내보내려 곤궁으로 몰아넣은 정황이 드러났다.[8] 1950년 중반부터 일본 경제는 살아났다. 특히 6·25 전쟁의 도움을 받았다. 하지만 자이니치들의 삶은 더욱 어려워졌다. 차별로 인해 직장을 구하기 어려웠고 생활보호 수급 비율이 높았다.[9] 1956년에 이미 13만 명을 넘었다.[10] 언론에서는 '조선인의 생활보호 비율이 일본인의

10배 이상'이라는 관급 기사가 나왔다. 곧바로 후생노동성이 생활보호 부정 수급 단속을 시작했다. 조선인 생활보호 수급자는 1957년 중반까지 8만 1000명이 감소했다. 일본 언론도 시민도 몰랐지만, 자이니치의 북조선 귀국을 지원하는 운동을 시작할 것을 정부가 비밀리에 결정한 뒤에 공작한 것이다. 1955년 9월부터 비밀리에 국제적십자위원회에 재일 조선인 문제를 제기했고, 1956년 3월에는 북조선으로 가려는 사람이 6만 명은 된다고도 했다.[11]

한국은 왜 자이니치들을 받지 않았을까. 일본과 북조선의 협상이 진행되던 1959년 한국으로의 이주가 논의됐다. 이승만 정부는 한 사람당 500달러를 달라고 했다.[12] 당시 한국의 1인당 국민총생산은 81달러[13]였다. 한국 협상단도 일본이 응하지 않으리라는 것을 알았다.[14] 한편 1950년대 중반부터 일본은 나가사키현 오무라 수용소의 재일 조선인과 한국인을 데려가라고 요구했다. 1956년에는 1467명이 있었는데 대부분 제주 4·3 사건을 피해 밀입국한 사람들이고, 나머지는 형사재판을 받고 복역을 마친 자이니치다. 자이니치는 외국인으로 취급돼서 범죄를 지으면 추방 대상이었다. 한국 정부는 어느 경우도 수용할 수 없다고 했다. 이런 일이 쌓이면서 일본은 한국이 조선인과 한국인을 데려갈 의사가 없다고 판단했다.[15] 1959년 6월 16일에는 재일민단마저 자유당에 불신임을 표명했다.[16] 모리스-스즈키는 "이승만 정권은 자이니치의 남쪽 귀국을 돕지 않았다. (오히려) 이들을 일본과의 외교 침체를 타개할 카드로 이용했다. 이러한 태도가 (국제사회에서) 한국의 입지를 매우 약하게 만들었고, 자이니치의 북조선 이주를 방해하는 데도 실패한 것"[17]이라고 썼다.

북조선은 왜 자이니치를 받은 것일까. 1958년 7월 14일 수상 김일성은 소련 대리대사 펠리셴코V. I. Pelishenko를 만나 재일 조선인 귀국 문제를 얘기한다.[18] 이는 이듬해 귀국 사업에 소련 배가 쓰이는 것과 관계있다. "2~3년 전 우리나라의 경제적 상황에서는, 일본 거주 조선인 10만 가구가 공화국에 들어온다고 해도 집과 직장을 주겠다고 말할 수 없었다. 하지만 지금은 직장과 10만호 아파트를 제공할 수 있다. 평양과 지방의 주택·공업 현장에 노동력이 부족한데 특히 탄광이나 농업 분야 일이 있다." 이에 더해 "경제적으로는 물론이고 정치적으로도 커다란 이익을 가져올 것"이라고 했다. 실제로 이후 일본과 북조선은 대이주에 합의하면서 인도주의 옹호국이 됐지만, 한국은 국제적십자사의 활동을 방해하는 입장이 되면서 수세에 몰렸다.[19] 특히 김일성은 미국이 재일 조선인의 북조선 이주에 반대하고, 그런 미국에 국제 여론이 불리하게 돌아갈 것으로 전망했다. 김일성이 펠리셴코에게 "일본 정부가 귀국 문제에 적극적으로 나서는 것에 미국이 반대할 경우, 국제 여론은 조선민주주의인민공화국에 정치적 공감을 보낼 것"이라고 한 것은 그런 의미다.

하지만 미국은 반대하지 않았다. 미국은 왜 북조선 이주에 찬성했을까. 1959년 9월 24일 국무장관 크리스천 허터Christian A. Herter는 한국 대통령 이승만에게 편지를 보낸다. "미합중국은 진정으로 자발적인 귀국을 전면적으로 지지한다. (중략) 11월 중순의 일본 재류 조선인의 북조선 귀국은 불가피하다. 귀국 약속은 확정된 것이며 국제적십자사의 승인도 얻었다. 일본 정부가 후퇴할 수 없는 데까지 공식 관여하고 있

는 것도 한국은 인식하고 있다. 귀국 사업에 힘으로 간섭하려는 시도
는 한국과 자유세계의 관계에 파멸적인 결과를 초래할 수 있다."[20]

한편 1958년부터 미국과 일본은 미일안전보장조약 개정 협상을 시
작했다. 1952년 샌프란시스코평화조약과 함께 발효된 이 조약을 사실
상 연장하는 것이었다. 일본에 불리한 일부 조항이 삭제됐지만 주일
미군을 계속해서 상주시키는 근거였다. 그래서 야당과 학생을 중심으
로 일본 국내에서는 반발이 거셌다. 총리인 기시 노부스케가 이를 통
과시키고 결국 1960년 7월 물러난다. 당시 미국 정부 문서에는 기시
만큼 미국에 호의적인 총리는 없을 것이라는 경고가 거듭 등장한다.[21]
실제로 미국 정부 문서[22]를 확인한 결과, 1960년 1월 19일 신안보조약
이 워싱턴에서 조인된 직후 기시는 허터를 만났다. 이 자리에서 기시
는 조선인의 북조선 귀국에 관련한 미국의 태도에 감사를 표했다.[23]

이로부터 50년 가까이 지난 2008년 귀국 사업이 사기였다며 손해
배상을 요구하는 소송이 제기된다. 원고는 자이니치 대이주 당시 북조
선으로 갔다가 탈북해 오사카로 돌아온 여성이다. 상대는 북조선을 대
신해 일본에서 이주를 선전한 재일본조선인총연합회, 즉 조선총련이
다. 소송을 제기한 고정미는 1960년 오사카에서 태어난 자이니치 2세
다. 1963년 제111차 귀국선으로 가족과 함께 갔다. 하지만 고정미에게
북조선은 '낙원'이 아니라 '지옥'이었다. 그는 북조선과 조선총련이 불
법행위를 했으니 배상하라고 했다. 재판에서 그는 "귀국 사업은 북조
선 정부가 자이니치를 일손·돈줄·인질로 쓰려고 허위 선전으로 데려
간 것이다. 유괴에 해당하는 악질적인 위법행위다. 북조선은 조선총련

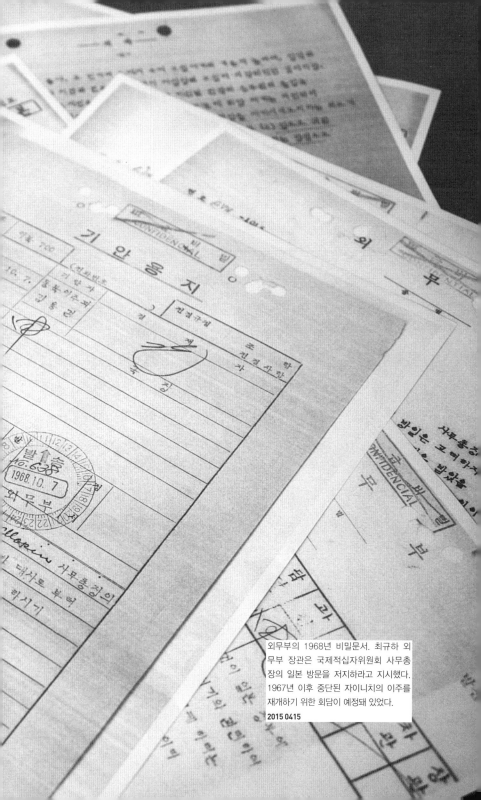

외무부의 1968년 비밀문서. 최규하 외무부 장관은 국제적십자위원회 사무총장의 일본 방문을 저지하라고 지시했다. 1967년 이후 중단된 자이니치의 이주를 재개하기 위한 회담이 예정돼 있었다.
2015 0415

과 함께 귀국 사업을 기획·추진한 공모공동정범의 주모자다. 이러한 북조선의 지시·명령에 따라 귀국 사업을 적극적으로 실행한 것이 조선총련이다. 지상낙원이 아니라는 것을 알면서도 정반대로 선전해 지옥 같은 곳으로 보낸 실행정범"이라고 말했다. 오사카지방재판소는 일본 민법에 정해진 불법행위에 대한 제척 기간인 20년이 지났다며 각하했고, 오사카고등재판소와 최고재판소도 같았다.

고정미의 인터뷰. "2005년 일본에 와서 가장 화났던 것은 이듬해 재일민단과 조선총련이 화해·화합 성명을 발표한 것이다. 재일민단 사람들도 일본에서 수십 년 살면서 평화로워지니 저런 행동을 하는구나 싶었다. 하지만 이는 재일민단이 조선총련에 속은 것이다, 밑바닥부터 까밝히자고 생각했다. 일본 정착을 도와준 일본 단체에 무엇이든 하겠다고 말했고 그래서 소송이 시작됐다." 고정미는 소송을 시작한 뒤에야 북조선 대이주에 일본 정부가 관여돼 있고 한국 정부도 무관치 않은 것을 알게 됐다. "조선총련을 소송하기 전에 일본 정부를 소송해야하지 않느냐고. 내가 소송을 하면서 여러 곳에서 들은 얘기다. 하지만 나는 아무런 실정도 모르던 상태였다. 해야 할 일은 해야겠다고 생각해 조선총련을 상대로 소송한 것이다. 전반적으로 생각해서 시작한 것이 아니다. 이후에 귀국 사업의 여러 면을 알게 되면서 많은 생각을 하게 됐다."

고정미의 가족이 북조선을 선택한 이유는 무엇일까. "우리 집은 제주 4·3 사건 때 한국에서 빨갱이라고 해서 오게 됐나. 당시 밀항선을 타고 도망친 곳이 일본이다. 한국에 대한 거부감과 불안감이 있었다. 우리 집에서는 한국 여권을 신청해도 안 나왔다. 그런 상황에서 일본에서는 민족 차별이 심했다. 북조선은 그걸 안아주고 감싸주고 치유해주겠다는 나라였다. 아버지가 조선총련 간부이기도 했다." 고정미는 일본에서 하루하루 힘겹게 산다. 기회가 있다면 한국으로 가고 싶어 한다. "조상 때부터 우리 가족은 물 위에 뜬 기름방울 같았다. 정착하지 못했다. 일본에서는 조센진, 북조선에서는 째포(재일동포)라고 불렀다. 서러웠다. 어디든 정착할 곳으로 가야 했다. 나는 일본으로 왔다. 하지만 이곳은 별다른 지원이 없다. 한국과 다르다. 한국에 증언하러 가보니, 한국에 정착한 탈북자들은 정신과 치료도 받고 경제적 혜택도 있더라. 나는 일본에서 비자도 3년마다 연장하고 있다. 가능하다면 지금이라도 한국으로 가고 싶다."

　한국에서는 이승만 정권 때부터 '북송 사업'이라고 부르고 있습니다. 하지만 북조선으로 건너간 당사자, 그들이 살던 일본, 그들을 받아들인 북조선 모두 '귀국 사업'이라고 합니다. 일본에서는 도저히 살기 어려웠고 고향인 한국은 받아주지 않았습니다. 그들에게 '북송되었다'고 말하는 것은 부당합니다. 역사적 실체와 원인을 불투명하게 만듭니다. 하지만 외국학자들의 연구 덕에 '북송'이라는 표현이 틀리지 않은 것으로 드러났습니다. 같은 맥락에서 일본과 북조선이 사용해온 '귀국' 역시 정확지 않게 됐습니다. 이러한 사정을 고려해 이 책에서는 '자이니치 대이주'라고 표현했습니다. 이주한 자이니치들이 북조선에서 어떤 생활을 했는지 정확히 알 수는 없습니다. 하지만 북조선이 어떤 상황인지는 알려져 있고, 귀국자라는 이유로 더해진 어려움도 있다고 합니다. 일본과 북조선은 일본 왕래를 금지했습니다.

　대이주는 일본에 남은 자이니치의 삶을 바꿉니다. 자이니치 6분의 1이 북조선으로 가는 바람에, 일본의 자이니치 대부분은 북조선에 친

1

척이 있습니다. 자이니치에게 북조선은 아버지의 동생, 어머니의 오빠가 사는 곳입니다. 자이니치 2세인 양영희 감독은 평양으로 건너간 오빠와 조카들을 소재로 한 영화 〈가족의 나라〉 등으로 세계 영화계의 주목을 받기도 합니다. 반면 한국은 아버지도 기억이 가물가물한 먼 친척이 산다는 나라입니다. 재일민단 지지자이든 조선총련 지지자이든 다르지 않습니다. 재일민단 회원인 김기언 변호사는 "자이니치는 대부분 멀든 가깝든 북조선에 친척이 있다"고 설명했습니다. 이들은 북조선에 사는 형제자매에게 생필품을 보내고 만나러 평양에도 갑니다. 대이주 이후에 태어난 자이니치 3세들도 큰아버지와 작은아버지, 고모, 이모 등을 만나러 평양에 갔었다고 했습니다. 자이니치는 한국과 북조선이 만들어지기도 전에 일본으로 건너간 사람들입니다. 따라서 남북 관계에 중립적이었지만 이렇게 대이주를 계기로 북조선이 변수가 됩니다.

자이니치들에게 남북 어디를 지지하는지 묻는 것은 무의미합니다. 이들의 생활 터전이 일본이기 때문에 일본 정치에 훨씬 관심이 많습니다. 1980년대 중반까지 남북 모두에서 독재 정권이 계속됩니다. 두 곳 어디라도 조국이라고 말할 상황이 아니었다고 합니다. 두 나라 가운데 어디라도 지지하는 사람은 대체로 재일민단 아니면 조선총련의 핵심이었습니다. 이들은 두 조직의 중앙 간부로 이른바 본국에서 지원금을 받아 생활을 하는 사람들입니다. 재일민단과 조선총련이 적대적 공생 관계라고 말하는 것도 그런 이유입니다. 조선총련 출신의 인권 운동가 홍경의는 "조선총련이 본국의 대리 전쟁만하고 동포들의 생활이나 권리를 돌봐주지도 않았다. 정치사상적으로만 운동을 끌고 가려 하니 불신과 불만이 퍼져 있었다"고 설명했습니다. 재일민단에도 다르지 않은 얘기입니다.

따라서 자이니치 대부분에게 한국이나 북조선에 대한 지지는 낮은 수준의 선호를 뜻합니다. 북조선 지지자라고 한국을 적대시하는 것도 아니고, 한국을 지지해도 일본보다는 걱정하지 않습니다. 그래도 모두들 친척이 북조선에 있다는 점은 한국을 종속변수로 만듭니다. 북조선의 독재가 계속돼 3대 세습까지 이어지고 일본인들을 납치한 사실이 밝혀지고서야, 한국적으로 바꾸거나 한국에 관심을 갖게 되는 것입니다. 북조선에 더 이상 기대하지 않는 사람들이 스스로를 재일 조선인이 아닌 재일 한국인이라고 부르는 것입니다. 한국이 반독재 투쟁으로 민주화에 성공하고 경제적 발전을 이뤄낸 것도 중요한 이유입니다. 하지만 이는 2000년 중반에 들어서야 시작된 현상입니다.

조선학교 출신 김순식 변호사의 인터뷰입니다. "일본과 북조선 정부의 말만으로 그렇게 많은 동포가 귀국했을 리는 없지 않겠나. 외할아버지를 비롯해 여러 사람의 말을 들어봐도 해방되고 10년 넘도록 일본에 있었지만 살아갈 길이 없었다고 한다. 그래서 돌아가자고 마음먹었을 때 받아주는 곳은 북조선뿐이었다. 일본에서 계속 살아간다고 해도 아무런 미래가 없던 때다. 지금이야 자본주의가 좋다는 것을 모두가 알지만 그때 그분들은 사회주의가 낙원이라고 생각했다. 이제 한국이 민주화되고 살기 좋은 나라가 되니 왜 북조선에 갔느냐고 한다. 하지만 일이 이렇게 된 것이다. 스스로 고민해 귀국한 사람들에게 북송 운운하는 것은 온당치 못하다." 그런데 김순식 변호사는 중요한 사실을 하나 빼놓았습니다. 바로 4·3 사건입니다. 제주도가 자기 조상의 고향인데도 침묵한 것은 이른바 조선총련계로 불려서인 듯합니다. 자칫 한국을 비난하는 것으로 들릴 만한 얘기라 침묵한 것입니다.

1934년 통계를 보면 조선인 중 2.72퍼센트가 일본에 살았는데 제주 군민은 29.08퍼센트가 일본에 살았습니다. 구체적으로 조선 거주자는 2051만 3804명[24]에 일본 거주자는 57만 3695명[25]이지만, 제주 군민의 경우 제주에 12만 2028명[26] 일본에 5만 45명[27]이 살았습니다. 왜 이렇게 많은 제주 사람들이 일본으로 갔을까요. 토지조사로 토지를 잃은 비율이 제주도에서 특히 높았고, 근대 공업화의 영향으로 전통 산업이 붕괴됐기 때문입니다. 여기에 더해 1918년부터 일본은 제주-오사카 정기 여객선을 운항시켰습니다. 일본 정부가 보조금을 투입하는 명령 항로여서 운임이 저렴했습니다. 일본은 오사카에 중공업을 육성했는데, 값싼 노동력을 확보하려는 수단이었습니다.[28] 그래서 오사카에 본적이 제주인 사람이 많고, 본명이 고·양·부씨인 경우가 흔합니다. 그리고 해방과 동시에 귀환하는 사람이 늘면서 제주도 인구가 급증합니다. 1944년 21만 9548명에서 1946년 27만 6148명, 1948년에는 28만 1000명으로 27.99퍼센트나 증가합니다. 해방된 제주도는 혼란에 빠졌습니다. 인구가 늘면서 일자리가 부족해졌습니다. 오사카와 관계가 끊어지면서 생활필수품도 떨어져갔습니다. 콜레라가 번지고 흉작까지 겹쳤습니다.[29]

1947년 3월 1일 28주년 3·1 혁명 기념 제주도 대회가 열립니다. 가두시위에 경찰이 발포해 민간인 6명이 숨집니다. 이에 항의해 관공서, 민간 기업 등 제주도에 있는 직장의 95퍼센트가 참가하는 '3·10 총

Guerrilla Logistics

Most pressing problem of the rebels at the present time is lack of ammunition. Captured and foraged food stocks are ample, and caves left behind by Japanese provisions make security and housing no great problem, but there is no ready source of ammunition. Three light machine guns and a mortar captured from KA troops have been buried because of the supply shortage, and present ammunition stocks, as assessed by captured rebels, consist of 800 rounds of M-1, 90 rounds of carbine, and 400 rounds of Japanese 99 ammunition. Only source of supply for captured American-type weapons is that captured from Security Forces, but it is believed that the rebels possess reloading facilities for 2,000 rounds of 99 ammunition.

There have been rumors that rebel forces have received logistic support by ships from the mainland and from North KOREA, but there is no evidence to substantiate these reports. Constant patrolling by ships of the Korean Navy, aerial reconnaissance flights and the tight ring of police in villages on the coastal plain preclude the possibility of outside support.

Security Forces

Security Forces presently opposing the rebels are 2,622 KA troops, 1,700 police and approximately 50,000 MIN BO DAN, a civilian defense agency.

In general cooperation between police and the military is excellent, but occasionally there are reported incidents of friction in small, outlying villages, which usually can be blamed on high-handedness of soldiers belonging to units with inadequate leadership.

Troops

Troops on CHEJU are broken d...
...derstrength special...

"일부에서는 게릴라들이 본토 또는 북조선에서 병참 지원을 받는다는 소문이 있으나 이러한 보고를 증명할 아무런 증거가 없다. 한국 해군정의 지속적인 순찰과 공중 정찰 및 해안 마을에 대한 경찰의 빈틈없는 방어는 외부 지원의 가능성을 차단하고 있다." Hq. USAFIK, G-2 Periodic Report, No. 1097, April 1, 1949.

2014 0611

파업'이 일어납니다. 총파업 주모자 찾기에 나선 미군정은 한 달 만에 500여 명을 검거합니다. 1948년 3월 민간인 3명이 경찰 고문으로 숨집니다. 1948년 4월 3일 오전 2시를 기해 무장대 350명이 12개 경찰 지서를 공격합니다. 경찰의 탄압 중지와 단선·단정 반대, 통일 정부 수립 등을 요구했습니다. 곧바로 주한미군사령관 존 하지 중장은 진압 명령을 내립니다.

이러한 상황에서 5월 10일 실시된 대한민국 제헌국회 국회의원 총선거는 제주에서만 무효가 됩니다. 전국 200개 선거구 가운데 제주도의 두 선거구만 투표수가 과반에 미달됩니다. 미군정은 브라운Rothwell H. Brown 대령을 제주지구 최고사령관에 임명하고, 고강도 진압 작전을 시작합니다. 그런데 5월 20일 오히려 진압 명령을 받은 경비대원 41명이 탈영해 무장대에 가담합니다. 6월 23일로 추진된 재선거도 무산됩니다. 1948년 8월 15일 조선반도 남쪽에 대한민국, 9월 9일 북쪽에 북조선이 수립됩니다. 이후 이승만 정부는 제주도 문제를 정권의 정통성에 대한 도전으로 인식했습니다.[30]

이승만 정부는 10월 11일 제주도경비사령부를 설치하고 본토의 군 병력을 제주에 증파했습니다. 하지만 제주에 파견될 예정이던 여수 14연대 대원들이 거부합니다. 11월 17일 제주도에 계엄령을 선포합니다. 그 무렵 10월 17일 9연대장 송요찬은 해안선에서 5킬로미터 이상 들어간 중산간 지대를 통행하면 폭도로 간주해 총살하겠다고 발표합니다. 중산간 마을에 대한 대대적인 진압 작전을 시작합니다. 중산간 마을은 물론 해안 마을의 주민들도 무장대에 협조했다는 이유로 처형됐습니다. 재판 절차도 없는 주민 사살이 이어졌습니다. 1949년 5월

10일 재선거가 치러졌습니다. 같은 해 6월 무장대 총책 이덕구가 사살되면서 무장대는 사라졌습니다. 하지만 끝이 아니었습니다. 1950년 6월 25일 반도에서 전쟁이 시작됐습니다. 전국 형무소에 있던 4·3 관련자 3000여 명이 즉결 처분됐습니다. 휴전 이듬해인 1954년 9월 21일에야 한라산이 개방되면서 제주 4·3 사건이 끝납니다. 7년 7개월 만이며 희생자는 3만 명입니다.[31]

이 사이에 상당히 많은 사람이 일본으로 건너갔습니다. 해방과 함께 제주로 왔다가 다시 돌아간 사람, 일제강점기 동안 일본에 살았던 사람, 그리고 처음으로 일본으로 건너간 사람도 있습니다. 대부분 밀항이었기 때문에 정확한 숫자는 모릅니다. 일본 정부는 그와 같은 사정을 잘 알았습니다. 1955년 6월 28일 일본 도쿄 국회의사당. 중의원 법무위원회에서 고이즈미 준야小泉純也 법무성 정무차관이 답변합니다. "60만 명 조선인 가운데 모국으로 돌아가고 싶은 사람은 한 명도 없습니다. 반면 방법만 있다면 목숨도 거는 밀항자가 노도처럼 밀려옵니다. 우리가 강제송환을 하려 해도 한국 정부가 받지 않습니다."[32] 1961년 5월 23일 참의원 법무위원회에서 다카세 지로高瀬侍郎 법무성 입국관리국장도 말합니다. "불법 입국자의 목적지는 오사카가 제일 많고, 이들의 출신지는 압도적으로 제주도가 많습니다."[33]

사건 이후 한국 일부에서는 4·3 사건이 북조선 노동당 또는 남조선 노동당의 중앙당이 배후라고 주장했습니다. 하지만 당시 미군의 정보 보고에서도 그렇지 않다고 명확히 밝힌 일입니다. 군사정권 아래서 이러한 근거 없는 주장은 계속 유포됐습니다. 공개적으로 허위 주장이 등장한 것은 1973년 중앙일보입니다. 남로당 지하 총책인 박갑동이 2월 13일~9월 28일 연재한 '남기고 싶은 이야기들-내가 아는 박헌영'에 있습니다. "남한만의 단독 총선거에 대한 적극적 보이코트 지령에 따라 공산당이 대대적인 무장 폭동 장소로 택한 곳이 제주도이다. (중략) 그러던 중 중앙당의 폭동 지령이 떨어졌다"[34]고 7월 20일자 '제주도 폭동 사건'에 적었습니다. 하지만 박갑동은 1990년 6월 28일 제민일보와의 인터뷰에서 "중앙 지령설은 내 글이 아니고, 1973년 신문 연재할 때 정보기관에서 고쳐서 쓴 것"이라고 말했습니다.[35] 당시 육군본부 정보국장이던 백선엽도 "여순반란사건은 결코 남로당 중앙의 지령에 의한 것이 아니다. 4·3과 마찬가지로 당 말단에서 빚어진 자의적인 행동이었다"[36]고 회고록에서 밝혔습니다.

2003년 10월 31일 '대통령과 제주도민과의 대화'에서 노무현 대통령이 공식 사과합니다. "존경하는 도민과 유족 여러분 그리고 국민 여러분! 55년 전 평화로운 이곳 제주도에서 한국 현대사의 커다란 비극 중 하나인 4·3 사건이 발생했습니다. 제주도민들은 국제 냉전과 민족 분단이 몰고 온 역사의 수레바퀴 밑에서 엄청난 인명 피해와 재산 손실을 입었습니다. 1947년 3월 1일을 기점으로, 1948년 4월 3일 발생한 남로당 제주도당 무장봉기, 1954년 9월 21일까지 있었던 무력 충돌과 진압 과정에서 많은 사람들이 무고하게 희생됐습니다. 저는 국정을 책임지고 있는 대통령으로서 과거 국가권력의 잘못에 대해 유족과 제주도민 여러분에게 진심으로 사과와 위로의 말씀을 드립니다. 무고하게 희생된 영령들을 추모하며 삼가 명복을 빕니다."

실제로 자이니치 가운데 제주도 출신자가 엄청나게 많습니다. 등록기준지(옛 본적지) 통계에서 제주도는 1.40퍼센트로 2014년 한국의 전체 인구 5434만 5745명 가운데 75만 9822명입니다.[37] 하지만 재일 한국·조선인 가운데 제주도 출신은 15.81퍼센트로 2011년 기준 54만 5401명 가운데 8만 6231명입니다. 같은 기간 오사카부에 사는 자이니치 가운데 제주 출신은 38.68퍼센트로 한국·조선인 12만 4167명 가운데 4만 8023명입니다.[38] 제주도가 등록기준지인 자이니치 변호사 양영철의 인터뷰. "오사카에서 조선총련의 영향력이 강했던 데는 4·3의 영향이 있다. 한국이냐 북조선이냐 하는 상황에서 한국을 지지하기는 어려웠다. 내가 조선적에서 한국적으로 바꾼 중요한 이유도 노무현 대통령이 4·3에 대해 공식 사죄해 응어리가 풀렸다는 점이다."

테사 모리스-스즈키는 《북조선으로의 엑소더스》 한국어판 서문에서 이렇게 말했습니다. "이승만 정권은 정치적 반대자를 지나치게 억압했기 때문에, 수많은 재일 조선인들이 사실상의 정치적 망명자가 되어 있었던 것이다."[39] 그리고 단언했습니다. "파워 게임의 전모야 알 도리가 없었지만, 눈앞에 놓인 제한된 선택지를 인식하고 그중에서 최선의 선택을 하려는 강한 의지로 분명 스스로 선택한 것이었다."[40]

경제적 살인

가리워진 나의 길

1970년 3월 오사카에서 일본만국박람회가 열린다. 1964년 도쿄올림픽과 함께 일본의 경제성장을 확인시켰다. 오사카 만박(만국박람회)에는 외국인 170만여 명을 비롯해 6421만 8770명이 찾았다. 도쿄올림픽 당시 개통한 신칸센이 관람객을 실어 나르며 고속열차의 위력을 드러냈다. 신칸센에 적용되는 열차 운행 관리 시스템을 히타치 제작소가 세계 최초로 개발한다. 열아홉 살 청년 아라이 쇼지新井鐘司는 신문을 당겨 눈앞으로 가져갔다. 히타치가 낸 사원 모집 광고였다. '인류의 진보와 조화'를 내건 오사카 만박이 한창이던 8월 19일이었다.

1926년 조선 경상북도 달성에 살던 부모는 일자리를 찾아 일본으로 건너왔다. 조선총독부의 토지조사 사업으로 많은 농민들과 함께 일자리를 잃었다. 아버지는 열여섯 살, 어머니는 열세 살이었고, 공사 현장과 방적 공장에서 일했다. 1945년 조선이 해방되자 고향으로 돌아가려 했다. 그런데 조선에 가봐야 일자리가 없어 먹고살기 힘들다는 소문이 들려왔다. 20년 넘게 살아온 일본에 남아 어떻게든 살아야 했다.

그리고 1951년 9남매 가운데 막내로 아라이 쇼지가 태어났다.[41] 다른 자이니치와 마찬가지로 아라이의 가정도 행복하지 않았다. 그의 아버지는 하루도 빼놓지 않고 술에 취해 돌아왔다. 술값으로 얼마 되지 않는 수입의 절반이 새나갔다. 어머니를 때렸고 말리는 큰형과 싸움이 났다. 싸움이 시작되면 남매들은 무서워 울었다. 아버지는 며칠 몇 달씩 집을 나가는 일이 잦았다. 큰형은 가장을 대신한다는 중압감 때문이었는지 사건에 휘말려 형무소에 갔다. 어머니는 액땜을 해야겠다며 조선인 무당을 불러 굿을 벌였다. 주저앉아 흐느끼다 평소 쓰지 않던 조선말로 소리를 질렀다. 아버지는 행방불명이 됐다. 자이니치 1세 남성의 자살률은 비정상적으로 높았다.[42] 극심한 생활고에 스스로 목숨을 끊었기 때문이다.

귀국 사업이 한창이던 소학교 3학년 때 같은 학교의 조선인 친구가 북조선으로 가게 됐다. 학교에서 송별회를 열었지만 아라이는 참석하지 않았다. 기쁜 표정을 짓는 그를 보는 일이 괴로웠다. 5학년이 되니 수업 시간에 '조선'이 등장했다. 고개를 들 수 없었다. 조선은 하찮고 보잘것없는 나라라고 선생님이 말했다. 모두들 그를 깔보는 눈빛이었다. 누나들은 연예인이 되겠다고 나섰다. 기껏 호스티스가 되거나 버스 승무원이 되는데도 일본인 친구의 호적을 위조해야 했다. 촉망받던 고교 야구 선수였던 형은 조선인이란 사실이 알려지면서 스카우트 제의가 사라졌다. 고등학교 상업과 3학년이 되자 학교는 구인 광고로 넘쳐났다. 취업 희망자의 10배에 이르는 일자리가 몰려들었다. 고도성장기의 일본은 구인난이었다. 하지만 취업 희망자 가운데 아라이만 취직이 안 됐다. 조선인이라서다. 이듬해 작은 회사에 프레스공으로 취직했다. 상업과 출신임에도 사무직이 아니었다. 그렇게 시간이 흐르고 있었고, 신문에서 히타치의 사원 모집 광고를 보게 된다. 가슴이 뛰었다. 눈을 크게 뜨고 빨려들듯 글자를 읽어나갔다. 일본의 일류 대기업이라면 조선인이라는 이유로 차별하지 않을 것이라는 기대가 생겼다.

아라이는 이력서를 채워가기 시작했고, 본명과 본적란에 이르렀다. 고등학생 시절 외국인등록증을 만들면서 본명이 따로 있다는 것을 알았다. 지문을 찍고 사진을 붙이는 어색한 일과 함께, 박종석이라는 낯선 이름도 처음 보았다. 그 후로 한 차례도 쓴 적이 없다. 그의 이름은 아라이 쇼지였다. 본적도 마찬가지다. 외국인등록증에 한국 경상북도 달성군 원배면 진천동이라고 적혀 있지만, 가본 적도 없고 알지도 못하고 상상조차 안 되는 곳이었다. 만약 본적이 고향을 말한다면 아이치현 니시오시였다. 본명과 본적 대신 통명과 고향을 적은 서류로 시험에 응시한 아라이는 9월 2일 합격 통지를 받았다. 소식을 전하자 둘째 형은 본적을 어디로 적었냐고 물었고, 출생지로 썼다고 대답했다. 형은 "히타치가 실제 본적을 알게 되면 너는 곧바로 쫓겨날 것"이라고 말했다. 하지만 아라이는 "일류 기업인 히타치가 채용 시험을 통해 나라는 인간을 판단해 뽑은 것인데, 한국적을 가진 조선인이라는 이유로 일본인으로 교육받고 생활해온 나를 그렇게 모질게 내보낼 리 없다"고 소리 질렀다. 그는 최선을 다해 노력하면 일본인처럼 될 수 있다고 믿었다.

합격 통지서에는 임용 예정일인 9월 21일 졸업증명서, 성적증명서, 호적등본 등 서류를 내라고 적혀 있었다. 해방 이후에 일본에서 태어

3

난 자이니치들은 대부분 한국의 호적에 기재돼 있지 않다. 호적등본이 없던 아라이는 9월 15일 히타치에 전화를 건다. 외국인등록증명서를 가지고 가겠다고 했다. 회사 측은 채용 통지를 유보할 테니 연락을 기다리라고 했다. 하지만 연락이 없어서 이틀 뒤 히타치에 전화를 걸었다. 회사는 해고를 통보했다. "우리 회사는 일반 외국인은 고용하지 않으며, 사내 규정에도 쓰여 있다. 이번 일로 피해를 본 것은 당신이 아니라 우리 회사다. 처음부터 제대로 적었다면 이런 일이 벌어지지 않았을 것이다." 아라이는 고등학교 시절의 선생님에게 상의하고 근로감독관을 면담했지만 허사였다.

결국 일본 지식인들의 도움으로 소송을 시작한다. 2010년 법무장관에 취임하는 센고쿠 요시토仙谷由人도 4명의 대리인 명단에 이름을 올린다.[43] 사법연수소를 수료한 뒤 변호사로서 처음 맡은 사건이었다.[44] 그런데 조선인들 사이에서는 아라이에 대한 비판이 나왔다. '일본 제국주의 동화정책의 연장에 불과한 전후 일본 동화교육이 뼛속까지 박혀, 민족적 자각이라고는 눈곱만큼도 없던 자가 느닷없이 민족 차별 운운하고 있다. 고작해야 히타치라는 재벌의 착취 도구가 되려는 인간이 감히 민족의 고통을 말하고 있다.' 아라이 자신도 그 말이 틀리지 않다고 생각했다. 그러고 보니 민족에 대해 전혀 아는 것이 없고 조선인의 심정에 대해 모르고 있었다. 아라이는 스스로를 수치스럽게 생각했지만, 소송을 벌이며 조선 민족으로서의 정체성을 만들어나간다.

1

1970년 12월 8일 제소로 시작된 재판은 1974년 3월 7일 제21회 재판으로 끝난다. 1974년 2월 14일 마지막 구두 변론에서 '박종석'이 말한다. "재판소에 기대는 없습니다. 다만 이번 일은 저에게 커다란 도움이 됐습니다. 조선인으로서 살아가도록, 인간성을 되찾도록 히타치가 도와주었습니다. 저는 이미 이긴 것입니다. 그래서 재판에서 진다 해도 후회는 없습니다."[45] 1974년 6월 19일 요코하마지방재판소는 원고 박종석이 제기한 해고 무효 확인 소송[46]을 선고한다. 이 사건의 쟁점은 크게 두 가지다. 우선, 박종석에 대한 히타치의 처분이 고용 해약인지 탈락 통보인지다. 탈락 통보라면 노동 계약을 하기 전이라 별다른 제약이 없다. 하지만 고용 해약, 즉 해고는 특별한 이유가 있어야 된다. 다음, 조선이름과 한국 본적을 적지 않은 것이 징계 해고 사유인지다. 그가 제출한 서류에는 '기재한 내용은 모두 사실이며 사실과 다를 경우 채용 취소 해고되어도 이의를 제기하지 않겠습니다'라고 적혀 있다. 또 히타치 취업규칙에도 '경력을 속인 경우'는 징계 해고 사유에 해당한다고 돼 있다.

첫째 쟁점에 대해 요코하마지방재판소는 '해고에 해당한다'고 판단했다. 둘째 쟁점에 대해서도 '해고가 부당하다'고 봤다. 이시도 다로石藤太郎 재판부는 "히타치가 박종석을 해고한 결정적인 이유는 재일 조선인이라는 점, 다시 말해 국적이기 때문에 근로기준법과 민법에 따라 (해고의) 효력을 인정할 수 없다"[47]고 밝혔다. 그래서 "박종석의 노동계약에 따른 권리가 인정되며, 히타치는 미지급 임금과 위자료를 지불하라"고 판결했다. 히타치는 항소를 포기했다. 박종석을 1970년도로 소급해 입사시키고 4년치 임금 180만 엔과 위자료 50만 엔을 주었다.

본명을 적지 않은 것에 대해 재판부는 이렇게 판단했다. "재일 조선인인 원고는 '아라이 쇼지'라는 일본이름을 태어나면서부터 일상적으

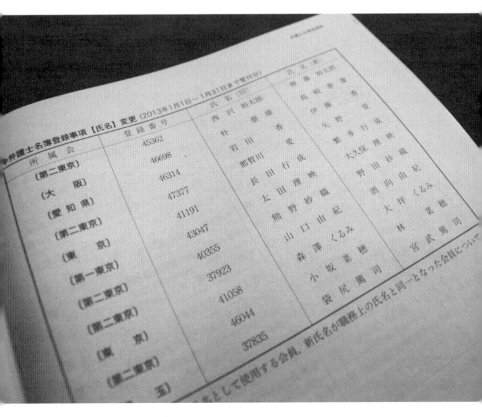

일본변호사연합회 기관지 〈자유와 정의
自由と正義〉 2013년 3월호에 실린 변호
사 이름 변경 공고. 둘째 줄에 변호사 등록
3개월 만에 '박'에서 '시마자키'로 이름을
바꾼 자이니치가 보인다. 나머지는 여성이
결혼과 함께 남편 성으로 바꾼 경우다.

2014 0312

로 써왔기 때문에 가짜 이름이라고 할 수 없다. 일본의 많은 대기업이 재일 조선인을 조선인이라는 이유로 채용 거부해온 점을 생각하면, 히타치라는 대기업에 들어가기 위해 본명과 본적을 적지 않은 이유에 동정해야 할 부분이 많다." 위자료를 줘야 할 이유도 설명했다. "원고는 일본이름으로 일본인처럼 행동하면서 능력 있고 성실하다면 히타치에서 조선인임이 드러나도 해고되지는 않으리라 믿었다. 하지만 이번 일로 조선인에 대한 민족적 편견이 얼마나 깊은지 새롭게 알게 됐다. 재일 조선인이 인간성을 회복하려면, 조선이름을 가지고 조선인답게 행동하며 조선 역사를 존중하고 조선 민족으로서 자부심을 가져야 하는 것을 깨달았다고 했다. 민족 차별에 따른 정신적 고통이 인정된다."

이후 박종석은 히타치 제작소에 근무하다 2011년 정년퇴직했다. 이를 기념하는 자리에 사건 당시의 변호사 센고쿠 요시토가 찾아왔다. "정년까지 정말 고생이 많았다. 그동안 이룬 것은 일본과 자이니치의 역사에 획기적인 일로 남을 것이다."[48] 히타치는 퇴직한 박종석을 촉탁직으로 재입사시켰다.[49] 박종석-히타치 판결은 실로 획기적인 일이었다. 그 뒤로 1977년 김경득이 한국적으로 사법수습생이 되었고, 1983년에는 정양일이 외국적으로 첫 변리사가 됐다. 1980년대 들어 자이니치는 공립학교에 교원으로 채용되었고, 이후 채용 지역이 늘었다. "히타치 재판은 자이니치 차별 철폐 운동에 큰 힘이 됐으며, 자이니치 법적 권리 쟁취 운동에 바닥돌이 됐다"고 자이니치 변호사들은 평가한다.[50]

30년 뒤인 2004년 12월 15일. 일본 도쿄도 치요다구 최고재판소 대법정. 방청석 166석이 모두 찼다.[51] 50대가 된 박종석도 보인다.[52] 변호사석에는 최초의 외국적 변호사인 김경득이 앉아 있다. 그는 대표적인 자이니치 인권 운동가였다. 그리고 스물일곱 살의 그를 기억하는 한 사람이 들어섰다. 인사국 임용과장이던 이즈미 도쿠지 판사. 이제 현직 최고재판소 재판관이 됐다. 27년 세월이 지나 두 사람이 일본 최고 법정에서 다시 만났다. 이제까지 두 사람은 세 번 만나 얘기를 나눴고, 법정에서는 처음 마주하는 것이었다. 김경득이 변론을 위해 일어섰다. 이즈미는 법대에서 그 모습을 조용히 바라보고 있었다. 그런데 김경득이 아무 말도 하지 않았다. 10초가 지나고, 20초가 지나고, 30초 지나고, 1분이 지나고, 2분이 지났다. 그는 울고 있었다. 이즈미의 회고. "김경득을 만난 세 번은, 1976년 사법시험에 붙은 다음 한국적으로 수습생이 되겠다고 하던 당시, 1979년 변호사로 등록한 다음 자신을 도와온 하라고 산지 변호사와 함께, 이후에는 신문에서만 소식을 듣다가 2003년 최종영 대법원장이 최고재판소를 방문했을 때 환영식에서 얘기를 나눴을 때다. 그리고 그날 대법정이 마지막이었다."[53] 모두가 숨죽인 가운데 김경득의 마음속으로 자신과 원고 정향균의 인생이 빠르게 흘러갔다.

일본인이던 정향균의 어머니는 조선인과 결혼하면서 조선 호적에 들어갔다. 1952년 일본은 조선 호적자의 일본국적을 박탈했다. 1950년 태어난 정향균도 외국인이 됐다. 어머니가 조선인이고 아버지가 일본 국적인 사람들과 운명이 갈렸다. 식민지 정책의 부당함과 부계 혈통의 불합리가 겹친 결과였다. 정향균은 왜 그런 결혼을 했느냐며 부모를 원망하면서 자랐다. 자살도 생각했다.

이와태현에서 태어난 정향균은 고등학교를 졸업하자 도쿄로 올라가 간호사가 됐다. 1970년 준간호사, 1986년 간호사 자격시험에 합격했다. 박종석-히타치 판결 이후 자이니치의 노력으로 국적 조항이 여러 분야에서 없어졌다. 1986년 도쿄도가 보건사 채용 조건에서 국적을 삭제했다. 정향균은 1988년 보건사에 합격한 뒤 도쿄도에 응시해 채용됐다.[54] 도쿄도의 보선소에서 주임으로 근무하던 1994년 그는 주변의 권유로 관리직 시험에 응시하기로 했다. 당시 공무원이 된 자이니치 중에 관리직에 오른 경우는 없었다. 정향균은 신청서를 작성해 근무하던 하치오지시 보건소에 제출했다. 하지만 부소장은 원서 접수를 거부하면서 "관리직은 공권력의 행사와 의사 형성에 관여하므로 일본 국적이 없으면 불가능하다"고 말했다. 정향균은 도쿄도를 상대로 소송을 제기한다.

1996년 5월 16일 도쿄지방재판소는 정향균-도쿄도 사건을 선고한다. 수험 자격이 있음을 확인해달라는 청구에 대해서는 원서 접수가 끝나 실익이 없다며 각하했고, 지난 시험에 응시하지 못해 피해를 입었다는 위자료 청구에서만 수험 자격이 있었는지 판단했다. 이 판단이 중요한 이유는, 법으로 국적을 강제한 공직들과 달리 규정이 없는데도 정향균이 거부됐기 때문이다. 재판소가 외국적은 임용할 수 없다고 판단하면 법률과 같은 수준의 제한이 된다. 일본법에서 국적을 강제하는 공직은 외교관, 재판원 같은 국가공무원과 참의원, 중의원 등 각종 선출직이다. 정향균-도쿄도 사건은 지방공공단체 도쿄도의 주민으로서 도쿄도 공무원으로 일하려는 데 국적이 필요한지 묻는 것이다.

1심 판결을 요약하면 이렇다. '헌법 전문과 1조가 정한 국민주권의 원리에 따라 국가권력의 궁극적인 근거는 국민의 의사에 있고, 국민이 정치를 최종 결정하는 것이다. 따라서 직업 수행에 국민 의사가 내재된 공무원, 국회의원, 총리대신 등이 되려면 국적이 반드시 필요하며 외국인은 불가능하다. 그리고 국가의 통치 작용은 국정 전반에 광범위하게 작용하기 때문에 간접적 영향을 미치는 자리라도 외국인 취임을 보장하지 않는다. 다만 간접적인 영향만 있는 자리에 한해 외국인 취업이 가능하도록 주권자인 일본 국민이 법률로 명확히 정해둔 경우에만 가능하다. 이 정도는 국민주권 원리에서 벗어나지 않기 때문이다.'[55]

이듬해인 1997년 11월 26일 도쿄고등재판소 항소심에서 결론이 뒤집힌다. 도쿄고등재판소는 도쿄지방재판소와 마찬가지로 수험 자격 확인은 시일이 지난 문제라며 각하했지만, 도쿄도가 정향균에게 수험 자격이 없다고 한 것은 위법이므로 위자료 40만 엔을 물라고 판결했다. 2심 판결을 요약하면 이렇다. '헌법은 외국인에게 지방공공단체의 공무원이 되도록 보장하지는 않았지만 그렇다고 금지한 것도 아니다. 국민주권 원리에 반하지 않는 정도라면 외국인의 공직 취임은 헌법에 금지된 것이 아니다. 헌법에 기초해 국가·지방 공무원의 종류를 세 가지로 나눌 수 있다. 첫째, 국가의 통치 작용, 입법·사법·행정에 직접 관여하는 공무원으로 국회의원, 총리대신, 재판관 등이다. 둘째, 공공의 의사 형성에 참가함으로써 결국 통치 작용에 간접적으로 영향을 미치는 공무원이다. 셋째, 그 이외에 상사의 명령을 받아 보조적 사무에 종사하는, 학술적이고 기술적인 분야의 공무원이다. 정향균이 응시하려

했던 관리직은 과장급인데, 이 가운데 결정권을 가진 자리는 10퍼센트 정도다. 이를 막은 도쿄도의 처분은 헌법이 보장한 직업 선택의 자유를 제한하고 차별 금지를 위반한 것이다.'[56] 도쿄도는 상고한다.

7년이 지나 이날 최고재판소가 대법정에서 변론을 연 것이다. 김경득은 입을 열었다. "여기 당사자가 방청석에 있습니다만, 1970년 히타치는 외국인이라는 사실을 밝히지 않았다며 취업을 취소했습니다. 당시 이를 뒤집은 요코하마지방재판소는 '일본 대기업들은 자이니치가 조선인이라는 이유만으로 채용을 거부하는 게 예외 없는 현실'이라고 밝혔습니다."[57] 대법정은 잠잠했다. "국가공무원에 준한다는 이유로 사법수습생이 되지 못하던 자이니치들이 1977년 김경득 이후로 연수소에 들어가 현재 변호사가 50명을 넘습니다.[58] 여기 재판관들도 연수소 교수로서 자이니치 수습생을 교육했겠지만 그들 가운데 반체제 변호사가 있는지 묻고 싶습니다.[59] 개인의 인간성까지 왜곡하고 파괴하는 이런 민족 차별은 마땅히 중단되어야 합니다."

2005년 1월 26일 최고재판소가 결론을 선고한다. '공권력을 행사하는 지방공무원 직무는 주민의 권리와 의무, 법적인 지위를 결정하므로 주민의 생활에 중대한 영향을 미친다. 국민주권 원리에 따라 국가나 지방공공단체의 통치 역시 일본국 통치자인 일본 국민이 최종 책임을 진다. 따라서 일본국적을 가진 사람이 공권력을 행사하는 지방공무원이 되는 게 원칙이다. 다른 나라의 국민으로서 권리와 의무를 가진 외국인이 공권력을 행사하는 지방공무원에 취임하는 것은 일본 법체계가 상정하던 바가 아니다. 그리고 지방공공단체가 공권력을 행사하는 자리와 이에 필요한 경험을 쌓는 자리를 하나로 묶는 인사 제도를 만드는 것도 가능하다. 이러한 제도에서 관리직에 일본 국민만 승진시키는 것은 헌법 위반이 아니며, 특별영주자라고 해서 다른 외국인과 달리 취급할 일도 아니다.' 재판관 15명 가운데 13명이 도쿄도의 상고를 받아들여 정향균의 패소를 확정했다. 판결이 선고된 순간 정향균은 법정에서 일어나지 않고 멍하니 있었다.[60] 김경득은 말했다. "무엇이 공권력 행사에 해당되는지, 그래서 위헌인지 아닌지 헌법 심사를 하지 않았다. 이는 행정 판단으로 어떻게든 될 것이라고 말하는 것에 지나지 않는다. 사법부에 맡기고 기다려도 아무 소용없다는 것을 다시 확인했다."[61] 김경득은 같은 해 여름 위암이 발견되어 12월 28일 56세로 숨진다. 이날 판결에서 재판관 2명이 각각 반대의견을 냈다. 다카이 시게오滝井繁男와 이즈미 도쿠지다.

대화

진짜 자본주의는 묻지 않는다

1945년 전쟁이 끝나면서 일본은 전쟁 특수가 사라지고 불황이 시작됩니다. 전투에 참여했던 일본인들이 돌아와 일자리는 더욱 줄어듭니다. 이러한 사정으로 자이니치 노동자들은 급속하게 일자리를 잃었습니다. 통계[62]를 보면 1952년 자이니치 가운데 무직자는 62.0퍼센트, 전체 52만 5801명 가운데 32만 8624명입니다. 어린이 등 비경제 인구를 포함한 통계이기 때문에 상당히 높게 나왔습니다. 하지만 전쟁 막바지이던 1943년에 47.1퍼센트, 146만 9230명 가운데 69만 2207명인 것과 비교해봐도 14.9퍼센트 증가했습니다. 일자리는 주로 고철 판매상, 건설 현장 노동, 야키니쿠 가게, 파친코 등이었습니다. 유해 가스가 나오는 플라스틱을 다루는 일도 많이 했습니다. 일본의 대표적인 샌들 공장들이 고베에 있는데 자이니치 밀집 지구입니다.

배훈 변호사의 어머니는 조선식 불고기를 파는 야키니쿠 가게로 생계를 이어갔고, 김기언 변호사의 아버지는 소음과 철야가 많은 파친코를 했습니다. 자이니치 1세와 2세입니다. 자이니치들은 식민지가 끝난 뒤 더욱 심각한 차별을 경험합니다. 조선인들은 마땅히 일본을 떠나야 할 존재로 여겨집니다. 전후에 본격화된 제도적 배제와 감정적 폭력은 경제 문제에서 심각하게 드러납니다. 기업 취직과 공직 진출이 막히면서 사회 진입도 불가능해집니다. 차별이 좀처럼 해소되지 않으니 가난이 대물림되기 시작했습니다. 조선인들은 집단적으로 사회 하층민이 될 가능성이 높았습니다. 자이니치 2세인 배훈의 경우 명문 교토대를 졸업했지만 취직이 되지 않았고, 그래서 회계사 시험에 응시해 합격했지만 취직하지 못했습니다. 자이니치들이 겪은 차별은 제도부터 생활까지 실로 다양합니다. 21세기에도 조선인이라는 이유로 집을 빌리지 못하고, 골프장 회원권도 구입하지 못합니다. 많은 경우 조선인으로서 차별을 돌파하지 못하고, 일본인과 다르지 않다고 읍소해 불이익을 피합니다.

  박종석-히타치 재판과 정향균-도쿄도 재판은 일본 사회가 자이니치를 어떻게 대하는지 알린 사건입니다. 히타치 사건이 벌어진 1970년은 일본에서 태어난 자이니치 2세가 사회로 나오기 시작한 시기입니다. 2세들부터는 일본 태생이기 때문에 도쿄와 오사카가 고향이고 운명을 결정지어야 할 곳입니다. 1세들이 언젠가는 조국으로 돌아간다는 생각을 버리지 않았지만, 2세들부터는 스스로를 일본 사회의 일원으로 인식합니다. 하지만 일본 사회는 자이니치 2세에게도 집단적 차별을 가했습니다. 히타치가 1심 판결을 받아들였지만 이후 조선인을 뽑아야만 하는 것은 아니었습니다. 박종석의 경우 채용을 통보했다가 취소해 문제가 됐습니다. 기업으로서는 국적을 확인하는 절차를 앞으로

당기면 간단히 해결되는 문제입니다. 대기업을 비롯해 사기업은 자율성이 크기 때문에 사원을 뽑는 데 제약이 거의 없습니다.

박종석-히타치 사건의 대리인인 센고쿠 요시토 변호사는 이후 중의원이 되어 1990년 국회에서 말합니다. "1971년 변호사로 등록하고 처음 맡은 사건이 히타치의 박종석 차별 사건입니다. 재일 한국·조선인은 아무리 능력 있고 학력이 있어도 1부, 2부 상장 회사 같은 좋은 기업에는 취업이 안 됩니다. 도쿄대 법학부를 졸업해도 조선인으로, 한국인으로는 취직할 수 없습니다. 저의 대학 2년 후배의 친구도 취직하려 했지만 아예 접수부터 되지 않아, 고향으로 돌아가 아버지 일을 돕고 있습니다."[63] 센고쿠 의원은 정부에 대책을 요구하지만, 정부는 '능력 중심으로 선발하도록 지도하고 있다'라는 대답만 되풀이했고, 실제로 뾰족한 대책이 있을 리 없었습니다.

많은 자이니치들이 영세 자영업을 하거나 종업원으로 일했습니다. 그러한 자영업도 운영 자금이 필요했는데 일본 은행들은 좀처럼 대출을 해주지 않았습니다. 이른바 민족 금융기관인 조은이 그들에게 돈을 빌려주었습니다.[64] 조선총련의 산하단체이며 정식 명칭은 조은신용조합입니다. 은행이라 이름 붙이지는 못했지만 조선중앙은행을 표방한 것입니다. 당시 자이니치 상공인 상당수가 조선총련과 가까웠고 조선학교도 적극 지원한 것이 이런 이유입니다. 일본 사회의 조선인 차별은 내부를 강하게 결속시켰고 이를 조선총련이 주도해나갑니다. 아무튼 히타치 판결은 획기적인 결론이었지만 취업 차별을 개선하지는 못했습니다. 다만 일본에 조선인 차별이 만연하다는 것, 그리고 정의롭지 않다는 것을 확인시켰습니다. 일본 사회의 자이니치 차별은 부당한

2002년 조은신용조합은 파산합니다. 부동산 버블 붕괴와 북조선 송금 등이 원인입니다. 이 가운데 일부는 새로운 조합이 됐습니다. 이 가운데 하나, 오사카에 본점이 있는 미래신용조합의 쓰루하시지점입니다. 이 곳은 자이니치들이 가장 많이 사는 곳입니다.

2015 0312

것이며, 제도적인 저항으로 넘어서자는 생각을 심어주었습니다.

일본의 공식적인 자이니치 취업 통계는 1990년대 이후에는 나오지 않습니다. 일본에서 취재하던 2013~2014년에도 자이니치 취업률 수치가 없었습니다. 자이니치들은 과거에 비해 상황이 나아진 것은 맞다고 했습니다. 하지만 과거에 얼마나 심각했고 이후 얼마나 좋아졌는지는 설명하지 못했습니다. 이와 관련해 2014년 자이니치코리안청년연합이 10~30대 청년 203명을 설문한 결과[65]를 공개했습니다. 외국인은 채용 불가라며 탈락한 경우가 6.9퍼센트, 일본국적이 아니면 어렵다며 떨어진 사례가 3.0퍼센트, 일본 귀화를 조건으로 제시받은 사람이 1.5퍼센트입니다. 응답자 가운데 일본국적이 36명으로 전체의 17.7퍼센트입니다. 이를 반영해 계산하면 위의 사례는 8.4퍼센트, 3.6퍼센트, 1.8퍼센트로 오릅니다.

주목할 점은 통명을 요구받은 경우가 7.9퍼센트라는 것입니다. 여러 조사에서 자이니치 중 80~90퍼센트[66]가 통명을 쓰는 것으로 나타납니다. 결국 일본 회사들은 대부분 일본이름을 요구하는 셈이고, 조선·한국 이름으로는 여전히 취업이 어렵다는 뜻입니다. 김홍명 간사이 한국YMCA 관장은 "나도 대학에 들어가면서 한국 본명을 쓰기 시작했다. 하지만 나처럼 본명을 쓰던 사람들도 대학을 마치고는 통명으로 돌아간 경우가 많다. 이유는 취직을 위해서"라고 말했습니다. 많은 사기업이 여전히 자이니치를 배제하면서 채용하지 않습니다. 그나마 이들을 받아주는 회사도 일본인으로 있기를 바라는 것입니다. 히타치 사건 시절의 인식이 '당신이 조선인인 것을 알아냈다' 정도였다면, 지금은 '그만 일본인으로 살아가라'는 셈입니다. 조선 출신의 일본 사회 구성원이 아니라, 식민지 역사를 드러내지 않는 일본인이기를 바라는 것입니다.

한편 정향균-도쿄도 재판은 식민지 역사와 자이니치의 존재에 대해 최고재판소의 판단을 드러냈습니다. 일본 법과대학과 로스쿨의 헌법 교과서에 빠짐없이 나오는 유명한 판결입니다. 자이니치 원고 정향균과 대리인 김경득을 비롯해 일본 사회가 일본국헌법의 한계를 시험한 사건입니다. 판결문을 자세히 살펴보면, 이 사건의 1심, 2심 판결문은 같은 상황을 다른 단어로 표현합니다. 정향균이 패소한 1심의 판결문에는 '재류在留'로 나오던 자이니치들의 상황이, 역전 승소한 2심의 판결문에는 '재주在住'로 바뀝니다. 1심 판결문은 재류라는 말을 아홉 번, 2심 판결문은 재주라는 말을 열아홉 번 씁니다. 일본 최대 국어사전인 〈쇼가쿠칸 국어대사전〉[67]을 보면 재류는 '한때 어느 곳에 머무르는 것一時、ある土地にとどまること', 재주는 '어느 곳에서 사는 것その所に住んでいること'을 뜻합니다. 1심은 언젠가 본국으로 돌아갈 가능성을, 2심은 현재 일본에 산다는 현실을 강조했습니다. 여러분은 어떻게 생각하십니까. 자이니치는 언젠가 돌아올 동포입니까, 아니면 일본에서 운명을 결정할 사람들입니까.

최고재판소 판결에서 반대의견을 낸 다카이 시게오, 이즈미 도쿠지 재판관의 의견은 서로 조금 다릅니다. 다카이 재판관은 오사카에서 변호사로 활동하다가 최고재판소 재판관이 됐습니다. 그의 의견을 요약하면 이렇습니다. '외국적자가 공무원에 취임하는 것은 국민주권의 원리에 따라 일정한 제약이 있다. 어떤 직업들은 법에 의해서도 금지되어 있고, 합리적 이유가 있다면 제약이 인정되는 것이다. 하지만 지방 공공단체의 관리직처럼 수많은 사람들이 다양한 일을 하는데, 직무 내용도 따지지 않고 일본국적을 요구하는 것은 합리적이지 않다. 일본국적이 있어야만 수험 자격을 주는 것은 재류 외국인 직원의 승진 통로를 닫아버리는 것이다. 이것은 헌법 제14조에서 유래한 근로기준법 제3조의 국적 차별 금지를 위반한 것이다.' 참고로 일본국헌법 제14조 1항은 '모든 국민은 법 앞에서 평등하며, 인종·신조·성별·사회 신분·가문에 의한 정치·경제·사회적 차별을 받지 아니한다'입니다.

이즈미 재판관의 의견은 상고인 정향균이 특별영주자라는 점에 주목합니다. 특별영주자는 1952년 일본국적을 잃은 조선인·대만인과 그들의 자손을 말합니다. 재일 조선·한국인의 투쟁과 한국 정부의 요구로 1991년 일본은 식민지 출신자들에게 특별영주권을 주었습니다. 그래서 특별영주자입니다. 이 사건의 다수의견은 외국인에게 권리가 없다고 이론을 전개한 뒤 특별영주자도 다르지 않다고 밝힙니다. 이즈미 재판관은 특별영주자 부분을 따로 떼어내 의견을 밝혔습니다. 다른 외국인 일반에 대해서는 다수의견과 입장이 같기 때문입니다. 다시 말해 외국인 가운데서도 특별영주자는 경우가 다르다는 뜻입니다. 이즈미 재판관은 인터뷰에서 말했습니다. "(특별영주자인 자이니치를) 어제 나리타공항에 내린 사람과 똑같이 보는 것은 매우 이상하다."■

이즈미 재판관의 반대의견을 요약하면 이렇습니다. '특별영주자들은 '출입국관리 및 난민인정법'에 따른 취업 활동 제한을 적용받지 않는다. 이 법에서 예외라고 밝힌 '다른 법에 특별한 규정이 있는 경우'에

■ 昨日成田に着いた人と一緒にしちゃあまったくおかしいという気持ちが非常に強かったね。

진짜 자본주의는 묻지 않는다

해당한다. 일본은 1991년 특별법으로 특별영주자들에게 영주할 권리를 주었다. 샌프란시스코평화조약으로 일본국적을 이탈한 사람 등의 출입국 관리에 관한 특별법이다. 그리고 일본국헌법 제22조 1항 직업 선택의 자유는 특별영주자에게도 미치는 것으로 해석된다. 직업 선택의 자유는 단순히 경제 활동의 자유만을 의미하는 것이 아니라, 직업을 통해 자기의 능력을 발휘하고 자기실현을 도모하는 인격권의 성격이 있다. 지방공무원이 되는 데 특별영주자와 일본 국민은 평등하다고 봐야 한다.' 제22조 1항은 '누구도 공공의 복지에 반하지 않는 이상 주거, 이전 및 직업 선택의 자유를 가진다'입니다.

이즈미 재판관은 '지방공공단체도 국민주권의 원리에서 나오는 자기 통치 원리에 따라 일정한 범위에서 특별영주자의 취업을 제한할 수 있지만, 목적 달성을 위한 합리성이 있어야 합헌'이라고 설명합니다. 계속해서 보면 '지방공공단체의 주민은 일본 국민이 아닌 사람도 포함된다. 이 가운데 특별영주자는 다른 체류 자격의 외국인 주민보다 지방공공단체와의 유대가 훨씬 강하다. 대부분 평생 동안 속해 있다. 따라서 특별영주자의 권리를 제한하려면 엄격한 합리성이 요구된다. 자치 사무를 처리·집행하는 직책에 채용하는 것을 제한해야 할 중요하고 구체적인 목적이 있어야 하고 지방공공단체가 입증해야 한다.'

일본의 대표적인 법학 교과서 출판사인 유히카쿠가 낸 판례 해설집에서 헌법학자 곤도 아쓰시近藤敦는 최고재판소의 판결을 비판했습니다. "헌법 제22조 1항 명문 규정을 무시하면서 법체계를 논하는 이 판결은 입헌주의에 반하는 심각한 문제점을 갖고 있다. (조선인의 일본) 국적 상실이라는 잘못된 첫 단추를 반세기 넘게 방치한 것은 정치권의 책임이었지만, 국민인지 아닌지에 따라 차별이 여전한 문제는 사법부가 책임지고 해결해야 할 일이었다."[68]

이즈미 재판관의 인터뷰입니다. "(일본인과 자이니치가) 도대체 뭐가 다른가. 관리직에 대해 이런저런 얘기가 있지만 사실 도쿄도의 국장이 된다고 해도 이상하지 않다. 나는 그냥 그런가 보다 싶다. 하지만 판결문인 이상 그렇게 거칠게는 적지 못하니 논리적으로 설명한 것이다."■ 인터뷰에서 '도대체 뭐가 다른가' 앞에는 자이니치가 법무성 민사국장의 통달로 국적을 잃은 역사에 대한 설명이 있었습니다. 당시 민사국장이던 무라카미 도모카즈는 1973년 제6대 최고재판소 장관이 됐습니다. 한국으로 치면 대법원장입니다.

법 앞에서의 평등을 보장하는 일본국헌법 14조 1항이 '모든 국민'으로 시작하는데 이것의 의미도 인터뷰에서 물었습니다. 이즈미 재판관의 설명입니다. "본질에 반하지 않는 이상 일본에 사는 외국인을 포함한다. 영어로 말하자면 '피플people'과 같은 개념이다. 그래서 (외국인에게도 14조가) 당연히 적용되는 것이다. 나만의 의견이 아니라 최고재판소 판례가 그렇다. 이 부분은 별다른 문제가 없었다."■■

국적에 대한 이즈미 재판관의 이야기입니다. "(자이니치) 한국적·조

■　どこか違うんだ？っていうあれだよね。管理職だからいろいろ理屈はあるんだろうけども、要するに東京都の局長になったっておかしくないと。僕は何の抵抗もないね。ただ判決を書く以上にはそんなラフなことは言えないから、一応理論的にやりましたけど。

■■　国民と書いてありますけども、その性質に反しない限り、外国の方で日本に住んでる人にも適用があるという解釈を採ってますので、国民という、これまあPeopleですわね。Peopleという形で当然適用になるという頭でおりましたから。国民というくくりには、僕だけじゃなくて最高裁の判例も国民とは書いてあるけれどもその性質に反しない限り適用になるというのが最高裁の判例です。ですから、これは特に問題ありません。

선적은 당연히 일본에서 똑같이 생활할 권리가 있다. 일본에 사는 이유부터 아버지·할아버지가 (자신의) 의사와 관계없이 (식민지로 인해) 왔기 때문이다. 재일 한국인들이 한국적을 아이덴티티로 자랑스럽게 생각하기 때문에 이렇게 말하는 것이 조심스럽지만, 국적에 대해 너무 생각하지 않았으면 한다. 우리 집안만 해도 일본국적과 미국적을 가진 인간이 4명이다. 당장 조카가 거기서 미국인과 결혼해서 그 집 두 아들이 그렇다. 그래서 내가 국적에 저항감이 없는지 몰라도 일반적으로도 그렇다. 자이니치는 일본과의 관계가 다른 외국인과는 완전히 다르다. 같은 주민으로서 함께 살아가야만 한다고 생각한다."■

　정향균-도쿄도 재판의 패소는 사법에 상당한 기대를 걸었던 자이니치들이 인권 운동의 무게를 정치와 교육으로 이동하는 계기가 됩니다.

■　韓国籍・朝鮮籍をお持ちの方ってのは当然日本で普通に生活していく権利を持っていると思うなあ。そのいきさつからしてね。お父さんおじいさんの代までいくとね、自分の意思で来たわけでもない。僕自身はね、あんまり国籍って、そう言っちゃ悪いんだけど、在日韓国人の方はあの韓国籍ということにアイデンティティというかを持って誇りに思ってらっしゃるから、あんまり僕は国籍ってのを考えないってのを言うと失礼になっちゃうんだけど、そういう意味ではなくて。私の家族にも、日本籍とアメリカ籍を持った人間が4人もいる、4人。あははは。私の姪っ子は今アメリカでね。アメリカ人と結婚してその息子2人は日本籍とアメリカ籍持ってると思うんだけど。そういうことがあって、あんまり僕自身があんまり抵抗感がないってこともあるんだけど、そう一般的にはそうなんだけど。韓国籍・朝鮮籍の方という方は、日本とのつながりが他の外国人の方とはまったく違うんだから、同じ住民として一緒に暮らすべきだと思いますね。

경제적 살인

헤이트 스피치

풍경
인종차별철폐조약

교또조선제1초급학교 앞에 자이토쿠카이 在特会 가 나타났다. 2009년 12월 4일이다. '자이니치 특권을 용납하지 않는 시민의 모임 在日特権を許さない市民の会'은 자이니치가 일본에서 특권을 갖고 있다고 주장했다. 그리고 바로잡겠다며 조선학교를 공격했다. "민족교육이라는 이름으로 토지를 수탈하고 있다. 조선학교가 50년째 불법 점거하고 있다. 전쟁으로 남자들이 없는 틈에 여자들을 강간하고 빼앗았다. 북조선의 스파이 양성 기관. 스파이의 아이들이다. 요코다 메구미 横田めぐみ 를 비롯한 일본인을 납치한 조선총련. 범죄자에게 교육받는 아이들이다. 이놈들은 밀입국자의 자손. 김치 냄새 난다."

제1초급학교 안에서는 겁에 질린 아이들이 울음을 터뜨리기 시작했다. 교사들은 창문을 닫고 커튼을 내렸다. 그리고 음악의 볼륨을 최대한으로 높였다. 아이들이 교실 밖으로 나가지 못하게 했다. 이날 아이들은 교사의 보호를 받아 주변을 살펴가며 하교했다. 이후 아이들의 얼굴은 어두워졌다. 교사들에게 일본에 사는 것이 나쁜 짓을 하고 있는 것인지, 그렇지 않다면 왜 숨어 있고 도망해야 하느냐고 물었다. 자이토쿠카이가 다시 오느냐며 두려워했다. 교사들은 '너희들은 나쁜 짓을 하지도 않았고, 도망이 아니라 피신하는 것'이라고 설명했다.

공격은 계속됐다. 한 달여 뒤인 2010년 1월 14일에도 왔다. 확성기가 달린 차량을 타고 왔고 일부는 헬멧 등을 쓰고 있었다. "뻔뻔한 조선인을 일본에서 쫓아내자. 일본 아이의 얼굴에서 웃음을 앗아간 비열하고 흉악한 조선학교를 절대 용서하지 않는다. 조선학교는 제멋대로 학교라고 이름 붙인 것이다. 국가가 인정한 학교도 아니다. 여기 교사라는 자들도 실은 북조선의 최정예 공작원이다. 전후 치안이 정비되기 전에 조선인들은 금품 약탈, 강간, 은행 습격, 살인을 일삼았다. 옛 일본 군복을 입고는 불법 침입해서 마음대로 토지를 등록해 오늘에 이른 것이다."

자이토쿠카이는 세 번째 공격을 다시 예고했다. 앞서 두 번도 인터넷에서 공격을 예고해 사람들을 모았다. 조선학교는 거리 선전 금지 가처분 신청을 냈고, 교토지방재판소에 학교 출입문 주변 200미터 안에서 거리 선전을 못 하게 했다. 하지만 같은 해 3월 22일 이들은 금지 구역으로 들어가 확성기로 시위를 벌였다. "조선학교는 문부과학성이 인정한 학교가 아니다. 왜 일본 국민의 세금으로 교과서를 줘야 하나. 구더기 같은 조선 놈들아, 돌아가라. 우리 얘기가 분하면 돌아가라. 김정일의 품으로 어서 가라."[69]

변호사 구량옥은 사법시험에 붙었다며 교또조선제1초급학교 후배들이 자랑스러워하는 선배였다. 구량옥은 모교가 공격당한 소식을 들었지만 영상을 보지 않았다, 못했다. 자이토쿠카이의 1차 공격이 있은

지 일주일이 지났다. 변호사로서 더 이상 시간을 흘려보낼 수는 없었다. 구량옥은 식구들이 모두 잠들기를 기다려 컴퓨터를 켰다. 동영상을 열었다. 주르륵. 눈물이 쏟아졌다. 겁에 질려 떠는 후배들을 더 이상볼 수 없었다. 떨리는 손으로 화면을 멈춰 세웠다. 울음과 눈물이 터져나왔다. 울음소리가 새 나가지 않도록 이를 악물었다.

자이니치가 부당한 특권을 갖고 있다는 주장은 2007년 본격적으로제기된다. 전에는 쓰이지 않던 '자이니치 특권'이라는 단어가《더 자이니치 특권ザ·在日特権》이라는 책으로 알려진다. 역사적 맥락을 생략하고기계적으로 자이니치를 설명한다. 예를 들어 1991년에야 자이니치들에게 주어진 특별영주권에 대해서도 이민사에 없는 특혜[70]라고 주장한다. 이러한 맥락에서 자이니치가 특권을 갖고 있다고 앞세우는 단체가 '자이니치 특권을 용납하지 않는 시민의 모임'이다. 인터넷에서는자이토쿠카이를 중심으로, 자이니치는 NHK 수신료가 면제된다, 언론사 취업 인원이 할당돼 있다, 자동차세를 면제받는다, 공무원에 우선채용된다는 얘기까지 떠돌았다.[71]

자이토쿠카이는 근거 없고 관련 없는 소리로 조선학교 학생들을 겁주고 공격했다. 공격을 시작한 명분은 조선학교가 인근 어린이공원勸進橋児童公園을 자신들의 운동장으로 부당하게 쓴다는 것이다. 실제로2009년 5월 무렵 주민 일부가 축구 골대 등 때문에 민원을 제기했다. 조선학교는 2010년 1월까지 철거하기로 했지만 이후에도 학교 행사를진행했다. 이로 인해 자이토쿠카이 사건 이후 도시공원법 위반으로 벌금 10만 엔이 확정된다.[72] 조선학교 측의 설명은 이렇다. "1960년 학교를 이전할 당시 운동장이 없었고, 어린이공원은 공지로 보존등기도 되어 있지 않았다. 1963년 조선학교와 교토시, 자치회연합회가 일부를 사용하기로 협정했다."[73]

조선학교는 자이토쿠카이를 상대로 민·형사 소송을 제기한다. 형사 재판은 자이토쿠카이 회원 4명이 징역 1~2년과 집행유예 4년을 최고 재판소에서 확정받는다. 다만 혐의는 모욕, 위력 업무방해, 기물 손괴세 가지였다. 조선인 일반에 대한 차별적 증오 발언은 처벌 조항이 없어 기소조차 되지 않았다. 따라서 헤이트 스피치hate speech가 불법행위인지 아닌지는 민사소송에서 마지막으로 판단받아야 했다. 어차피 모욕 등 세 혐의는 민사소송에서도 불법행위로 인정될 것이었다. 권리를 다투는 민사재판은 처벌을 다루는 형사재판보다 불법 인정이 쉬운데, 이미 형사상 불법이 인정됐기 때문이다. 변호사 1년차이던 구량옥을 비롯해 변호사 143명이 참가한다.

헤이트 스피치 사건의 민·형사 재판이 진행되는 동안에도 자이토쿠카이는 활동을 계속했다. 자이니치가 많이 사는 오사카 등을 비롯해 전국에서 '죽여라, 조센진을 죽여라' '좋은 한국인이든 나쁜 한국인이든 죽여라' '가스실로 조선인·한국인을 처넣자' 등의 발언을 쏟아냈다. 하지만 경찰은 범죄가 아닌 이상 현행범으로 체포하거나 저지하지 않는다는 입장이었다. 적극적으로 소수자를 지지해온 일본변호사연합회도 어쩌지 못했다. 이들은 2013년 5월 성명[74]을 발표하면서도 헤이트 스피치에 반대한다고만 밝혔다. '사람의 생명·신체에 직접적인 가해 행위를 선동하는 언동을 즉시 중단할 것을 요구한다'는 정도였다.

당시 일본변호사연합회 내부에서는 헤이트 스피치를 법으로 규제하는 것이 가능한지를 두고 의견이 갈렸고, 결국 성명에서 언급하지 않았다. 형사처벌에 회의적인 의견이 많았다. 일본변호사연합회 인권수호위원들도 "현재 일본에 헤이트 스피치를 처벌할 법이 없고, 법을 만들려 해도 피해자를 특정하기 어렵다"고 설명했다.[75] 실제로 자이토쿠카이가 조선학교를 공격했다고 처벌된 이유는 모욕과 업무방해에 해당하는 구체적인 발언과 행위 때문이었다. 조선인을 증오하고 차별하는 추상적 표현은 대처할 방법이 없었다.

143명 변호사가 이름을 올린 민사소송을 실제로 이끌어간 변호사는 구량옥을 비롯해 7명인데, 6명이 일본인이다. 2013년 6월 13일 교토지방재판소 101호 법정에서 제18회이자 마지막 구두 변론이 열렸다. 96석 규모의 법정이었지만 들어가려는 사람이 더 많아 추첨으로 방청권을 나눠줬다. 일본 주요 언론의 사법 기자들도 모두 들어와 있었다. 이때까지도 한국 언론은 헤이트 스피치가 무엇인지, 조선학교 재판이 있는지, 공격 사건이 일어났는지도 몰랐다. 이날 마지막 의견 진술을 위해 구량옥이 일어섰다.

"초급학교 6학년 때인 1994년 도쿄와 오사카 등에서 조선학교 여학생의 치마저고리를 커터로 자르는 일이 벌어졌습니다. 학생들은 자이니치인 것을 한스럽게 생각하거나, 조선학교에 보낸 부모를 원망하기도 했습니다. 아무 잘못도 없는 (식민지 출신자의 자녀일 뿐인) 제 자신이 왜 배경을 숨겨야만 하는지, 학교에서 배운 것과 정반대인 상황이 벌어지는지 혼란스러웠습니다." 중간중간 목소리가 흔들렸다. "조선중급학교 2학년이던 1996년 때입니다. 교복인 치마저고리를 입고 전철

ウトロは在日のふるさと

ウトロは反戦の記念碑

ウトロをなくすことは在日の歴史をなくすこと

ウトロをなくすことは日本の戦後をなくすこと

ウトロをなくすことは日本人の良心をなくすこと

京都府 宇治市 우토로 마을. 1943년 비행장 건설에 동원된 조선인 1300여 명의 합숙소였다. 1962년 소유권을 넘겨받은 닛산자동차가 1987년까지 수도관 등의 설치를 막았다. 여기서 태어난 변호사 구량옥은 우토로와 조선학교가 고향이다.

2012 0825

에 오르려는데 뒤에서 중년 남성이 머리를 잡아당겼습니다. '조선인 주제에 어디 감히 먼저 타느냐'고 했습니다. 그를 붙잡고 '역장실로 가자'고 했습니다. 다리가 후들거리고 겁이 났습니다. 하지만 이러지 않으면 자신을 보호할 수 없었습니다." 결국 눈물을 쏟고 말았다.

목울대를 가다듬고 변론을 계속했다. "이번 사건은 말씀드린 지금까지의 조선학교 공격과 질적으로 다릅니다. 과거에는 개인들이 단발적으로 몰래 하던 것입니다. 하지만 지금은 집단에 의해 계획되어 조직적으로 당당하게 공격을 벌이고 있습니다. 우리가 느끼는 불안이나 사회에 끼치는 효과도 전혀 다른 상황이 됐습니다. 재판소는 특히 민족적 아이덴티티 자체가 공격받는 점 등을 살펴 공정한 판단을 내려주시기를 부탁합니다." 방청석에 있던 조선학교 출신 자이니치 여럿이 마른손으로 눈물을 닦아냈다. 이날 재판을 마지막으로 변론이 끝났다.

조선학교는 자이토쿠카이 회원 9명에게 손해배상금 3000만 엔을 청구했고, 학교 반경 200미터 거리 선전 금지를 신청했다. 손해배상은 일부라도 인용될 것이 확실했다. 모욕, 위력 업무방해, 기물 손괴가 이미 형사 처벌됐으므로 민사 배상은 당연했다. 핵심은 헤이트 스피치가 민사상 불법으로 인정될지였다. 조선학교가 바란 것도 형사재판에서는 인정되지 않은, 헤이트 스피치의 불법성이었다. 그 밖에 거리 선전 금지는 인용될 가능성이 높았다. 3차 공격 직전에 재판소가 가처분 신청에서 금지 결정을 내린 바 있고, 더구나 자이토쿠카이가 이를 어겼기 때문이다. [1]

2013년 10월 7일 교토지방재판소에서 재판장 하시즈메 히토시橋詰

均가 판결을 선고했다. "일본은 인종차별철폐조약International Convention on the Elimination of All Forms of Racial Discrimination을 비준한 조약 체결국이다. 헌법에 따라, 비준·공포한 조약은 법률에 우선한다. 조약을 보면, 인종차별은 인종·피부색·가문 또는 민족·종족에 근거한 모든 종류의 구별·배척·제한·우선을 말하며, 정치·경제·사회·문화 모든 공공 생활에서 평등하게 인권과 기본적인 자유를 인식·향유하고 행사하는 것을 무효·침해하는 목적이나 효과를 가진 것이다(제1조 1항). 조약 체결국은 개인, 집단 조직에 의한 인종차별을 입법을 포함한 적절한 수단으로 금지하고 종결해야 한다(제2조 1항 d호). 체결국은 모든 이를 인종차별에서 효과적으로 보호하고 구제하며, 차별로 발생한 손해에 대해서는 공정하고 적절한 보상과 변제를 재판소에 요구할 권리를 보증해야 한다(제6조). 이러한 조항에 따라 우리 재판소는 법률을 인종차별철폐조약에 적합하게 해석할 책임이 있다."

그리고 인종차별 발언도 배상 책임이 있는지 설명했다. "특정 집단 전체에 대한 인종차별 발언을 했다고 해도 개인에게 구체적인 손해가 없는 경우에, 민법상 불법행위로 인정해 배상하도록 한다면 민법의 해석을 벗어나는 것이다. 이는 법을 새로 만들지 않는 이상 불가능한 것이고, 따라서 헌법이 정한 삼권분립의 원칙에서 벗어나는 일이다. 하지만 인종차별 행위로 무형 손해가 생겼다면 재판소는 배상액을 산정할 의무가 있다. 유형 손해뿐 아니라 무형 손해도 구체적인 손해다. 배상액은 행위가 얼마나 위법한지, 피해가 얼마나 심각한지를 따져 재판소가 정한다. 조약은 인종차별 금지 효과와 피해 구제가 가능한 수준을 요구하고 있다."

3

하시즈메 재판부는 자이토쿠카이에게 손해배상금 1226만 3140엔과 교또조선제1초급학교 반경 200미터 거리 선전 금지를 선고했다. 배상액이 예상을 훌쩍 뛰어넘었다. 정신적 피해인 무형 손해에 대한 배상액이 1100만 엔으로 대부분이었다. 스피커 파손 등 유형 손해에 대한 배상액이 16만 3140엔, 조선학교 측 변호사 비용이 무형 손해 배상액의 10퍼센트인 110만 엔이었다. 일본 신문들은 1면 머리기사로 전했다. 재판소가 처음으로 자이토쿠카이의 헤이트 스피치를 차별 행위로 인정했다고 설명했다.[76) 구량옥을 비롯해 대리인단도 예상치 못한 결과였다. 오히려 고등재판소에서 헤이트 스피치 부분에 대한 판단이 뒤집어지거나 배상액이 줄어들 가능성도 우려했다. 2014년 7월 8일 오사카고등재판소는 항소를 기각하면서 "이들의 발언은 재일 조선인을 조롱하거나 일본 사회에서 재일 조선인이 일본인, 다른 외국인과 더불어 사는 것을 부정하는 인종차별"이라고 추가했다.[77) 그리고 같은 해 12월 9일 최고재판소가 상고를 기각함으로써 판결을 확정했다.

변호사 구량옥의 인터뷰. "마지막 변론에서 내 경험을 이야기하는 것은 내 생각이 아니었다. 대리인단 준비 회의에서 학교에서 이러한 일이 생기면 학생들은 어떠냐고 변호사들이 물었다. 변론에서 밝힌 그 얘기를 했더니 '이렇게 생생하고 실감나는 얘기는 처음이다. 재판관에게 반드시 말하는 게 좋겠다'고 했다. 사실은 첫째 날 변론 때 비슷한 얘기를 이미 했다. 마지막 재판을 앞두고 재판관이 중간에 바뀌었으니 다시 하라고 했다. 나는 정말로 하기 싫었다. 고통스러운 기억이었다. 그렇지만 이것은 단순한 손해배상 사건이 아니었다. 일본에서 조선인이 소수자로서 민족 존엄을 지키며 살아갈 수 있는지 따지는 것이었다. 재판부가 이런 점을 생각하지 않고 업무방해가 어떻고 유형 손해가 얼마다 이렇게 가면 안 됐다. 대리인단이 당사자에 가까운 내가 의견 진술하는 것이 좋겠다고 해서 첫 재판을 일주일 앞두고 그렇게 결정됐다."

일본 신문이 이 소식을 종합 1면 톱기사로 보도한 다음 날 한국 언론은 일본 신문을 인용해 소식을 전했다. 재판 현장을 취재한 언론사는 없었다. 제목은 '한국인 모욕적 발언 日 혐한 단체에 배상 판결' '日 법원, 혐한 시위 극우 단체에 첫 배상 명령' '조선학교 주변 反韓(반한) 시위는 인종차별… 日, 첫 배상 판결' 등이었다. '조선학교 공격' 대신 '혐한 시위'로, '자이니치 차별' 대신 '한국인 모욕'으로 돼 있었다. 그 무렵 자이토쿠카이는 외연을 확대하려 뉴커머가 많은 도쿄 신오쿠보 등에서 증오 발언을 시작했고, 한국 언론은 혐한 시위라고 부르며 관심을 가졌다. 그리고 조선학교 공격 사건의 판결을 이런 제목으로 보도했다. 구량옥의 마지막 인터뷰. "조선학교가 공격당한 뒤로 아이들이 겁에 질려 살아온 4년이다. 자이토쿠카이가 한류 산업에까지 영향을 줄 것 같으니 그러는 것 아니겠나. 한국 언론이 우리 학교에, 자이니치에 무슨 관심이 있었나."

대화

당신의 적은 내가 아니다

자이토쿠카이는 이름에서 명백히 밝히고 있듯이 자이니치를 공격하는 사람들입니다. 영역을 넓히려고 한류 문화에도 간섭했지만 목표는 분명히 자이니치입니다. 구량옥 변호사는 "자이토쿠카이는 실직이나 빈곤 등 개인적 불행의 원인이 사회구조에서 비롯된다는 것을 알지 못하고, 자기보다 약한 사람을 찾아 탓하는 사람들"이라고 설명했습니다. 이러한 자이토쿠카이의 헤이트 스피치를 두고 혐한 시위나 한국 모욕이라 부르는, 한국 언론의 태도를 어떻게 생각하십니까. 교토지방재판소 1심 판결이 난 뒤 대리인단에 한국에도 보도됐다고 알려주었습니다. 이들은 무척 놀라워했습니다. 사건이 일어난 지 1404일, 재판이 시작된 지 1198일이 되도록 관심도 없다가 승소했다고 관심을 갖는 것은 다소 아쉬워했습니다. 그러다가 사실 한국에서 보도된 신문 기사의 제목이 '반한 시위, 배상 판결' 등이라고 알려주자, 더 이상 아무런 말도 하지 않았습니다.

헤이트 스피치 소송은 자이니치 사회로부터도 도움을 받지 못했습니다. 조선학교 공격 사건은 구량옥 변호사가 사법연수소를 수료하던 달에 일어났습니다. 자이니치 변호사들의 모임인 자이니치코리안변호사협회(LAZAK·라자크)에 이메일을 보내 도움을 요청했습니다. 회원이 100명 가까웠지만 답변을 보내온 변호사는 없었습니다.[78] 그 대신 변호사 두 사람이 전화를 걸어왔습니다. "어떤 심정일지 알아요. 라자크는 이런저런 사람이 모여 있는 곳이니까. 기운 내요." 구량옥 변호사의 인터뷰입니다. "그때를 절대 잊지 못한다. 그리고 두 사람의 전화를 받고 나서 깨달았고 다짐했다. 라자크에서는 조선학교 얘기를 더 이상 하지 말자. 논쟁만 벌어질 수도 있으니 하지 말자고."

조선학교 사건 민사소송에 참여한 변호사는 143명입니다. 이러한 사회적 사건에 참여하는 변호사는 대부분 이름만 올리는 것입니다. 상징적인 의미입니다. 그 많은 사람이 다 같이 일을 하지도 못합니다. 실제로 조선학교 사건 소송에 직접 관여한 사람은 7명이었습니다. 그런데 변호사 143명 가운데 자이니치는 10명에 불과했습니다. 이 사건이 시작될 무렵 자이니치 변호사가 전국에 100명 안팎이었으니, 대부분 이름을 올리는 것조차 꺼려한 셈입니다. 당시 자이니치 아이들이 상처입은 것을 보고 자이니치 모두 아파했습니다. 자이토쿠카이는 사실이 아닌 주장으로 차별 피해자를 뒤바꾸려 했습니다. 이 문제를 누구보다 잘 아는 이들이 자이니치 변호사였습니다. 그런데도 그들은 대부분 소송에 참여하지 않았습니다.

이유가 무엇일까요. 당사자가 조선학교이기 때문입니다. 조선총련이 관련된 문제에 끼어들고 싶지 않다는 것입니다. 조선학교와 조선총련은 관련이 있기 때문에 참여하지 않은 것입니다. 조선학교를 졸업한 변호사 가운데도 이 소송에 불참한 경우가 많습니다. 조선학교를 중급부까지 졸업한 김봉식 변호사의 인터뷰입니다. "헤이트 스피치 사건이라기보다 조선학교 사건의 대리인이 되는 것이었다. 조선학교의 민족교육에 총론은 찬성하지만 각론은 찬성하지 않는다. 2007년 오사카조선고급학교의 운동장을 두고 지방공공단체와 소송이 벌어졌을 때도 조선총련은 자신들이 이겼다고 선전했다. 이용되기 싫었다. 구량옥 변호사에게는 미안하지만 어쩔 수 없었다." 소송에 이름을 올린 자이니치 변호사 10명 가운데 8명이 조선학교 출신입니다.

교토지방재판소에서 조선학교 사건 민사재판을 방청하고 취재하면서 김봉식 변호사의 설명을 이해할 수 있었습니다. 일반적인 헤이트 스피치 사건으로 부르기 어렵다는 뜻을 알게 됐습니다. 조선학교 대리인단은 민족교육 실시권이 훼손됐다고 주장하는 데 대부분의 시간을 썼습니다. 18차례 법정 변론을 통해 이 권리가 일본국헌법과 세계인권선언 등에서 도출되고 보장된다고 주장했습니다. 하지만 재판소는 그렇게 보지 않았습니다. 최고재판소마저도 민족교육 실시권은 언급하지 않았습니다. 조선학교는 민족교육 침해라고 주장했는데, 일본 사법부는 인종차별이라고 판단한 셈입니다. 구량옥 변호사는 이렇게 말합니다. "처음에 판결문을 받아보니 민족교육에 대한 이야기가 전혀 없었다. 불만스러웠다. 하지만 우리는 민족교육과 인종차별을 하나로 주장했다. 동전의 앞뒤처럼 분리되지 않는 것이다. 재판부가 이러한 내용을 충분히 이해해서 그런 배상액을 결정한 것이다. 다만 일본의 여론을 생각해 민족교육은 언급하지 않은 것이다."

1

拉致実行犯は
朝鮮学校校長

자이토쿠카이가 교토지방재판소의 배상 판
결에 항의해 교토 시내에서 시위하고 있습니
다. 한 참가자가 '납치 실행범은 조선학
교 교장'이라는 손팻말을 들고 있습니다.
2013 1104

　자이니치 사회에서 민족교육을 실시하는 곳은 조선학교뿐입니다. 자이토쿠카이가 조선학교를 공격할 당시 전국에 100개에 이르렀습니다. 일본에서 자이니치의 민족교육에 찬성하면 조선학교에 대한 찬성이 됩니다. 조선학교에 대해 반대하면 민족교육에 대한 반대가 됩니다. 조선학교가 유일한 자이니치 교육기관이라 그렇습니다. 조선학교에 가지 않으면 일본학교에 가야 합니다. 조선학교를 운영하는 곳은 조선총련이고, 조선총련은 북조선과 밀접히 관계되어 있습니다. 김봉식 변호사가 민족교육에 대해 '총론 찬성, 각론 반대'라고 말한 것이 이런 의미입니다. 민족교육은 당연히 필요하지만 지금 조선학교가 하는 민족교육에 찬성하지 않으며, 그들에게 도움 되는 일을 하고 싶지 않다는 것입니다. 조선학교 사건 재판에는 이러한 복잡한 배경이 있습니다.

　조선학교 대리인단에 자이니치 변호사가 적은 이유를 자이토쿠카이의 대리인 도쿠나가 신이치德永信一 변호사도 알았던 것 같습니다. 그는 재판에서 이렇게 주장했습니다.[79] "2011년 12월 북조선 독재자 김정일이 사망하자 셋째 아들 김정은이 독재를 승계했다. 조선총련은 김정일의 유훈에 따라 김정은 체제에 예속되기로 결정했다. 이듬해 정월에는 학교마다 축하 인사를 보내고, 교장 20여 명이 북조선을 찾아가 북조선에 공적을 세운 공로로 훈장을 받았다. 하시모토 도루 오사카 시장이 조선총련과의 관계를 단절하지 않으면 보조금을 중단하겠다고 조선학교에 통보하면서 조선학교의 상황은 어려워졌다." 이렇게 조선학교가 북조선과 밀접하다고 주장했습니다.

도쿠나가 변호사는 헤이트 스피치가 한국에서도 성행한다고 말했습니다. "한국의 유력 신문은 '원자폭탄 투하는 신의 징벌'이라고 게재하는 등 한국 전역에서도 헤이트 스피치가 들끓고 있다. 한국인들은 종군위안부 문제를 미국과 유럽에 로비하면서 '일본인을 죽여라'라는 등의 슬로건을 내건 시위를 연일 벌이고 있다. 이명박 대통령은 인기 회복을 위해 다케시마에 상륙하고 천황에게 사과를 요구했다." 마지막 변론 한 달 전에 나온 '신의 징벌' 칼럼[80] 때문에 일본 정부가 강하게 항의했습니다.

자이토쿠카이의 대리인인 도쿠나가 변호사가 법정에서 이렇게 말한 이유가 있습니다. 헤이트 스피치도 언론의 자유에 속하며 토론의 장에서 해결될 문제라는 것입니다. "올해 들어 (자이니치가 많이 사는) 도쿄의 신오쿠보, 오사카의 쓰루하시에서의 과격한 거리 선전은 주장하는 바가 불분명한 헤이트 스피치(에 불과하)여서 (일본) 국민들의 눈살을 찌푸리게 하고 있다. 그러자 여기에 반감을 가진 젊은이들이 배타적 차별 발언에 반대하며 반대 시위를 벌이고 있다." 실제로 일본 법조계에서는 국가가 발언 내용을 규제하는 것은 위험하며, 과거 전쟁 시기처럼 언론 탄압으로 이어질 우려도 있다고 했습니다.[81] 도쿠나가 변호사의 발언은 원론적으로 일본 법조계의 입장과 같았습니다. 자이토쿠카이를 살려내려고 억지를 쓰는 것만은 아니었습니다.

일본은 1995년 인종차별철폐조약을 비준하면서 4조는 유보했습니다. 인종차별 행위를 범죄로 선언하고 처벌하도록 한 조항입니다. 집회·결사·언론·출판·표현의 자유를 보장한 일본국헌법을 벗어날 우려가 있다는 이유입니다. 일본만이 아닙니다. 오스트리아, 벨기에, 프랑스, 아일랜드, 이탈리아, 스위스 등도 마찬가지입니다. 미국은 '헌법과 법률이 폭넓게 보장하는 언론·표현·결사를 침해하는 어떠한 의무도 받아들이지 않는'고 했습니다. 특히 교육 분야 규제를 요구한 7조와 헤이트 스피치를 처벌하도록 규정한 4조를 명확히 거부했습니다.[82] 한국은 1978년 유보 조항 없이 비준했지만 30년이 넘도록 이행하지 않는 국가입니다.

이러한 면에서 보면 형법에 민중 선동죄[83]를 두고 헤이트 스피치를 처벌하는 독일이 오히려 예외적인 사례입니다. 하지만 형사처벌이 어려운 경우에도 민사 배상은 가능합니다. 둘은 기준이 다릅니다. 국가가 민간을 벌하는 형사는 기준이 엄격하지만, 민간에 배상을 명하는 민사는 그보다는 낮습니다. 기준이 형사보다 낮다는 것이지 간단한 벽은 아닙니다. 불분명한 집단을 상대로 하는 발언은 형사처벌은 물론 민사 배상도 어렵다는 게 일본 최고재판소의 판례[84]입니다. 우리나라에서 아나운서를 모욕한 발언으로 기소된 강용석 국회의원이 형사는 대법원에서 무죄를 받고[85] 민사까지 승소한[86] 이유도 마찬가지입니다. 비슷하게 '독립운동가 대부분은 동포 재산을 노략질한 룸펜'이라는 표현도 대법원에서 무죄를 받았습니다.[87]

이러한 상황에서 조선학교는 어떻게 이겼을까요? 자이토쿠카이를 오랫동안 취재한 저널리스트 야스다 고이치安田浩一도 "예상 밖이었고 획기적인 판단이었다"[88]고 썼습니다. 우선 일반적인 헤이트 스피치 사건이 아니었기 때문에 승소한 사실을 부정하기 힘듭니다. 헤이트 스피치로는 드물게 피해자가 특정됐습니다. 교또조선제1초급학교에 다니는 학생 134명과 교사 14명이었습니다. 자이니치 전체를 상대로 시내

자이토쿠카이가 패소 판결에 항의해 '교토
지방재판소는 일본인을 차별하지 말라'는
펼침막과 '매국노 재판관은 일본을 떠나라'
는 손팻말을 들고 교토시 중심가인 미나미
좌 앞을 행진하고 있습니다.
2013 1104

에서 벌이는 시위와는 달랐습니다. 구량옥 변호사가 '일반적인 헤이트 스피치가 아니라 조선학교 공격 사건'이라고 말한 이유입니다. 이와 달리 도쿄와 오사카 시내에서 벌어지는 헤이트 스피치는 이런 것입니다. 일본에 사는 자이니치 전체를 상대로 '조선으로 돌아가라' '조선인을 죽이자' '김치 냄새 난다'라고 말하는 것입니다. 구체적으로 누가 어떤 피해를 입었는지 애매합니다.

다음으로 일본 사회의 반감입니다. 엄청난 배상액이 인용되고 상고심에서 판결이 확정된 것은 헤이트 스피치에 대한 일본 사회의 견제 덕분입니다. 2009년 조선학교가 공격당했지만 아무도 돕지 않았습니다. 4년 가까이 소송을 벌이는 동안 헤이트 스피치가 일본 전역으로 퍼졌습니다. 외롭게 소송했기 때문에 자이토쿠카이가 안심하고 세력을 확장한 것입니다. 뉴커머와 한류 산업까지 피해를 입었습니다. 자이니치 사회와 대한민국 언론이 조선학교의 피해부터 공론화했다면 상황이 그렇게 나빠지지 않았을 것입니다. 상황이 극단으로 치닫자 일본에서 자정 여론이 생겼습니다. 이러한 분위기가 판결에 영향을 주었을 것입니다. 그리고 판결은 헤이트 스피치 전체에 대한 경고였습니다. 조선학교의 외로운 싸움이 자이니치 사회를 구한 셈입니다.

이 판결을 계기로 일본에서는 다양한 논의가 시작됐습니다. "헤이트 스피치는 사람이 자신의 힘으로 바꾸지 못하는 출신이나 속성을 공격한다. 반론이 불가능한 발언들이기 때문에 처음부터 자유를 누릴 언론에 해당하지 않는다." "자이토쿠카이는 우리 안에 있던 재일 조선인에 대한 차별 의식이 밖으로 드러난 것이다. 그러나 입법으로 규제

2

가 가능하지는 않다." 그리고 한국에 관한 얘기가 있었습니다. "일부 일본인이 한국을 싫어하고 위험한 존재로 여긴다. 근거 없는 일방적인 편견이다. (결국) 근본적인 문제는 인종차별이다."[89] 바다 건너 한국(인)에 대한 일본인의 반감이 자이토쿠카이가 성장한 배경이라는 것입니다.

분명 자이토쿠카이가 활동을 시작하면서 주장한 것은 자이니치가 특권을 가졌다는 것입니다. 그렇지만 기저에는 한국과 북조선에 대한 거부감이 있다고 합니다. 2007년에 발간된 《더 자이니치 특권》 역시 2006년 출판된 《만화 혐한류 2マンガ 嫌韓流2》에 나오는 자이니치 특권을 분석했다고 밝히고 있습니다. 제목에 드러나듯 2005년 나온 《만화 혐한류》[90]는 2004년 드라마 〈겨울 연가〉로 시작한 한류에 대한 거부 반응입니다. 이 만화는 2002년 한일월드컵에서 한국팀이 4강에 오심을 통해 올랐다고 비난하며 시작합니다. 자이토쿠카이 회원의 절반 이상이 2002년 한일월드컵을 계기로 활동을 시작했다고 합니다.[91] 재일 민단과 한국에서는 2002년 북조선이 일본인 납치를 시인한 것이 사실상 헤이트 스피치의 계기가 됐다고 공공연히 말합니다.

서울에서 이런 얘기를 하면 '북조선은 잘못한 게 맞다. 하지만 우리는 무슨 날벼락인가. 배용준이 누구를 납치했나, 히딩크가 뇌물을 돌렸나' 하고 반응합니다. 조선학교의 소송에 참여한 이춘희 변호사의 인터뷰입니다. "일본 사회에 잠재해 있던 차별 의식이 납치 문제를 계기로 나온 것이다. 범죄를 일삼는 나쁜 민족은 차별해도 괜찮다는 것이다. 정치적인 이유가 아니라 민족적인 이유다. 이것이 바로 인종차별 공격이다." 이렇게 일본에서 한국과 북조선은 나뉘지 않는 경우가 많습니다. 다시 이춘희 변호사의 말입니다. "내가 반드시 조국을 지지하고 일본에 반대하려는 것이 아니다. 시대에 따라, 상황에 따라 해야할 일이 있는데 지금은 민족적 차원에서 싸울 수밖에 없다."

조선학교

조선학교, 민족학교, 우리학교

"북조선과의 관계를 끊고, 지도자 숭배 교육을 중단해야 합니다. 구체적으로 조선총련 행사에 학교 간부가 참가하지 말 것, 학교 교실 정면에 있는 김일성 초상화를 떼어낼 것."

2010년 3월 12일 오사카부지사 하시모토 도루가 히가시오사카시에 있는 오사카조선고급학교를 방문했다. 자이토쿠카이가 교또조선제1초급학교를 공격한 직후다. 히가시오사카시는 오사카부에 속해 있다. 하시모토는 수업을 참관한 뒤 학교 이사장 신정학 등에게 이렇게 요구했다. 현장을 취재하던 기자들에게는 "민족에 대한 자부심을 가지고 열심히 공부하는 것을 알았다. 좋은 방향으로 해결되면 좋겠다"고 말했다. 이날 방문에 앞서 3월 10일 하시모토는 "교실에 불법 국가 지도자의 초상화를 내건 학교라면 인정하지 않겠다, 민족 차별이라는 지적이 있는데 조선 민족이 나쁘다는 것이 아니다. 북한이라는 불법 국가가 문제다. 독일 민족과 나치스의 관계와 같다"고 말했다.[92] 하시모토가 조선학교에 주는 보조금을 중단하겠다고 시사한 것은, 그 무렵 시작된 일본 정부의 고등학교 무상화 제도와 관련이 있다.

일본에서 의무교육인 중학교까지는 학비 무료다. 의무교육은 헌법
이 정한 의무이고 이행하지 않으면 벌칙이 있다. 한국도 마찬가지다.
의무교육의 대상은 일본 국민이고 주체는 공·사립 학교다. 구체적으
로 여기에 해당하는 학교가 이른바 '1조교一条校'다. 일본의 학교교육
법 제1조에서 정한 학교를 말한다. 이들 학교는 문부과학성이 정한 '교
육요령·학습지도요령'을 따라야 한다. 일본 국민으로서 교양을 갖추
는 과정에 대한 국가의 해설이다. 어느 나라든 의무 공교육의 목적은
특정한 역사관과 자국 언어를 가르쳐 공동체 의식을 주입하는 것이다.
그런데 고등학교에도 무상화 혜택을 주기로 했다. 무상교육과 의무교
육은 다르다. 고등학교 무상교육은 진학하지 않아도 벌은 없지만 다니
겠다면 무료라는 것이다. 외국인도 원하면 일본 소학교, 중학교, 고등
학교에 다닐 수 있고 무상이다.[93]

민주당 정권이던 2010년 1월 고교 무상화 제도 법안[94]이 상정된다.
고등학교 학비를 국가가 책임지는 것이다. 방식은 공립학교는 무상화
하고, 사립학교는 같은 액수를 지원하는 것이다. 연간 11만 8800엔이
든다. 외국인 학교에도 혜택을 주기로 했는데 이때 조선학교가 논란이
됐다. 반일 교육을 하고 있고, 조선총련의 영향을 받는 학교에 세금을
투입할 수 없다는 이유였다. 논란이 매듭지어지지 않은 상태에서 4월
새 학기에 무상화가 시작됐다. 그해 11월 북조선이 연평도를 포격함에
따라 여론이 급속히 악화되고, 조선학교는 무상화에서 계속 제외된다.
2012년 12월 중의원 총선거에서 자유민주당이 승리하면서 제2차 아

베 신조 정권이 시작된다. 2013년 2월 문부과학성은 조선학교를 지원하지 않기로 했다고 발표한다. 문부과학대신 시모무라 하쿠분下村博文은 "납치 피해자가 돌아오지 못하는 상황에서, 북조선의 지원금을 받고 반일 교육을 하며 커리큘럼도 조선총련이 정하(는 조선학교는) 무상화를 배제해야 한다는 여론이 있다"고 말했다.[95]

다른 외국인 학교와 마찬가지로 조선학교도 일본 정부의 학습지도요령을 따르지 않는다. 일본어가 아닌 조선어로 수업하고, 식민지 등 역사를 일본학교와 다르게 가르친다. 학교교육법에 '각종학교'로 분류돼 있다. 원래 외국인 학교에도 지방공공단체 보조금이 있다. '외국인 학교의 교육 조건을 유지·향상하고 학생들이 공부하는 데 드는 경제 부담을 줄이기 위해'라고 오사카부 사립외국인학교 진흥보조금 교부요강 제1조에 적혀 있다. 조선학교도 외국인 학교로 지정되어 있으므로 여기에 포함된다. 1인당 연간 6만 9300엔(2009년)을 받았다. 공립학교의 10분의 1, 사립학교의 3분의 1 수준[96]이라고 한다. 이를 포함해 수업료를 비교하면 소학교와 중학교는 일본학교가 무료이고, 조선학교는 유료다. 고등학교는 일본 공립이 가장 싸고, 조선학교가 중간, 일본 사립이 가장 비쌌다. 그런데 고교 무상화 제도가 시행되자 고등학교는 일본 공립이 무료, 일본 사립이 공립과의 차액 면제, 조선학교는 전액 유료가 됐다. 여기에 외국인 학교 보조금까지 중단되면 조선학교는 일본에서 가장 열악한 학교가 된다.

2010년 3월 하시모토가 조선학교에 요구한 사항은 네 가지였다. 조선총련과의 관계 조정, 김일성 부자 초상화 제거, 학습지도요령에 준하는 교육, 학교 회계 공개다. 1년 뒤인 2011년 3월 조선학교는 답변을

조선학교 출신 변호사 김영철 등이 참여한 오사카조선학교 무상화 소송단 모임. 일본변호사연합회 국제
인권회장 출신 변호사 니와 마사오가 단장이다. 오사카변호사회관.

2013 0417

낸다. '조선총련은 조선 학원의 독립을 보장하고 있다. 초상화는 우리가 스스로 결정할 문제다. 일본의 참고 도서를 활용해 양론을 병기하겠다. 재무 상황은 학원 홈페이지에 공개하겠다.' 이후 양측이 의견을 주고받은 끝에 초상화를 내린 초·중급학교에는 보조금을 주기로 결정했다. 그런데 2011년 4월 10일 통일지방선거에서 하시모토가 대표이던 오사카유신회가 오사카 의회의 109석 가운데 과반인 57석을 차지한다. 의회는 예산 심사에서 조선학교 지원을 지적한다. 교실뿐 아니라 교직원실의 초상화도 없애야 하며, 독도와 동해 대신 다케시마와 일본해로 교육하라고 했다. 결국 2011년 12월 교실과 교직원실에 초상화가 없는 초급학교 한 곳에만 보조금을 주기로 확정한다.

일본 정부가 추진한 무상화 배제는 일본 법조계의 반대에 부닥친다. 일본변호사연합회는 조선학교를 무상화 대상에 포함하라는 성명을 두 차례 발표한다. "현재 국회에서 심사 중인 고교 무상화 법안[97]과 관련해 조선학교를 제외하는 것을 정부가 검토 중이다. 조선민주주의인민공화국에 대한 제재가 진행 중이라는 것 등이 이유다. 하지만 이 법안의 취지는 '고등학교 교육비 부담을 줄여 교육 기회의 평등에 기여하는 것'이라고 돼 있다. 교육 기회는 정치·외교 문제에 좌우되어서는 안 되며, 조선학교 아이들에게도 보장되어야 한다. 조선학교의 교육 과정을 확인할 수 없다는 주장도 보도되고 있다. 하지만 이는 각종 학교로 인가받을 당시 제출했으며 조선학교 홈페이지에도 있다. 더구나 대학은 대부분 조선학교 졸업생에게 입학 자격을 인정하고 있다. 조선학교 아이들이 무상화에서 제외되어, 고등학교·전수학교·국제학교·중국학교 학생들에 비해 불이익을 받는다면, 중등교육과 민족교육을 받을 권리를 보장하는 헌법 제14조의 법 앞에서의 평등 원칙을 위반할 우려가 높다. 또 국제인권규약, 인종차별철폐조약, 아동권리협약이 금지하는 차별에 해당하는 것이다. 우리는 고교 무상화법에서 조선학교가 부당하게 배제되지 않도록 강력히 요구할 것이다."[98] 성명에도 불구하고 2010년 3월 고교 무상화 법안은 그대로 통과됐다.

조선학교는 오사카부를 비롯해 지방공공단체들을 상대로 보조금 소송을, 문부과학성을 상대로 무상화 소송을 제기하기로 했다. 변호사들은 조선학교 출신 자이니치와 소수자를 변호해온 일본인이다. 그 무렵 함께 진행되던 헤이트 스피치 사건의 소송단과 비슷하다. 재일민단과 가까운 자이니치 변호사들은 없었다. 무상화 소송을 담당하는 변호사 김영철의 인터뷰. 한국적이다. "나는 사건 학교인 오사카조선고급학교 졸업생이다. 조선학교에 대한 차별을 보면서 변호사가 되기로 결심했다. 따라서 이 소송은 내가 맡는 게 당연했다." 조선학교는 일본 정부와 지방공공단체의 지원이 거의 없어, 학생의 수업료는 비싸고 교사의 월급은 적었다. 최저 생활도 보장받지 못했다. 교사들이 결혼과 함께 학교를 떠났다. 당장 김영철의 사무실에서 일하는 사무원도 조선학교 교사였다.

조선학교에 당장 영향을 준 것은 보조금 중단이다. 무상화 배제는 새로운 혜택을 받지 못하는 것을 뜻하지만, 보조금 중단은 그동안 받던 것이 없어지는 것이기 때문이다. 그래도 조선학교는 무상화 소송이 더 중요하다고 판단했다. 지방공공단체의 보조금 중단 논리가 정부의 무상화 제외 방침에 기대고 있어서다. 무상화 문제를 풀면 보조금 문제는 자연히 해결될 가능성이 있었다. 보조금 중단은 초상화를 문제 삼은 지방공공단체의 처분에 불과하지만, 무상화 배제는 그 밑에 정치 문제가 깔려 있는 한 정부의 정책이었다. 고교 무상화는 의회를 통과한 법률에 따른 제도이지만, 조선학교 포함 여부는 정부가 결정하게 돼 있었다. 고교 무상화법 시행규칙에서 전수학교와 각종학교 가운데 무상화 대상을 문부과학대신이 정하게 했다.

  2013년 1월 오사카조선학교는 국가를 상대로 소송을 냈다. 고교 무상화 대상인 외국인 학교 명단에 조선학교를 포함시키라고 했다. 해야 할 일을 하지 않아 위법하다는 소송이다. 그런데 2013년 2월 문부과학성이 조선학교를 무상화 대상 학교에 지정하지 않는다고 결정했다. 조선학교는 소송 형식을 바꿔 부지정 결정을 취소하고 무상화 대상 학교로 지정하라고 했다. 무상화 소송은 이후 히로시마, 도쿄 등 전국으로 이어졌다. 그 무렵 5월 21일 유엔 사회권규약위원회Committee on Economic, Social and Cultural Rights는 일본 정부에 조선학교를 고교 무상화 대상에서 배제한 조치를 시정하라고 촉구했다. 스위스 제네바 제50기 위원회에서다. "일본 정부가 고교 무상화에서 조선학교를 배제한 것은 차별이므로 우려를 나타낸다. 이러한 차별에 대한 금지는 국제적인 모든 근거들에 기초해, 전면적이고 즉각적으로 모든 교육 과정에 적용된다. 일본 정부는 조선학교에 다니는 학생들에게도 고교 무상화 제도를 확대할 것을 보증하도록 촉구한다."[99]

  이러한 가운데 재일민단은 문부과학성을 방문해 조선학교를 무상화에서 배제하라고 주장하는 문서[100]를 전달했다. "문부과학대신 히라노 히로후미 平野博文 귀하. 현재 문부과학성이 추진하고 있는 '고교 수업료 무상화'에서 조선고급학교 취급에 대해 재일본 한국인 60만 명을 대표하는 재일본대한민국민단은 다음과 같이 요망합니다. 1. '조선 고교와 다른 외국인 학교를 차별할 이유가 없다'든가 '자녀들의 교육받을 권리를 보장해야 한다'는 의견이 있습니다. 하지만 본 단은 조선학교를 지급 대상에 포함하는 것에 신중해야 한다고 생각합니다. 2. 본 단은 민족교육과 자녀들의 교육을 받을 권리를 부정하는 것은 아닙니다. 오히려 이러한 권리는 보장되어야 한다고 생각합니다. 문제는 교육받는 자녀 쪽에 있는 것이 아니라 교육기관인 조선 고교 자체에 있습니다. 아시는 바와 같이, 조선 고교는 운영 면에서나 교과 내용 등 교육 전반에서 조선총련의 지도를 통해 조선민주주의인민공화국의 완전한 통제 아래에 있습니다. 일본 사회 일반의 상식을 훨씬 넘는 교육·지도가 변함없이 이뤄지고 있습니다. 이런 점에서 취학 지원금이 본래의 취지에 반해 조선총련의 지원으로 이어질 것을 우려합니다. 만약 지급 대상에 포함된다면 문부과학성이 특별한 지도를 조건으로 할 것을 요구합니다. 2012년 2월 20일. 재일본대한민국민단 중앙본부 단장 정진."[101]

일본 정부는 조선학교를 무상화에서 배제한 구체적인 이유를 법정에서 이렇게 밝혔다. "고교 무상화법 시행규칙[102] 제13조에 따라 대상이 아니다. 무상화 대상은 각종 법률에 맞게 운영되어야 한다고 돼 있는데, 조선학교는 교육기본법[103] 제16조를 위반하고 있다. 제16조에는 '교육은 부당한 지배를 받지 않으면서 법률에 따라 이뤄져야 한다(후략)'[104]라고 적혀 있다. 그런데 조선학교와 북조선의 부당한 지배를 받기 때문에 무상화 대상에서 제외한다."

무상화 소송의 대리인단 변호사 리승현의 인터뷰. 한국적이다. "조선학교가 조선총련의 부당한 지배를 받고 있는지 아닌지를 논쟁하는 것은, 일본 정부의 잘못된 프레임에 끌려가는 것이다. 오히려 자민당과 문부과학대신 등이 납치 문제 등 북조선과의 문제를 해결하려면 조선학교에 대한 지원을 중단해야 한다고 말해왔다. 이들이야말로 정치적인 목적으로 학교를 이용하는 것이다. 우리는 학교가 일본 정부의 정치적 목적에 이용되고 있음을 지적할 것이다."

교육기본법의 '부당한 지배'는 어디에서 나온 말일까. 무상화 소송의 대리인단 변호사 김영철의 인터뷰. "무엇이 부당이고 무엇이 영향이며, 무엇이 부당한 영향이라는 것인지 명확치 않다. 가령 일본학교의 경우 공립은 국가와 지방공공단체의 영향을, 사립은 종교 시설 등 재단의 영향을 받으며, 외국 학교는 본국 정부의 영향 아래 있다. 북조선 정부가 부당한 정부라서 부당한 지배라는 것인가. 그렇다면 '독도는 한국 땅'이라 가르치는 한국학교는 언제까지나 안전한 것일까." 부당한 지배에 관한 최고재판소의 판례는 1968년의 것이 유일하다. 판례 해설서에는 "전쟁 이전의 일본 교육은 국가에 강하게 지배받아 형식적이고 획일적이 됐다. 당시 군국주의적이고 극단적 국가주의 경향이 있었던 것을 반성하는 데 (교육기본법의 기본 이념이) 있다"[105]고 적혀 있다.

오키나와에서 활동하는 조선학교 출신 변호사 백충의 인터뷰. "무상화가 적용되지 않는 조선학교가 불편하다면 무상화가 되는 일본학교에 다니라는 생각이 깔려 있다. 당신들은 스스로 좋아서 조선학교를

일본 전국에 걸친 민족학교 중 가장 북쪽
에 있는 홋카이도 삿포로시 혹가이도조선
초중고급학교. 조선학교를 다룬 다큐멘터
리 영화 〈우리학교〉의 촬영지다.
2014 0209

다니고 있으니 돈을 더 내든지 말든지 알아서 하라는 것이다. 이러한 생각을 가진 사람은 역사를 모르거나 부정하는 것이다. 일본에 우리 민족학교가 왜 있는지 생각해보자. 60만 명의 조선인이 다들 좋아서 여기에 남았나. 식민지가 없었다면 지금 재일 조선인 100만 명이 여기 있겠나. 일본이 조선을 식민 통치했으니 우리가 여기에 살고 있는 것이다. 그런데도 우리가 일본이 좋아서 살기라도 하는 것처럼 말한다. 무상화 배제에는 차별받기 싫으면 조선반도로 돌아가라는 의식이 있다. 일본에서 왜 조선인으로 살려 하느냐는 생각이다."

김일성 초상화가 있는 그 학교

조선학교를 가리키는 이름은 세 가지입니다. 조선학교, 민족학교, 우리학교입니다. 이 가운데 조선학교는 학교가 만들어진 시기와 관련 있습니다. 1945년 일본이 패전한 직후 세워진 학교입니다. 한국도 북조선도 있기 전입니다. 조선 사람이 만들고 다녀서 '조선학교'입니다. 1946년 일본 전국에 525개 학교가 생겼고, 교원 1100명에 학생 4만 2000명이었습니다.[106] 조선학교만큼 자주 쓰이는 '민족학교'는 조금 애매한 말이 됐습니다. 일본에는 브라질학교도 중화학교도 있습니다. 조선 민족이 사실상 유일한 소수민족이던 시절에는 의미가 확실히 통했습니다. 일본학교의 반대말로 자이니치 내부에서는 여전히 쓰입니다. 끝으로 '우리학교'는 순우리말이 들어 있어 중화학교나 브라질학교를 가리킬 수는 없습니다. '우리'의 범위가 조선학교인지 조선총련인지 자이니치인지는 상황에 따라 다릅니다. 실제로 재일민단 사람들도 쓰는 것을 종종 들었습니다. 의외로 널리 쓰입니다. 세 이름은 조선학교의 성격을 잘 드러냅니다.

이쯤에서 한국인들은 두 가지 의문을 갖습니다. '한국 정부가 지원하는 한국학교는 없나. 조선학교는 왜 북조선의 영향을 받고 있나.' 한국학교는 없습니다. 한국의 교육부는 일본에 한국학교가 네 곳에 있다[107]고 밝히고 있지만, 사실이 아닙니다. 중학교와 고등학교를 운영하는 교토국제학교, 초등학교부터인 오사카금강학교, 유치원부터인 오사카건국학교는 일본 정부가 인정하는 정식 일본학교입니다. 일본 정부가 주는 풍부한 혜택을 받으면서 강력한 의무를 지는, 학교교육법이 정한 1조교입니다. 일본어로 수업을 진행하고 일본 문부과학성이 인정한 교과서를 씁니다. 문부과학성의 학습지도요령을 따라야 하고, 그렇게 합니다. 그래서 일본 정부에게 돈을 받습니다. 만약 이 요령을 따르지 않은 채 지원금을 받아왔다면 사기와 횡령에 해당합니다.

2014년 '고등학교 학습지도요령 해설'에는 이런 내용이 있습니다. "다케시마는 우리 고유의 영토인데도 한국에 의해 불법 점거당하고 있다. 한국에 대한 거듭된 항의 등 우리나라가 정당하게 주장하는 입장을 깊이 이해시켜야 한다."[108] 재일민단과 가까운 사람들은 '설마 세 학교가 독도는 일본 땅이라고 가르치겠느냐'고 합니다. 그렇지만 교육기관인 학교가 국가기관을 속여가며 아이들을 가르치리라고 생각하기도 어려운 것입니다.

한국 정부는 왜 교토국제, 오사카금강, 오사카건국 세 학교를 한국학교라 부를까요. 이유는 한국 정부가 해마다 국가 예산을 보내기 때문입니다. 납득하기 어렵지만 한국학교라서 돈을 보내는 것이 아니라, 예산을 받기 때문에 한국학교입니다. 세 학교는 2011년에 2억 2800만

교또조선중고급학교의 노래

작사 한덕수
작곡 김 철
1984. 2. 7

1. 동녘하늘 붉은해가 휘황하게 떠오르며
   우리들이 가는길을 밝게밝게 비쳐주네
   사회주의 조국건설 슬기로운 일군되라
   불보다도 더뜨거운 굳은의지 안겨주네
   (후렴)
   배우고 또배워서 지덕체를 다갖추운
   수령님께 충직한 나라의 기둥되자

2. 교육문화 도시라는 교또에도 룽치지구
   은각사를 내려보는 우리학교 자랑높네
   주체형의 학생이라 세상사람 부뤄하는
   민족의 자존심과 긍지감이 타오르네
   (후렴)

3. 량단된 조국땅이 우리들을 부른다네
   찢어진 민족혈맥 우리들을 부른다네
   주권국가 주인이된 젊은세대 우리들은
   백절불굴 강한의지 간직하고 나아가리
   (후렴)

교또조선중고급학교 교가의 작사가가 조선
총련 한덕수 초대 의장입니다. 북조선 인민
군 창설 기념 총련 체육대회에서 수상한 트
로피도 보입니다. 교또조선중고급학교.
2012 0825

엔을 받았습니다. 한국의 장애 아동 교육 예산인 36억 400만 원[109]과 비슷한 규모의 세금을 일본학교에 보냈습니다. 일본이 패전한 직후인 1946~1947년 설립된 오사카금강학교와 교토국제학교는 1961년부터 한국 정부의 지원을 받았습니다. 경영상 어려움으로 1985년, 2004년에 일본학교가 됐습니다. 오사카건국학교는 설립된 지 5년이 된 1951년부터 일본학교였는데, 1976년부터는 한국 정부의 지원까지 받습니다. 조선학교의 수가 폭발적으로 늘어나는데 한국학교는 하나도 없으니 그럴듯하게 치장한 것입니다.

문제는 여기서 비롯됐습니다. 처음부터 일본학교이던 오사카건국학교에 세금을 지원한 전례가 있기 때문에, 도중에 일본학교로 바뀐 오사카금강학교, 교토국제학교에도 지원을 끊지 못하는 것입니다. 세 학교는 진학 교육도, 민족교육도 제대로 되는 학교가 아니라고 합니다. 이들 학교를 졸업해도 우리말을 제대로 하는 경우가 거의 없고, 조선학교처럼 이른바 명문 대학에 학생들을 줄줄이 보내지도 못합니다. 재일민단 사람은 일본학교에, 영사관 직원은 인터내셔널 스쿨에 아이를 보냅니다. 이러한 상황이 수십 년 넘게 계속되자 한국 정부가 나섰습니다. 2011년 11월 취임한 이현주 주오사카 대한민국총영사는 실태 파악에 들어갔습니다. 교육부도 교육 예산이 함부로 쓰이고 있다며 주목했습니다.

예산 지원을 재검토하기 위해 오사카총영사관이 2012년 7월 '한국학교 발전을 위한 심포지엄'[110]을 열었습니다. 여기에서 금강학원의 김한익 이사장은 이렇게 말했습니다. "금강학교와 교토국제학교는 민족학교, 다시 말해 각종학교로 출발했다. 일본 정부의 규제에서 벗어

대화

나 자유롭게 교육할 수 있었다. 하지만 정치·사회·경제적으로 불안한 한국으로 영주 귀국하려는 사람은 줄어들고 일본에 영주하려는 사람이 늘었다. 각종학교는 학력을 인정받지 못해 대학 진학도 못 하는 상황이 계속됐다. 동포 자녀들이 일본에서 태어나 일본인들과 살며, 일본 사회에서 뿌리 내리기 위해 정식 학력이 필요했다. 1조교로 인가받는 것은 시대 변화에 따른 선택이었다." 정말 그럴까요. 조선학교는 여전히 각종학교이지만 일본의 유명 대학에 꾸준히 학생을 보내고 있습니다. 2010년대에 등록한 자이니치 변호사 중 절반 가까이가 조선학교 출신입니다. 고등학교 졸업 자격은 인증 시험으로 됩니다.[111]

오사카건국학교의 김성대 이사장은 이렇게 주장했습니다. "2년 전 감사원의 요청으로 수업 커리큘럼을 제출했다. 1조교이고 한국 교육 과정을 이행하지 않으므로 지원금을 삭감하겠다고 했다. 전 세계 한국학교 서른 곳 가운데 일본을 제외하고는 모두 신설이며 대부분 창립한 지 10년이 안 된 학교다. 기업 주재원의 자녀 등 일시 체류자 중심이다. 조기 귀국을 전제로 한국 교육 과정을 도입한 것이다. 감사원의 지적은 재일동포의 역사적 특수성을 이해하지 못한 것이다. 일본에서 태어난 3세, 4세가 많이 다니는 현실을 고려해줬어야 했다." 그렇지 않습니다. 이렇게 발언한 날을 기준으로 설립한 지 10년이 안 된 학교는 전 세계에 다섯 곳뿐입니다. 다들 오랜 전통을 가지고 있습니다. 1961년에 대만 고웅한국학교高雄韓僑學校, 1976년에 사우디아라비아 제다한국학교Korean School in Jeddah와 이란 테헤란한국학교Korean School in Tehran, 1977년 인도네시아 자카르타한국학교Jakarta International Korean School, 1980년 이집트 카이로한국학교Korean School in Cairo가 한국학교 인가를

조선학교 학생들이 그린 김일성 주석 탄생 100주년 기념 포스터, 교실 정면에는 김일성·김정일 초상화가 걸려 있습니다. 교또 조선중고급학교.

2012 0825

받았습니다.[112] 설립된 직후부터 일본 1조교였던 건국학교의 이사장이 할 만한 이야기는 아니었습니다.

오사카총영사관은 2013년 1월에 다시 회의를 열었고, 이후 2013년 5월 상황과 대안을 외교통상부에 보고했습니다. 취재 과정에서 확보한 세 학교에 관한 보고서를 요약하면 이렇습니다. 1. 상황 : 1조교인 세 학교는 민족학교로서의 특성과 경쟁력이 없음. 우리 정부가 30억 원씩 보조금을 지출하는 데 의문이 나옴. 정부의 조치를 요구하는 교민의 목소리가 커지고 있음. 2. 문제 : 첫째, 일본 교육. 독도는 일본 땅이라는 교과서로 수업해야 하는 실정. 조만간 기미가요 제창과 일장기 경례를 실시할 가능성도 있음. 둘째, 학생 감소. 정원의 49.6퍼센트밖에 못 채움. (가짜 일본학교에 다닐 바에야) 집에서 가까운 진짜 일본학교에 다니는 것이 낫기 때문. 셋째, 조선총련 의존. 간사이 소재 9개 조선학교의 학생 중 60퍼센트 이상이 한국적. 우리말을 배울 곳이 없기 때문. 이를 계기로 조선총련과의 교류 생김. 3. 대책 : 1조교를 유지할 때는 예산 지원 축소. 각종학교로 되돌리면 예산 지원 증액. 재정은 (사용처가 불투명한) 재일민단에 대한 지원금을 민족교육에 쓰도록 하는 방법 등.

한국 정부가 한국학교라고 말한 네 곳 중 마지막인 도쿄한국학교는 한국학교가 맞습니다. 하지만 뉴커머 중심입니다. 자이니치들은 숫자도 적고 적응이 힘들다고 합니다. 한국인 유학생으로 도쿄대 로스쿨을 졸업한 일본 변호사 이정규의 인터뷰. "고등학교 때 아버지를 따라와 도쿄한국학교에 다녔다. 대부분 주재원 자녀라서 한국으로 돌아갈 준비를 했다."

2014년 일본 전국에 걸쳐 조선학교의 수는 134곳입니다. 무상화 배제와 보조금 중단을 비롯한 여러 이유로 학생이 크게 줄어든 결과입니다. 한창 때의 5분의 1 수준입니다. 조선학교는 모든 수업을 우리말로 진행하며 일본어는 따로 과목을 만들어 배웁니다. 일본의 학습지도요령과 무관하며 스스로 만든 교과서를 씁니다. 그래서 학교교육법상 각종학교입니다. 조선학교는 조선총련의 영향 아래 있고, 조선총련은 북조선의 지도를 받습니다. 조선학교 교장은 조선총련의 간부를 따라 왔다 갔다 하고, 때때로 학생들을 데리고 평양의 고위 인사를 찾아갑니다.[113] 북조선과 가까워져서 한국과 멀어졌는지, 한국과 멀어서 북조선과 가까워졌는지 잘라 말하기 어렵습니다. 다만 조선학교는 한국도 북조선도 아닌 일본에 있었습니다. 조국과 떨어져 사는 입장에서 양쪽의 도움을 받고 싶었을 것입니다. 조선학교는 왜 북조선과 가까워졌을까요.

1948년 1월 문부성 학교교육국장은 조선학교 폐쇄령을 전국 도도부현 지사에게 내렸습니다. 1947년 10월 더글러스 맥아더 연합군 사령부 총사령관의 지시에 따른 것입니다. 1948년 4월 조선학교 폐쇄에 항의하는 집회와 시위가 격렬히 일어났습니다. 오사카부청 앞에서는 3만 명 이상이 참가했고, 경찰의 발포로 1명이 숨지고 23명이 부상했습니다.[114] 효고현청 앞에서도 1만 명 이상이 참가했고 1732명이 체포돼 39명이 군사재판을 받았습니다.[115] 1948년 당시 문부성의 지시를 보면 '자이니치 조선인도 일본학교에 취학할 의무가 있고, 각종학교는 의무교육 기관으로 인정하지 않는다'고 돼 있습니다. 70년 가까이 지나 벌어지는 무상화 배제, 보조금 중단 사태와 비슷한 상황입니다.

이러한 한신 교육 투쟁 결과 5월 5일 문부성 대신과 조선인교육대책위원회 책임자가 조선학교를 인정하는 각서를 교환합니다.[116] 한신은 시위가 있던 오사카시와 고베시를 묶어 가리키는 단어입니다. 각서의 내용은 크게 두 가지입니다. 첫째, 조선인은 교육기본법과 학교교육법을 지킨다. 둘째, 사립학교의 자율성 안에서 조선의 독립 교육을 한다는 전제로 사립학교로 신청한다. 이로써 조선학교 문제는 일단락되지만 이듬해인 1949년 10월 다시 폐쇄령이 나오면서 조선학교는 없어집니다. 조선학교를 만들어 운영하던 주체인 재일본조선인연맹(조련)을 1949년 9월 연합군 사령부가 폭력 단체로 지목해 해산시키면서입니다. 1948년 5월 문부성과 각서를 교환한 주체도 이 단체였습니다. 그리고 사실 이때까지는 조선학교가 아닌 조선인학교로 주로 불렸고 국어강습소와 조선어강습회 같은 형태였습니다.

조선인학교가 조선학교로 살아난 것은 1955년 5월 재일본조선인총연합회가 결성되면서입니다. 조선총련은 해산된 조련의 주요 구성원들이 재일조선통일민주전선을 거쳐 만든 단체입니다. 한덕수 초대의장은 조선총련이 조선민주주의인민공화국의 재일본 공민 단체라고 밝혔습니다.[117] 조선학교 사람들은 북조선과의 관계를 이렇게 설명합니다. "물론 조선총련계 학교라는 것은 사실이고, 통일 지향의 교육을 하면서도 지지하는 나라가 북이라는 것도 사실이다."[118] "북은 한국전쟁이 끝나고 4년이 채 지나지 않은 1957년 국내의 곤란한 경제 상황에도 불구하고 2억 엔가량의 교육 원조비를 보내왔다. 차별과 탄압 그리고 빈곤으로 곤경에 처해 있던 재일 조선인들에게 이 돈은 대단히 큰 의미를 지니는 것이었고, 조국과의 연대감을 새로이 느끼게 하는 것이었다."[119] 북조선이 조선학교에 보낸 교육 원조비는 2012년 4월 5일 현재 158차례 469억 2505만 3000엔입니다.[120]

이러한 역사적 과정을 거쳐온 조선학교는 2010년대 들어 심각한 위기에 처해 있습니다. 경제적으로, 사회적으로, 정치적으로 수월한 것이 하나도 없습니다. 보조금 중단, 수업료 인상, 학생 수 감소, 교육의 질 저하, 교사 이직, 사회적 편견이 악순환합니다. 조선학교가 없어진다고 한국학교가 살아나긴 어렵습니다. 실제로 2010년대 들어 조선학교에 다니는 학생의 수가 줄었지만, 한국학교의 학생이 늘지 않았습니다. 자이니치에게는 조선학교가 아니면 일본학교입니다. 조선학교에서 민족교육을 받느냐, 일본학교에서 일본 교육을 받느냐의 문제입니다. 옆에서 보기에도 당연한 선택지입니다. 이제 조선학교를 어떻게 하면 좋겠습니까. 조선학교 재학생은 모두 일본국 납세자입니다. 조선학교 재학생 중 과반수는 한국적입니다. 조선학교 학생을 가르치는 것은 북조선입니다. 조선학교 학생들은 자이니치입니다. 조선학교가 어떻게 되는 게 좋겠습니까.

오키나와

류큐의 여름

'여기에서 지면 본토 공격이 시작된다.' 일본 대본영은 필사적인 전투를 벌였다. 하지만 오키나와 전투는 개전한 지 석 달 만인 1945년 6월 23일 미군의 승리로 끝난다. 일본 피해자 가운데 군인도 아닌 민간인, 특히 오키나와 민간인의 피해가 가장 컸다. 사망자는 오키나와 민간인이 9만 4000명, 외부 지역 군인 6만 5908명, 오키나와 군인 2만 8228명, 미국 군인 1만 2520명이다.[121] 그런데 민간인은 미군이 아니라 일본군에 의해 숨진 경우도 많았다. 일본은 오키나와 사람들을 방패로 삼아 본토를 지키려 했다. 본토 일본인과 다른 민족이라서 벌인 차별이다. 2014년 오키나와현은 공식 발표에서 "일본군은 주민들을 진지 만들기 등에 동원하고 기밀이 유출되는 것을 막으려, 부모와 자식, 친척, 지인끼리 서로 죽이도록 명령하기도 했다"[122]고 밝혔다.

오키나와 전투는 미군이 본토로 진격하기 위한 것이었다. 하지만 오키나와에서 민간인을 비롯한 인명의 손실이 막대해 본토로 진격하지 않는 이유가 된다. 결과적으로 상륙 작전 대신 히로시마와 나가사키에 원자폭탄을 투하한다. 1945년 전투를 계기로 오키나와에는 미군 통치가 시작됐다. '오키나와'는 1872년 일본이 병합하면서 붙인 일본식 이름이다. 미군정은 본래 이름인 '류큐'로 되돌려, 류큐열도미국민정부琉球列島米国民政府·United States Civil Administration of the Ryukyu Islands라고 불렀다. 오키나와의 독립은 1952년 샌프란시스코평화조약에서도 제외돼 계속해서 미국의 통치로 남았다. 1972년 류큐열도가 일본에 재편입된다. 수많은 미군 기지는 오키나와에 그대로 남았고, 오키나와에 대한 본토 사람들의 차별 감정도 계속됐다. "2004년 드라마 〈겨울 연가〉가 일본에서 히트하고 한국의 이미지가 바뀐 것과 비슷하게, 오키나와도 가수 아무로 나미에가 1995년 성공하고 나서야 차별 분위기가 줄어들었다." 오키나와 타임즈 기자 이주 류타로伊集竜太郎의 인터뷰.

1974년 1월 오키나와 나하공항에 한 한국인 소년이 도착한다. 김포공항에서 직항이 없어 후쿠오카현에서 갈아타고 왔다. 하늘은 새파랗고 공기도 상쾌했지만 마음은 무거웠다. 말도 통하지 않는 낯선 곳에서 살 생각에 어깨가 펴지지 않았다. 더 심란한 사람은 소년의 아버지였다. 어린 아들은 오른팔이 없었다. 아버지는 미군정이 끝나기 열흘 전 미국 비자로 오키나와에 왔다. 서울에서 사업에 실패한 뒤 먹고살 길을 찾아 도망치듯 왔다. 1975년 오키나와 국제해양박람회를 앞두고 건축 일자리가 있다는 얘기를 들었다. 대충이나마 자리를 잡은 다음 서울에 있는 가족을 불렀고, 장애인 아들이 오키나와로 왔다. 오른팔이 없는 소년은 소학교 6학년에 편입했다. 일본어는 히라가나도 몰랐다. 선생님과 반 친구들은 입을 벙긋거렸지만 알아들을 수 없었다. 어항에 갇힌 느낌이었다.

소년의 이름은 백승호라고 했다. 일본식 이름은 아니었지만, 오키나와 사람도 일본이름이 아니기는 마찬가지였다. 본토의 차별을 받았지만 오키나와 안에서는 차별이 없었다. 외국인이고 장애인이자 일본말도 못하는 백승호에게 모두 친절했다. 손짓 발짓으로라도 얘기를 걸어주었고 수업이 끝나면 함께 축구도 하면서 지냈다. 알아듣지 못하는 단어가 있으면 친구들이 종이에 적어주었다. 그러면 승호는 집으로 가져가서 아버지에게 종이에 적힌 단어의 뜻을 물어보았다. 일본어가 통하지 않으니 당연히 학교 공부는 진척이 없었다. 중학교 1학년 1학기 중간시험 때까지도 수학 말고는 답을 쓰지 못했다. 국어나 사회 같은 과목은 문제조차 이해되지 않았다. 그래도 학교 선생님들은 어떻게든 승호를 도와주려 했다.

어느 날 음악 시험에 아는 문제가 나왔다. 음악 부호의 의미를 물었다. 백승호는 아는 문제다 싶어 답을 적었다. '점점 여리게, 점점 세게.' 하지만 일본어가 아닌 한국어였다. 채점을 하던 선생님이 백승호를 불렀다. "선생님은 한글을 못 읽는데 이게 무슨 뜻이니?" 하지만 일본어로는 설명하기 힘들었다. 선생님은 "부모님께 말씀드려서 일본말로 답안을 적어달라고 하거라" 하며 종이를 주었고, 결국 정답 처리가 됐다. 2학기가 되니 히라가나 정도는 읽었고 손짓 발짓을 하면 의사소통도 됐다. 하지만 공부가 제대로 됐던 것은 아니다. 한국에서는 중학교에서부터 한자를 배웠기 때문에 오키나와에 와서 한자를 처음 봤다. 국어 시간이었다. 순서대로 일어나서 읽도록 시켰다. 앞사람과 뒷사람에게 한자를 물어가며 읽었다. 이 모습을 본 선생님이 더는 시키지 않았다.

백승호는 여섯 살이던 1968년 트럭에 치여 200미터 넘게 끌려갔다. 1년 반 동안 입원해 치료를 받았지만 오른팔을 잘라야 했다. 다리도 절단할 뻔했다가 살아난 만큼 몸이 온통 엉망이 됐다. 부모는 두 가지를 가르쳤다. 기독교 신앙과 변호사의 꿈이다. '하나님의 사랑을 받고 있음을 기억해라. 몸이 성하지 않으니 머리를 쓰는 변호사가 돼라.' 그럭저럭 중학교를 졸업하고 고등학교에 입학했다. 일본어가 익숙해졌지만 좋은 대학에 들어갈 실력은 못 됐다. 일본어는 여전히 장벽이었다. 더운 오키나와에서 여름에도 긴팔을 입던 그는 땀에 절어 시험공부를 계속했다. 1981년 가까스로 국립 류큐대 법문학부에 합격했다. 하지만 사법시험에 합격한 사람이 드물었고 그나마 도쿄나 오사카 등으로 나가 공부한 경우였다.

대학에 입학한 직후이던 1981년 5월 백승호는 전직 최고재판소 장관을 만난다. 1977년 퇴임한 후지야바시 에키조藤林益三가 류큐대에서 일주간 장기 특강을 하러 왔다. 일본에서는 보기 드문 기독교 신자인 그는 법률과 신앙에 대해 얘기했다. 백승호는 그처럼 신앙인이자 법조인이 되는 꿈을 꼭 이루고 싶어졌다. 후지야바시에게 편지를 보냈고 답장이 왔다. "국적은 상관없게 됐으니 열심히 해보십시오." 그는 김경득이 사법연수소에 입소할 당시 최고재판소 장관이다. 그런데 법률 서적의 일본어는 다른 세계였다. 좀처럼 진도가 나가지 않았다. 법률 사전은 물론 한자 사전까지 찾아봐야 했다. 300쪽 분량의 교과서를 읽는 데 한 달이 걸렸다.

대학 졸업을 앞두고 아버지가 세상을 떠난다. '아들을 잘 부탁드린다'는 유언을 류큐대 교수 가키노하나 호준垣花豊順에게 남겼다. 가키노하나는 '승호는 내가 아들처럼 보살필 테니 아무 걱정도 하지 마라'고 했다. 당시 그는 연구실을 개방하고 수험서를 사줘가며 법대생들의 사법시험 준비를 돕고 있었다. 백승호의 아버지가 암으로 입원한 뒤로 거의 매일 병원을 찾았고 암을 꼭 이겨내라고 응원했었다. '아버지의 바람이 꼭 이뤄지도록 열심히 하라'며 백승호를 격려했고, 경제적 부담을 덜어주려 자기 아이들의 가정교사를 시켰다. 아버지가 돌아가신 뒤 백승호는 드디어 단답형 시험에 합격했다.

하지만 논술형 시험에는 잇따라 불합격했다. 사법시험은 1차, 2차로 나뉜다. 1차는 일종의 교양 시험이며 대학 졸업자는 면제된다. 2차부터 법률 시험인데 5월에 단답, 7월에 논술, 10월에 구술이다. 논술에 떨어지면 단답부터 새로 쳐야 한다.[123] 이러한 구 사법시험은 로스쿨이 도입되면서 2012년 사라졌다. 아무튼 이렇게 시험에 세 번 떨어지고 나니, 주변에서 한자를 잘못 썼다는 말도 하고, 일본어 조사 사용이 어색하다는 얘기도 했다. 그런 말을 들으니 사법시험이 네이티브가 아닌 외국인으로서는 넘을 수 없는 벽처럼 느껴졌다. 자신감이 사라지면서 조금씩 위축됐다. 집안 형편도 대책이 없었고 앞날이 막막했다.

그 무렵 일본인 변호사 도야마 나오유키当山尚幸의 사무실에서 공부를 시작하게 된다. 류큐대 선배이자 대학 시절 고시반에서도 시험공부를 지도해준 사람이다. 도야마는 '아침에 출근해서 공부만 열심히 해라, 공부가 일이니 월급도 주겠다'고 했다. 그 덕분에 백승호는 홀어머니를 모시면서도 공부에 전념할 수 있었다. 하지만 이번에도 논술형에

오키나와현 나하시의 슈레이문은 16세기
류큐 왕국 시절을 대표한다. 오키나와 전투
당시 없어졌다가 미군정이던 1958년에 재
건됐다. 편액에 적힌 '수례지방'은 '예를 지
키는 나라'라는 뜻이다.
2013 0624

서 계속 떨어졌다. 2년이나 신세를 졌는데도 성과가 없었다. 백승호는 면목이 없었고, 사무실에서 나가겠다고 했다. 그런 백승호를 라면집으로 불러냈다. "자네, 여기 그만두면 경제적인 문제는 어떻게 할 생각인가." 백승호가 얼버무렸다. "뭐, 어떻게든 되지 않겠습니까." 어떻게 안 된다는 걸 도야마가 더 잘 알았다. "그래, 자네 인생이니까 잘 생각했겠지만, 1년만 더 힘내보자." 변호사 도야마의 인터뷰. "일본어가 약간 이상하다는 것은, 쓰임이 매우 특수한 조사를 간혹 틀린다는 정도였다. 내용은 제대로 파악하고 있었다. 어차피 표현이야 좋아지는 것이었다. 백승호는 법률 감각이 있었다. 그렇게 센스 있는 학생이 많지 않았다."

1990년 11월 마침내 백승호는 사법시험에 최종 합격한다. 일본에서 태어나지 않은 이민자로는 처음이었다. 백승호의 인터뷰. "가키노하나 선생과 도야마 선배, 두 은인이 안 계셨다면 나는 변호사가 되지 못했다. 스스로가 차별의 피해자인 오키나와 사람들은 소수의 소수인 나를 차별하지 않았다." 도야마의 인터뷰. "오키나와 사람부터 일본에서 차별을 받았다. 그리고 패전 이후 미국, 필리핀 등 많은 외국에서 사람들이 왔다. 외국에서 온 사람들과 지내는 것을 특별하게 여기지 않는다. 백승호에 대해서도 한국인이라는 의식이 없었다. 국적은 상관없는 것이다. 한국적이고 뭐고 특별히 생각해보지 않았다. 조금도. 그냥 백승호였다." ▪

▪ 実はね、私とか先輩たちが、今言った差別とかね、感じてきた。一番多かったのはアメリカとフィリピン。いっぱい外国の人がいて、外国の人と付き合い慣れてきたというかね。他の国とお付き合いするのになんか変な意識でちょっと構えてね。私は特殊な意識はないです。彼はまったく韓国人という意識がない、うん。ただお互いの仲間という意識。それはね、国籍問わない。彼のことなんかやってあげたいなっていう気分にする、なるのよ。その人がそういう雰囲気を持っていればね。彼はそういうの持っていた。ここでは、おそらく友達は韓国籍とか意識はまったくないよ。ハク、ハク、ハクって。まったくない。

身体の状況

(該当する項目が2つ以上ある時にはいくつでも✓をつけてください)

- □ 非常に丈夫である。
- ☑ 普通の健康体である。
- □ やや虚弱である。
- □ 非常に虚弱である。
- □ 時々病気にかかる。

令和2年 11 月まで
○月から
5 日
5 回
30 日

日数
気で休んだ日数
刻・早退日数(年次休暇等)
有給休暇日数(年次休暇等)
以上により出勤の状況は
□優　□良　□可　□不可

2. 本人をどう思いますか。(種々の御意見を記入してください)

5・6歳の頃、交通事故で不眠を克服し、
お母さん、大津中学生の頃のことのと、
という句品です。
これからの国々の輸液しいるので考えることは
クラスに実現しています。

변호사 도야마가 1990년 2월 사법연수소에 제출한 경력조사표. 백승호가 직원으로 있었기 때문에 그에 관해 적은 것이다. 병가를 내거나 조퇴한 날짜까지 꼼꼼하게 기록돼 있다.
2013 0625

세월이 흘러, 2012년 일본 후쿠이현에서 태어난 자이니치 변호사 백충이 오키나와로 들어간다. 자이니치 3세이지만 조선학교를 졸업한 덕에 우리말이 유창했다. 그래서 도쿄나 오사카의 변호사법인에 취직할 수 있었다. 다만 조선적을 한국적으로 바꾸라는 조건이었다. 2008년 이후 한국이 조선적의 입국을 금지함에 따라 조선적은 한국어가 유창해도 서울 출장이 불가능했다. 그는 한국적으로 바꾸지 않고 오키나와라는 다른 길을 찾았다. 오키나와에는 자이니치가 거의 없어 그의 우리말 능력이 쓰이기 어려웠다. 일본의 한국·조선적은 2012년 12월 31일 기준 53만 46명인데 오키나와현에는 292명이 살 뿐이다.[124] 재일 조선인의 법률적 권리를 향상시키기 위해서라는 목적은 당분간 접어야 할지도 모르는 일이었다.

그가 오키나와에 관심을 가지게 된 계기는 2004년 오키나와국제대에 미군 헬기가 추락한 사건이다. 소방서가 화재를 진압하자 곧바로 미군은 현장을 폐쇄했다. 추락한 헬기를 정리해 나갈 때까지 미군 외에는 들어가지 못했다. 경찰, 현청, 대학 관계자도 사고 현장을 수습하지 못했다. 이렇게 오키나와는 일본이 부담하는 미군의 폐해를 고스란히 떠안고 있었다. 이를 계기로 사법수습생 시절 오키나와에서 연수를 했다. 재일 조선인은 일본에 태어나 살면서도 권리가 제대로 없었고, 전쟁의 최대 피해자인 오키나와인은 일본, 미국의 차별에 이중으로 놓여 있었다. 오키나와에서 자이니치 문제를 다시 보고 싶었다.

그는 오키나와에서 변호사로 일하면서 아메라시안AmerAsian 스쿨을 종종 찾아가 강의한다. 오키나와에 주둔하는 미군과 오키나와인 등 아시아인 사이에 태어난 혼혈 아이들을 위한 학교다. 아메라시안 스쿨은 아이들의 정체성을 살려주려 적지 않은 시간을 영어 교육에 쓴다. 일본에서 태어난 아이들인데도 '너희 나라로 돌아가라'는 말을 듣는다. 백충이 조선학교에 다니면서 우리말과 역사를 배웠고, 일본 우익들한테서 조선으로 돌아가라는 말을 듣는 것과 비슷하다. 서로 소수자다. 백충은 자이니치 가운데서도 조선적이고, 학생들은 오키나와인 가운데서도 혼혈이다. 백충은 식민 지배가 끝난 뒤 자이니치가 일본에 남아 살게 된 이유, 그중에서도 조선적인 자신의 삶을 얘기해준다. 조선적이 한국에 입국하지 못하는 상황도 설명한다.

백충의 인터뷰. "자이니치가 없는 오키나와에서 변호사를 시작하는 것이 100퍼센트 만족스럽지는 않았다. 하지만 길게 보면 재일 조선인 운동에 이바지할 능력을 다른 각도에서 배운다고 생각했다." 오키나와에서 활동하면서 차별이 적은 것은 물론 오히려 동질감을 느낀다. "오키나와 사람들이 전쟁 당시의 이야기, 특히 조선에서 건너온 사람들의 이야기를 해준다. 본토 일본인에게는 하지 않는 것이다. (자이니치인 내게는) 오키나와의 슬픔이랄까, 우리식으로 말하자면 한을 풀어놓는다. 오키나와에서는 (나를) 똑같이 차별받아온 사람이라고 생각한다." 일본국적인 오키나와 사람들이 조선적인 백충에게 동질감을 느끼는 셈이다.

어느 날 백충은 의뢰인에게 자신을 소개하면서 재일 조선인임을 밝혔다. 의뢰인은 "오키나와에도 자이니치가 있네요"라고 말했다. 상담은 잘 끝났다. 다음 날 사무실에 전화 메모가 남겨져 있었다. "어제는 죄송했습니다. 생각해보니 오키나와에도 재일 조선인이 있느냐는 질문은 예의가 아니었습니다. 일본에서 재일 조선인이라고 밝히는 것은 간단치 않은 일입니다. 나 역시 오키나와 사람이라고 말하지 못한 적도 많습니다. 당당하게 자신을 밝히는 백 변호사에게 무례를 저질렀습니다." 백충은 의식하지 못한 일에 사과를 받아 자신이 오히려 놀랐다.

백충의 나하에서의 마지막 인터뷰. "신부감으로는 조선 사람 이외에 생각해본 적이 없다. 결혼이란 서로 간에 이해가 필요한 일이기 때문이다. 하지만 오키나와 사람이라면 괜찮겠다고 마음을 바꾸었다. 오키나와는 강하고 아름답다. 오키나와는 오키나와를, 일본 전체를, 그리고 아시아를 바꿀 것이다."

대화

섬, 외롭지 않은

전작인 《헌법재판소, 한국현대사를 말하다》를 출판한 직후 일본에 갔습니다. 헌법재판소 관련 저서를 준비하던 라자크 변호사들과 만났습니다. 고베에서 백승호 변호사를 만나고 오사카에서 배훈 변호사에게 인사하고, 도쿄로 향했습니다. 저녁에 시부야로 나갔는데 유명한 큐-프런트 전광판에서 아무로 나미에가 춤추고 있었습니다. 당시 2010년 2월은 아무로가 나오는 코카콜라 광고가 시작한 때였습니다. 도쿄 최고의 번화가와 아무로가 완벽하게 어울린다고 생각했습니다. 저 같은 외국인의 눈에도 아무로는 일본을 대표하는 화려함이었습니다. 하지만 정작 일본에서는 10여 년 전만 해도 오키나와 출신이 대중문화의 상징이 되리라고는 상상하지 못했습니다. 오키나와에 대한 차별 감정이 줄어든 게 1995년 아무로의 성공 뒤라고 합니다.[125] 아무로의 인기는 사회현상에 가까웠습니다. 기다란 갈색머리와 미니스커트에 통굽 부츠, 특히 짙은 피부색을 따라하는 여성들이 넘쳐났습니다.[126] 아무로의 패션을 따라하는 여성을 가리키는 '아무라アムラー'가

1996년 신어·유행어 대상에 뽑혔습니다.[127] 역설적이지만 아무로는 출신지 차별을 뛰어넘은 자신의 폭발적인 인기 덕분에 오키나와 출신임에도 불구하고 일본 대중문화의 상징이 되었습니다.

독립국 류큐 왕국은 1872년 일본의 지배에 들어갔습니다. 1879년 일본 군경에 의해 왕조가 무너지고 오키나와현이 됐습니다. 오키나와는 일본 메이지 정부가 정한 이름입니다. 1945년 시작된 미군정은 공공기관을 만들며 류큐라는 이름을 붙였습니다. 류큐대와 류큐은행 등입니다. 주민들이 애착하는 이름을 살렸습니다.[128] 일본 정부에 대한 오키나와 사람들의 원한 같은 감정을 알았던 것입니다. 1972년에 다시 일본 영토가 됐지만 수많은 미군 기지가 그대로 남겨졌습니다. 패전의 불이익마저 오키나와가 떠안았습니다.

오키나와 전투의 최대 격전지인 이토만시에 오키나와 평화기념공원이 있습니다. '마음에 간직한다'는 뜻의 기념記念이 아니라 '비는 마음'의 기념祈念입니다. 두 단어의 발음이 일본어로도 같습니다. 서울의 전쟁기념관은 이름의 한자가 '記念'인데 '전쟁'과 합쳐지면서 이상한 뜻이 됐습니다. 평화기념공원에 2013년 '생명은 보물命どぅ宝'이라 새겨진 비석이 세워졌습니다. 오키나와에서 평화 표어로 널리 알려진 내용입니다. 그리고 전쟁에 반대한다는 내용의 글이 일본어, 영어, 한국어, 중국어로 뒷면에 적혀 있습니다. 우리말 번역은 류큐대를 졸업한 백승호 변호사와 오키나와 취재를 준비하던 제가 했습니다.

글은 '전쟁은 끝났다'로 시작합니다. 전쟁이라는 단어를 보며 마음이 답답했습니다. 일본에서 전쟁이라는 말을 들을 때마다 조선이 소외

2

된다는 느낌이 들었습니다. 한국의 어느 문화체육관광부장관이 사용했던 '대동아전쟁'은 대동아공영권이라는 일본군국주의에 기초한 이름입니다. 전쟁에 강제 동원된 피해국으로서는 쓸 수 없는 표현입니다. 한국 언론이 종종 쓰는 '태평양전쟁'은 1941년 진주만 침공으로 시작된 미국과의 전쟁을 가리킵니다. 1931년 시작된 만주 침공을 제외함으로써 일본이 피해자라는 입장을 강화합니다. 이를 반성하는 차원으로 일본에서 등장한 이름이 '15년 전쟁'입니다. 이 전쟁에는 중국이 포함되지만 1910년에 식민지가 된 조선이 제외됩니다. 오키나와 사람들도 우리와 비슷한 처지입니다. 이들에게 전쟁은 차별과 소외를 뜻하는 단어입니다.

오키나와가 어떤 곳인지 도야마 변호사의 설명을 들어봤습니다. "오키나와는 본래 류큐 왕국이었다. 1609년 사쓰마번의 공격을 받지만 이기지 못했다. 류큐는 작았다. 이러한 과정을 거쳐 결국 일본에 병합됐다. 그런데 미군 기지를 오키나와에 대부분 밀어 넣었다. 다른 현에는 별다른 피해도 없이 작은 현에 이렇게 했다. 오키나와는 정부에 반감이 있고, 이런 점에서는 (식민지를 거친) 주변국과 비슷하다."▪ 2013~2014년 통계[129] [130]를 보면, 오키나와의 면적은 일본 국토의 0.6퍼센트이지만 주일 미군 기지 면적의 73.74퍼센트가 이곳에 있습니다.

계속해서 오키나와 사람들의 정서에 관한 도야마 변호사의 인터뷰

7

▪ 沖縄っていうのは韓国とあれ台湾と似たところがあって。もともとここは琉球王国だったんですよ、400~5000年前くらいに薩摩が来て結局は、その戦争になったんだけども勝てない、小さいから。それから日本に併合されて。だからね、今の軍事基地にしても沖縄だけに押しつけてという気持ちがずっとあるわけですよね。他の県は何も被害こうむらないで、小さい島に押しつけてと。ずっとそういう反発心があるんですよね、政府に対して。だから日本の周辺諸国と似てる。

오키나와현 기노완시에 있는 미군 기지 후
텐마 비행장입니다. 2003년 도널드 럼즈
펠드 미국 국방장관도 주변에 밀집한 가옥
을 보고서는 아주 위험한 군사 기지라고
말했습니다.

2013 0625

입니다. "문화적으로 우리 것을 소중하게 여기고 경제적으로 자립해야 한다는 생각이 있다. 인재를 키워야 했다. 사법 분야를 비롯해 인재가 필요했다. 도쿄와 오사카 같은 도시에서는 인재가 자연스레 나온다. 하지만 오키나와는 힘을 모아서 키워야 했다. 류큐대를 중심으로 했는데 우리 대학도 실은 미군정이 만든 것이다. 전쟁 당시 일본은 조선과 대만에는 대학을 만들면서도 오키나와에는 세우지 않았다."■ 일본은 1924년에 경성제국대학을, 1928년에 타이완제국대학을 만들었고, 현재의 서울대와 타이완대가 됐습니다.

도야마 변호사는 류큐대 출신의 사법시험 합격자가 한 명도 없던 시절 시험공부를 시작했습니다. 오키나와에는 사법시험을 준비할 여건이 되지 않았습니다. 아무런 정보나 시설도 없었습니다. 오키나와 출신의 변호사는 있었지만 도쿄나 오사카 등에서 공부한 사람이었습니다. 1972년 45시간 동안 배를 타고 도쿄로 갔습니다. 《죄와 벌》에 나오는 라스콜리니코프의 다락방 같은 곳이 거처였습니다. 공부 모임에 나가서는 사투리를 쓰지 않으려 아나운서처럼 말했습니다. 하지만 오히려 "말투가 일본계 미국인 2세 같으니 일본어를 가르쳐주겠다"는 소리를 들었습니다. 이런저런 일로 도야마 변호사는 열등감을 느꼈다고 합니다.[131] 말투에 따른 차별은 대도시 출신의 자이니치들은 겪지 않

■ 沖縄にはそういう歴史があるものだから、沖縄の人自身はなんとか沖縄で自分達で自立できるような、経済にしろ何にしろね。ちょっと難しいかもしれないけど、そういうね。気持ちを持ってるわけですよ。一番小さいわけじゃないけど小さいほうですね。それから人材、司法の人材、我 が一生懸命育てないかぎりは育っていかんのです。東京とかね大阪だったらたくさん優秀な人がいるから、放っておいて自分で育っていく。でも、こういうところはみんなが協力をして育てないかぎりは育たない。ということでこれは我 が琉球大学はね。実は沖縄の歴史になるんだけど、日本という国はね。戦前も、これ戦前、第二次世界大戦の前も後も沖縄に大学を作ってくれてなかった。だから高校までしかなかったんですよ。大学がない。沖縄飛び越えて韓国・台湾には作るけど、沖縄はいつも飛び越えてここに作ってくれなかった。

는 또 다른 것입니다.

백승호 변호사의 경우처럼 시험공부를 하라고 책상을 마련해주고 생활비를 받는 일은 오키나와에서도 흔치 않은 일입니다. 도야마 변호사는 오키나와의 인재를 길러내려 시작했다고 했습니다. 그의 오키나와는 한국인도 포함하는 넓은 것이었습니다. 도야마 변호사가 없었다면 백승호 변호사는 지금과 다른 인생을 살고 있었을 것입니다. 자동차가 없으면 살기 어려운 오키나와에서 운전을 못 하는 그가 아르바이트를 하며 시험을 준비하기는 만만치 않았을 겁니다. 시험을 포기한다 해도 일본국적이 아니어서 취업하기 쉽지 않았을 것입니다.

저는 도야마 변호사를 인터뷰하면서 "많은 사람이 사무실에서 공부하려 했을 텐데 당시 백승호 준비생을 뽑은 이유가 무엇이냐"고 여러 번 질문했습니다. 한결같은 대답은 "법률 감각이 있었고 합격할 것 같아서"였습니다. '몸이 불편하고 형편도 어려워서'라는 말은 25년이 지나서도 한마디도 없었습니다.

백승호 변호사는 사법연수소를 마치고 오키나와가 아닌 고베에 사무실을 냈습니다. 혹시 도야마 변호사는 서운하지 않았을까요. 인터뷰입니다. "시험 준비할 때부터 후배들에게 밖으로 가라고 했다. 오키나와도 좋지만 본토로 간다고 나쁜 게 아니라고 했다. 오키나와의 인재를 전국에 보여주라고 했다. 사람의 능력은 가장 적절한 곳에서 제대로 발휘된다. 자이니치들이 의외로 한국어를 못 하는데 백승호는 가능했다. 한국과 일본을 잇는 다리가 되겠다고 했다."▪ 실제로 백승호 수험생은 합격한 직후 일본 언론과의 인터뷰에서 "법률에 종사하는 사람으로서, 또 한국인으로서 재일 한국인에 대한 차별을 법률로 해결하고 싶다."[132]고 말했습니다.

백승호 변호사의 인터뷰. "사법 연수 과정에 실무 연수가 있는데 당시만 해도 오키나와는 연수지가 아니었다. 류큐대 선배들이 '갑자기 대도시로 나가면 적응이 어렵다'며 중소 도시인 고베를 추천했다. 연수를 마치고는 오사카의 동포 변호사들에게 자이니치 법률문제를 배웠다. 그리고 고베에서 개업했다. 오사카에는 배훈 변호사처럼 우리말을 하시는 분이 있었다. 고베 역시 동포들이 많이 사는 지역이다."

백승호 변호사는 시험공부 당시 도야마 변호사의 법률사무소 직원이었습니다. 공부가 업무였고 그 대가로 월급을 준 것입니다. 백승호 사무원이 합격한 이듬해 사무소 사람들끼리 한국으로 여행을 갔습니다. 백승호 수습생은 "사실 제가 한국에서 스타 비슷하게 돼 있습니다"라고 말했습니다. 도야마 변호사는 "자네, 좀 겸손해야지. 사법시험 하나 붙었다고 그렇게 우쭐대면 되나"라고 했습니다. 실제로 그는 한국 매스컴에 여러 차례 소개되었고 KBS 프로그램[133]에는 직접 출연하기도 했습니다. 도야마 변호사 일행은 김포공항에 내려 관광버스에 올랐습니다. 갑자기 안내원이 "어, 이 사람이군요. 일본 사법시험에 붙은 한국인이 여기 타셨습니다"라고 했고, 다들 박수로 환영해주었답니다. 관광에 나서 도자기 공장에 갔더니 공장장이 도야마 변호사에게 "한국

■ 私が後輩を育てる際には、「みんな出て行きなさい」って言ったの、沖縄から。ここに帰ってくるのもいいけど、悪いことじゃない、良いことなんだが、むしろね、沖縄からの人材としてどんどん出て行けるよってことをね、全国に示してほしいと。人の活躍は一番適当な場所で活躍するのが一番良い。彼はこう言ったんですよ、私にね、自分が神戸でやりたいと。そのやりたい理由はね、日本と韓国のね、架け橋になれるはずだと。なぜならば、なぜならばね、自分はハングル文字読めるし、ハングル語しゃべれるし、で、日本語もしゃべれるし、英語も少々できる。そういう意味ですごく架け橋として適切、適当だと思うと。で、日本に、あの、住んでる在日韓国人の皆さんが意外とハングル語がしゃべれない、できないと。

2

'기원하는 평화에서 실현되는 평화로. 일본은 응답하라!' 오키나와 현청 앞에서 시민단체들이 미군 기지를 정리, 축소하라고 요구하고 있습니다. 오키나와 전투가 끝난 날인 6월 23일 전후로 평화 요구 시위가 많습니다.

2013 0624

평화기념공원의 '평화의 불'을 보면 오키나와가 세계의 중심에 있습니다. 세계로 평화를 퍼뜨린다는
뜻입니다. 오키나와 전투가 끝난 날인 6월 23일에는 해가 맞은편에서 뜹니다.

2013 0627

인의 은인이 와주셔서 감격스럽다"며 조선백자를 선물로 줬습니다. 삼계탕 식당에서는 옆자리 손님이 백승호에게 말을 걸더니, 자신이 무역업을 해서 일본어를 할 줄 안다며 도야마 변호사에게 "백승호 씨는 별과 같은 존재다. 정말 고맙다"고 말했습니다.

도야마 변호사의 이야기를 들으면서 감사를 거듭 전한 한국 사람의 마음을 생각해봤습니다. 백승호와 같은 한국인으로서 일본인인 도야마 변호사에게 고맙다고 한 것 같습니다. 저도 이야기를 들으면서 비슷한 기분이었습니다. 그런데 이러한 생각의 밑바탕에는 국민의식 또는 민족의식이 깔려 있음을 부인할 수 없습니다. 도야마 변호사는 백승호가 외국인이거나 장애인이라 도와준 것이 아니라고 했습니다. 오히려 오키나와에 함께 사는 이웃으로서, 류큐대의 후배로서 인재를 만들려는 생각이었습니다.

도야마 변호사의 마지막 인터뷰입니다. "모두가 똑같다. 우리도 혼자 힘으로는 합격하지 못했다. 나 역시 도쿄에 갔을 때 오키나와의 백승호와 같은 처지였다. 아는 사람이 아무도 없었다. 오키나와에서는 가키노하나 교수님의 도움을 받았고, 도쿄에서는 친구에게 공부 모임을 소개받았다. 반드시 누군가의 도움을 받은 것이다. 그리고 백승호는 노력했다. 그런 노력이 인정받아 돕는 사람이 나타난 것뿐이다." ▪ 어쩌면 우리가 해야 할 일은 도야마 변호사에게 감사하는 것이 아니라 한국에 사는 동남아 출신들을 돕는 일인지도 모르겠습니다.

▪ みんな同じ。我 もそう。自分1人で合格はできない。必ずね、誰かのバックアップがあるんですよ。垣花先生とかね、他の大学の先生だったり友達だったり。東京行った時も誰か知り合いがいないから、ちょうどハク君の沖縄に来た時と同じ気持ちで私は東京へ行った。どこで勉強していいかわからんし。そのなかでもある友達がゼミを紹介してくれたりとか、ただね、頑張ってる人じゃないと運が良くても合格しないから。一番はやっぱり努力。一番は努力ですよ。それからあの、人に愛されることです。そしたらね、必ず助ける人が出てくる。

섬, 외롭지 않은

여기에서 2부를 마칩니다. 자이니치들은 이런 경험과 기억의 공동체를 이뤄왔습니다. 다음 3부에서는 앞으로 어떤 미래를 살아갈지에 대한 자이니치의 치열한 고민을 알려 드리겠습니다.

오키나와

1)   和田春樹,『北朝鮮現代史』, 岩波新書, 2012, 97頁

2)   북송(귀국)사업이란?, 탈북자지원민단센터 (www.mindan.org/dappokusien)

3)   在日本大韓民国民団中央民族教育委員会,『在日コリアンの歴史』, 明石書店, 2006, 88頁

4)   재일동포 북송문제, 국가기록원 주제 설명 (www.archives.go.kr)

5)   진실·화해를위한과거사정리위원회, '재일교포 북송 저지 공작 사건', 《2007년 상반기 조사보고서》 2007, 583-614쪽

6)   국회 행정안전위원회, 〈재일교포 북송저지 경찰특수임무수행자 보상에 관한 법률안 및 청원 검토보고서〉, 2011

7)   在日本大韓民国民団中央民族教育委員会,『在日コリアンの歴史』, 明石書店, 2006, 66頁

8)   テッサ・モーリス・スズキ,『北朝鮮へのエクソダス』, 朝日新聞社, 2007

9)   中尾宏,『Q&A 在日韓国・朝鮮人問題の基礎知識』, 明石書店, 1997, 169頁

10)   Tessa Morris-Suzuki, Exodus to North Korea: Shadows from Japan's Cold War, Rowman & Littlefield Publishers, 2007, p.120

11)   テッサ・モーリス・スズキ,『北朝鮮へのエクソダス』, 朝日新聞社, 2007, 112頁

12)   金東祚, '秘話 내가 겪은 한국 외교(10)' 〈문화일보〉, 1999 0821

13)   한국은행 경제통계 시스템 (ecos.bok.or.kr)

14)   金東祚, '秘話 내가 겪은 한국 외교(10)' 〈문화일보〉, 1999 0821

15)   テッサ・モーリス・スズキ,『北朝鮮へのエクソダス』, 朝日新聞社, 2007, 184頁

16)   '波紋 던진 在日民團聲明', 〈동아일보〉, 1959 0617

17)   テッサ・モーリス・スズキ,『北朝鮮へのエクソダス』, 朝日新聞社, 2007, 257頁

18)   Record of a conversation with Comrade Kim Il-Sung, 14 and 15 July 1958, in the official diary of V. I. Pelishenko, 23 July 1958, Foreign Policy Archives of the Russian Federation, archive 0102, collection 14, file 8, folder 95,『北朝鮮へのエクソダス』230頁からの再引用

19)   テッサ・モーリス・スズキ,『北朝鮮へのエクソダス』, 朝日新聞社, 2007, 230頁

20)   Foreign Relations of the United States, 1958-1960, Indonesia; Japan; Korea, Volumes XVII/XVIII,

Microfiche Supplement, 『北朝鮮へのエクソダス』266頁からの再引用

21) テッサ・モーリス・スズキ、『北朝鮮へのエクソダス』、朝日新聞社、2007、262頁

22) Document 142, Washington, January 19, 1960, 3:30−5:30 p. m. Foreign Relations of the United States, 1958−1960 Volume XVIII, Japan; Korea

23) "He also expressed appreciation for the U. S. attitude toward the repatriation of Koreans to north Korea."

24) 광복 이전 통계 인구·가구, 국가통계포털 (kosis.kr)

25) 年度別人口推移, 在日本大韓民國民団 (www.mindan.org)

26) 광복 이전 통계 인구·가구, 국가통계포털 (kosis.kr)

27) 濟州島廳、『濟州島勢要覽』、朝鮮印刷株式会社、昭和10年、20頁

28) 《제주4·3사건 진상조사보고서》, 제주4·3사건진상규명및희생자명예회복위원회, 2003, 70쪽

29) 《제주4·3사건 진상조사보고서》, 제주4·3사건진상규명및희생자명예회복위원회, 2003, 98쪽

30) 제주 4·3사건, 국가기록원 주제 설명 (www.archives.go.kr)

31) 《제주4·3사건 진상조사보고서》, 제주4·3사건진상규명및희생자명예회복위원회, 2003

32) 衆議院会議録 第022回国会 法務委員会 第23号、昭和30年6月18日(土曜日)

33) 参議院会議録 第038回国会 法務委員会 第16号、昭和36年5月23日(火曜日)

34) 박헌영전집편위원회、《이정 박헌영 전집 8》역사비평사, 2004, 733쪽에서 재인용

35) '중앙 지령설 내가 쓰지 않았다'〈제민일보〉, 2011 0401

36) 白善燁、《實錄 智異山》고려원, 1992, 157쪽

37) 대법원 전자가족관계등록시스템 (efamily.scourt.go.kr)

38) 都道府県別 本籍地別 外国人登録者、政府統計の総合窓口 (www.e-stat.go.jp)

39) 테사 모리스-스즈키、《북한행 엑서더스》책과함께, 2008, 6쪽

40) 테사 모리스-스즈키、《북한행 엑서더스》책과함께, 2008, 36쪽

41) 朴君を囲む会、『民族差別−日立就職差別糾弾』、亜紀書房、1974、237−260頁

42) 裵薫、在日コリアンの歴史と変遷、定住外国人支援センター、2006 1110

43) 朴君を囲む会、『民族差別−日立就職差別糾弾』、亜紀書房、1974、164頁

44) 第百十八回国会衆議院、予算委員会第四分科会議録 第一号、平成2年4月26日

45) 在日コリアン弁護士協会、『裁判の中の在日コリアン』、現代人文社、2008、116頁

46) 横浜地方裁判所 昭和45年(ウ)第2118号 判決文、昭和49年6月19日

47) 横浜地方裁判所 昭和45年(ウ)第2118号 判決文、昭和49年6月19日

48) 「『日立闘争』元原告朴鐘碩さん定年退職…仙谷議員も慰労に」、〈民団新聞〉、2012 0118

49) 朴鐘碩、「抗議文・朝鮮学校への『補助金見送り』撤回要求」、2013 0213

50) 在日コリアン弁護士協会、『裁判の中の在日コリアン』、現代人文社、2008、107頁

51) 「最高裁大法廷が弁論 鄭香均さんの『都庁国籍任用差別訴訟』」、〈民団新聞〉、2004 1222

52) 朴鐘碩、「金敬得氏を追悼する」、『弁護士・金敬得追悼集』、新幹社、2007、133‐137頁

53) 泉徳治、「金敬得さんを憶う」、『弁護士・金敬得追悼集』、新幹社、2007、119‐122頁

54) 東京地方裁判所 平成6年(行ウ)第303号 判決文、平成8年5月16日

55) 東京地方裁判所 平成6年(行ウ)第303号 判決文、平成8年5月16日

56) 東京高等裁判所 平成8年(行コ)62号 判決文、平成9年11月26日

57) 朴鐘碩、「金敬得氏を追悼する」、『弁護士・金敬得追悼集』、新幹社、2007、133‐137頁

58) 梁文洙、東京でのインタビュー、J&K法律事務所、2013 0821

59) 張界満、ソウルでのインタビュー、ワインコルク、2014 1109

60) 「『壁崩さねば』悩んだ末の提訴」、〈民団新聞〉、2005 0202

61) 「時代にうろたえ、憲法判断避ける」、〈民団新聞〉、2005 0202

62) 在日コリアン辞典編集委員会、『在日コリアン辞典』、明石書店、2010、177頁

63) 第百十八回国会衆議院、予算委員会第四分科会議録 第一号、平成2年4月26日

64) 在日コリアン辞典編集委員会、『在日コリアン辞典』、明石書店、2010、280‐281頁

65) 「在日コリアン青年差別実態アンケート調査報告書」、在日コリアン青年連合、2014 0727

66) 第42表、〈大阪市外国籍住民の生活意識についての調査報告書〉、大阪市、2002 03、75頁

67) 小学館国語辞典編集部編『日本国語大辞典』第二版、小学館、2001

68) 近藤敦、「外国人の公務就任権」、『憲法判例百選 I(第6版)』、有斐閣、2013、13頁

69) 京都地方裁判所 平成22年(ワ)第2655号 訴状、平成22年6月28日

70) 野村旗守・宮島理・李策・呉智英・浅川晃広、『ザ・在日特権』、宝島社、2007、7頁

71) 安田浩一、『ネットと愛国 在特会の「闇」を追いかけて』、講談社、2012、215頁

72) 京都地方裁判所 平成22年(ワ)第2655号 判決文、平成25年10月7日

73) 2013年10月7日 京都地裁判決について、LAZAK 第29回関西連続学習会、2013 1213

74) 日本弁護士連合会、「人種的憎悪を煽り立てる言動に反対する会長声明」、2013 0524

75) 「ヘイトスピーチに法的規制は必要か」、〈日弁連委員会ニュース〉、2013 0901

76) 「ヘイトスピーチ差別認定」、〈毎日新聞〉、2013 1007

77) 大阪高等裁判所 平成25年(ネ)第3235号 判決文、平成26年7月8日

78) 梁英哲、大阪でのインタビュー、なんば国際法律事務所、2013 1120

79) 京都地方裁判所 平成22年(ワ)第2655号 被告ら準備書面(15)、平成25年6月12日

80) '아베, 마루타의 복수를 잊었나', 〈중앙일보〉 2013 0520

81) 「撤廃条約に違反」、〈毎日新聞〉、2013 1007

82) Declarations and Reservations, International Convention on the Elimination of All Forms of Racial Discrimination, New York, 7 March 1966

83) Strafgesetzbuch (StGB) §130 Volksverhetzung, JURIS Das Rechtsportal (juris.de)

84) 「ヘイトスピーチに法的規制は必要か」、〈日弁連委員会ニュース〉、2013 0901

85) 대법원 2011도15631, 2014 0327

86) 서울남부지방법원 2010가합14668, 2011 1124

87) 대법원 2008도3120, 2011 0728

88) 「《黙認》状態 法で転換を」、〈毎日新聞〉、2013 1122

89) 阪口正二郎、「差別自体に目を向けよ」、〈毎日新聞〉、2013 1122

90) 山野車輪、《マンガ嫌韓流》、晋遊舎、2007

91) 「嫌韓は2002年日韓W杯がきっかけだった!?」、〈週刊朝日〉、2013 1011

92) 藤永壯、「보조금 정지 문제의 경위」、ホンギルトン基金 (www.osakahuminkikin.net)

93) 外国人の子どもの公立義務教育諸学校への受入について、文部科学省 (www.mext.go.jp)

94) 公立高等学校に係る授業料の不徴収及び高等学校等就学支援金の支給に関する法律

95) 下村博文文部科学大臣記者会見録、文部科学省(www.mext.go.jp)、2013 0219

96) 藤永壯、「보조금 정지 문제의 경위」、ホンギルトン基金 (www.osakahuminkikin.net)

97) 高等学校等就学支援金の支給に関する法律、平成22年3月31日法律第18号

98) 日本弁護士連合会、「高校無償化法案の対象学校に関する会長声明」、2010 0305

99) Concluding observations on the third periodic report of Japan (29 April - 17 May 2013). "The Committee is concerned at the exclusion of Korean schools from the State party's tuition fee waiver programme for high school education, which constitutes discrimination (arts. 13 and 14). Recalling that the prohibition against discrimination applies fully and immediately to all aspects of education and encompasses all internationally prohibited grounds of discrimination, the Committee calls on the State party to ensure that the tuition fee waiver programme for high school education is extended to children attending Korean schools."

100) 朝鮮高級学校 高校授業料無償化・就学支援金支給制度についての申し入れ書、2012 0220

101) 일본어 문서를 바탕으로 한국어 문서를 수정해 인용

102) (前略)の支給に関する法律施行規則第1条第1項第2号ハの規定に基づく指定に関する規程

103) 教育基本法 (平成十八年十二月二十二日法律第百二十号)

104) 教育は、不当な支配に服することなく、この法律及び他の法律の定めるところにより行われるべきものであり、教育行政は、国と地方公共団体との適切な役割分担及び相互の協力の下、公正かつ適正に行われなければならない。

105) 最高裁昭和四三年(あ)第一六一四号、《判例タイムズ》No.336、1976 0915から再引用

106) 在日コリアン辞典 編集委員会、《在日コリアン辞典》、明石書店、2010

107) 26-1. 재외한국학교현황(1),《교육통계연보》교육부 한국교육개발원, 2014

108) 北方領土や竹島は我が国の固有の領土であるが、それぞれ現在ロシア連邦と韓国によって不法に占拠されているため、北方領土についてはロシア連邦にその返還を求めていること、竹島については韓国に対して累次にわたり抗議を行っていることなどについて、我が国が正当に主張している立場を踏まえ、理解を深めさせることが必要である。

109) 2014년도 교육부 소관 예산안 및 기금운용계획안 개요, 교육부, 2013 0926

110) 韓国学校発展のためのシンポジウム、大阪国際交流センター、2012 0707

111) 高等学校卒業程度認定試験とは、文部科学省 (www.mext.go.jp)

112) 2013 재외한국학교 현황, 교육부 (www.moe.go.kr)

113) 「朝鮮学校生が金第1書記に忠誠誓う公演」、〈産経ニュース〉、2014 0121

114) 在日コリアン辞典 編集委員会、《在日コリアン辞典》、明石書店、2010

115) 지구촌동포연대 엮음,《차별을 딛고 꿈꾸는 아이들 조선학교 이야기》선인, 2014, 20쪽

116) 第六回国会参議院、文部委員会会議録 第一号、昭和24年10月31日

117) 在日コリアン辞典 編集委員会、《在日コリアン辞典》、明石書店、2010

118) 지구촌동포연대 엮음,《차별을 딛고 꿈꾸는 아이들 조선학교 이야기》선인, 2014, 36쪽

119) 지구촌동포연대 엮음,《차별을 딛고 꿈꾸는 아이들 조선학교 이야기》선인, 2014, 38쪽

120) 宋基燦、表 2 - 9、《「語られないもの」としての朝鮮学校》岩波書店、2012、163頁

121) 沖縄戦Q&A、沖縄県平和祈念資料館 (www.peace - museum.pref.okinawa.jp)

122) 第32軍司令部壕説明板設置についての経緯と考え方、沖縄県 (www.pref.okinawa.jp)

123) 旧司法試験の概要、法務省 (www.moj.go.jp)

124) 国籍・地域別 在留資格別 在留外国人、政府統計の総合窓口 (www.e - stat.go.jp)

125) 伊集竜太郎、那覇でのインタビュー、沖縄タイムズ、2013 0625

126) ギャル文化の歴史、年代流行 (nendai - ryuukou.com)

127) ユーキャン新語・流行語大賞全授賞記録 (singo.jiyu.co.jp)

128) 伊集竜太郎、那覇でのインタビュー、道の駅かでな、2013 0625

129) 平成25年全国都道府県市区町村別面積調、国土交通省国土地理院 (www.gsi.go.jp)

130) 在日米軍施設・区域 (専用施設) 都道府県別面積、防衛省・自衛隊 (www.mod.go.jp)

131) 琉球大学究法会編,《明日をにないて》、東京布井出版、1994、21頁

132) 「県内から合格四人―白承豪さん外国籍では初の快挙」、〈沖縄タイムス〉、1990 1103

133) '일본 사법시험 합격한 장애자 재일교포, 백승호', KBS 〈11시에 만납시다〉, 1991 0226

도쿄

조선총련

———

원수들의 앞잡이

평양에서 일본 총리 고이즈미 준이치로와 북조선 국방위원회 위원장 김정일의 정상회담이 열렸다. 2002년 9월 17일이다. 도쿄 중의원회관에서 특별 방송을 지켜보던 납치 피해자 가족들에게 외무성에서 긴급 연락이 왔다. '안부가 확인된 모양이다.' '일시라도 귀국시켜주려나.'[1) 미니버스로 외무성까지 가는 동안 이런저런 생각이 떠나지 않았다. 외무성 공무원은 평양에서 들어온 팩스를 보여주었다. '4명 생존, 8명 사망, 1명 확인 불가.' 그리고 일본이 조사를 요구하지 않은 생존자 1명이 더 있었다.[2) 김정일은 바다를 건너온 고이즈미에게 말했다. "납치 문제에 관해 설명하고 싶다. 생사를 확인하면서 우리 내부도 조사했다. 배경에는 수십 년 적대 관계가 있다. 하지만 진심으로 불행한 사건이다. 솔직하게 말씀드리고 싶다. 우리가 특별위원회를 만들어 조사한 결과다. 1970년대부터 1980년대 초까지 특수기관 일부의 망동주의자가 영웅주의로 달려 이런 것을 행해왔다. 유감스러운 일이라고 솔직하게 사과하고 싶다. 두 번 다시는 이런 일이 없도록 하겠다."[3)

원수들의 앞잡이

자이니치 변호사 김봉식의 인터뷰. "조선적에서 한국적으로 바꾼 계기 가운데 하나가 납치다. 그전까지 북조선에 대한 신뢰가 있었는데 그때 모두 깨졌다." 자이니치 변호사 양영철의 인터뷰. "그날 조선총련 오사카본부의 어느 간부가 전화해서 어쩌면 좋겠냐고 하더라." 자이니치 변호사 이춘희의 인터뷰. "당일까지 조선총련 간부들도 몰랐다고 한다. 북에서도 고위급 일부만 알았던 것 같다." 실제로 특별 생방송을 조선총련 오사카본부도 지켜보고 있었다. "이게 뭐야. 왜 이런 일까지 저지른 거야." 조선총련 간부인 홍경의는 자신도 모르게 고함을 질렀다. 홍경의의 인터뷰. "방송에 나오기 전까지 전혀 몰랐다. 나를 비롯해 조선총련 내부에서 충격이 컸다. 오히려 조일 국교 정상화에 대비해 대사관 설치 문제를 논의하던 때다." 납치 사건은 자이니치 사회에서 조선총련의 입지를 결정적으로 약화시킨다.

홍경의는 초등학생 시절 도쿄에서 어머니 손을 잡고 야반도주했다. 양복점 재단사인 아버지의 빚에 쫓겨 고향 오사카로 도망쳤다. 아버지는 조선총련도 재일민단도 아니었다. 우리말은 자이니치 2세인 아버지부터 하지 못했다. 할아버지는 제주도, 할머니는 전라도 출신인데 일본에 건너온 이유는 듣지 못했다. 조선총독부에 토지가 접수되면서 살길을 찾아 일본으로 온 사람들이 많으니 비슷하리라고 짐작할 뿐이었다. 조선인이라는 인식도 별로 없었다. 어려서부터 축구를 좋아했다. 간사이대학제1고등학교를 다닐 때는 축구부 주장이었다. 아버지의 소망인 대학 진학을 위해 계획도 세웠다. 국민체육대회 오사카 지역 대표로 출전하면 충분한 일이었다. 그러던 어느 날 축구부 감독이 홍경

2

의를 불렀다. "미쓰이 다카요시三井敬義. 차별하려는 게 아니라 이미 정해진 일이다. 국민체육대회에는 일본인만 나갈 수 있다. 외국인은 선수가 되지 못한다."

뒤늦게 시험공부를 시작해 간사이대 법학부에 들어갔다. 간사이 4대 사립대 중 한 곳으로 불리는 곳이다. 자이니치 학생 단체인 유학동(재일본조선유학생동맹)에서 조선말과 역사를 배웠다. 한학동(재일한국학생동맹)과 함께 양대 학생 모임이다. 유학동은 조선총련, 한학동은 재일민단의 산하단체다. 유학이라는 표현은 언젠가 조국에 돌아갈 것이라는 생각에서 나온 것이다. 재일민단이 한동안 '재일본대한민국거류민단'이었던 것과 같다. 홍경의의 인터뷰. "대학 시절에 평양에 갔다. 군사분계선에 서보았고 이산가족 얘기를 들었다. 통일이 이뤄져야 한다고 느꼈다. 그래야 공화국도 한국도 발전하고, 모두가 행복해진다고 생각했다. 활동가가 되기로 결심했다." 대학을 졸업하고 조선총련에 들어갔다.

조선총련 오사카본부 사회부에 배치됐다. 조선학교 출신이 아니었지만 성실과 능력으로 인정받았다. 도쿄의 조선총련 중앙본부로 발령받는다. 사회국에서 인권협회 결성을 담당한다. 변호사와 회계사 등 전문가들을 모았다. 동포들의 권리 확대가 목적이었다.[4] 정치색을 가능한 한 드러내지 않았다. 2년 가까이 일본 전국을 다녔다. 조선학교 소학교를 졸업한 변호사 고 에이키 등을 설득했다. "그래도 우리 학교에 다니면서 도움을 받았는데, 좀 도와주십시오." 마침내 1994년 2월 도쿄에서 재일본조선인인권협회 창립식이 열렸다. 당연히 흘러나와야 할 '김일성 장군의 노래'와 '김정일 장군의 노래'가 없었다. 북조선 국가이지만 김일성을 찬양한 구절이 없는 '애국가'를 틀었다. 홍경의의 인터뷰. "창립식장에는 총련계뿐 아니라 민단계 전문가도 많았다. 그 사람들이 초상화만으로도 놀랄 것 같아 배려하고 싶었다."

2001년 6월 인권협회 긴키지방본부 회장에 홍경의가 취임한다. 긴키는 교토와 오사카 일대를 가리킨다. 법률상 구역은 아니지만 일본에서 일상적으로 쓰인다. 자이니치 상당수가 이곳에 산다. 교토부, 오사카부, 효고현, 시가현, 나라현, 와카야마현, 미에현이다. 홍경의의 인터뷰. "동포들이 받고 있는 차별 중에서 제도와 관련된 것은 주먹만 흔들어서 해결될 일이 아니었다. 전문가의 전문 지식이 있어야 했다. 동포 2세, 3세 가운데 변호사·회계사·세무사가 나오기 시작했다. 이들을 모아 동포들의 인권과 생활 문제를 향상시키려 했다. 1994년에 도쿄에 처음으로 생겼고 1996년에 긴키에도 생겼다. 창립식장에서 중앙본부 부위원장이 ('김일성 장군의 노래' '김정일 장군의 노래'를 틀지 않은 것을) 본체만체한 것이다. 최고위급이 특별히 문제 삼지 않으니 넘어갈 수 있었다. 사고가 유연한 사람이다. 그런 일을 사건화해서 누구를 규탄하는 사람이 아니었다." 하지만 나중에 벌어질 일을 생각해보면 그날 일은 정말 운이 좋았던 것이다.

김정일이 납치를 시인하자 조선총련에 대한 일본 여론은 나빠졌다. 홍경의는 일주일쯤 뒤인 9월 25일 성명[5]을 발표한다. 재일본조선인인권협회 긴키지방본부 회장 홍경의 명의다. "납치 사건은 조일 양국의 지극히 비정상적인 국가 관계에서 일어났다. 그렇지만 조선의 책임이 결코 면해지지는 않는다. 이를 이유로 식민지 피해에 대한 사죄와 보상이 사라질 수도 없다. 현재 조선학교 학생과 재일 조선인에 대한 공격이 이어지고 있다. 우리는 일본인 납치에 항의하며 진상 규명을 요구한다. 식민 지배의 피해자인 우리가 가해자가 됐다는 사실을 통감한다. 납치 피해자 가족에게 진심으로 사죄한다. 하지만 재일 조선인, 특히 아이들에 대한 폭력에 강력히 항의한다. 이러한 증오와 불신의 악순환을 끝내기 위해서라도 하루빨리 국교 정상화가 되어야 한다." 다름 아닌 북조선에 진상 규명을 요구한 것이다. 곧바로 조선총련 중앙본부가 홍경의를 징계한다.

홍경의의 인터뷰. "일본인 납치 문제가 간단히 정리되지 않으리라고 직감했다. 조일 관계가 특수했다고는 하지만 명백히 인권을 유린한 범죄였다." 조선총련의 침묵은 계속됐다. 조선총련 지방본부에 총알이 날아들고, 조선학교 여학생의 치마저고리가 찢겨나갔다.[6] 2002년 11월 조선총련 중앙본부에 38구경 실탄 배달. 2003년 2월 도쿄조선고급학교 여학생이 정체불명 남자의 칼에 치마저고리를 찢김. 2003년 5월 경시청은 총련계 무역회사를 전기 부품을 부정 수출한 혐의로 수사, 핵무기 개발에 전용될 수 있다고 설명. 2003년 6월 법무성·해상보안청·경찰청은 만경봉호를 통한 입국자를 철저히 조사하기로 발표, 만경봉호는 입항 포기. 2003년 6월 지방공공단체들은 조선총련의 시설을 외교 공관으로 보고 고정자산세를 면제해주던 기존 혜택을 중단. 2003년 7월 문부과학성이 국립대 응시 자격이 생기는 외국계 고등학교에서 조선학교를 제외. 2003년 7월 조선총련 니가타본부에서 권총이 발사된 흔적과 실탄이 발견됨. 그런데도 조선총련은 북조선만 바라보고 있었다.

2004년 2월 17일 조선총련의 개혁을 요구하는 문서가 인터넷에 공개된다. '21세기 총련의 개혁과 재생을 위한 제언'.[7] A4 용지 20장 분량의 제언을 작성한 이는 홍경의다. 핵심은 이런 내용이다. "1974년 조선총련이 김일성주의를 표방하기로 밝히면서, 극소수의 지도부에 권한이 집중되고 권위주의와 관료주의가 조장됐다. 조선총련은 재일동포의 권익 옹호 단체이지 국가 행정기관의 출장소가 아니다. 따라서 공화국과의 관계에서 특수성과 상대적 독자성을 살리는 것이 중요하다. 시대 환경의 변화에 맞춰 조국과의 관계도 발전시켜야 한다. 남조선의 정권과 사회도 변해, 김대중 정권 이후에는 사회 민주화에 새로운 진전이 있었다. 조선민주주의인민공화국을 참다운 조국으로 받들어온 애국 전통을 계승하면서 경제·문화·예술·체육 등에서 남조선과 다각적으로 교류해야 한다. 끝으로 동포와 회원들의 의견 표명과 비판에 귀를 기울여야 한다. 마음에 들지 않는다고 '이적 행위' '반조직 활동' 등 과격한 표현으로 압력을 가하거나, 좌천·해임하는 일은 삼가야 할 것이다."

조선총련 중앙본부가 발칵 뒤집힌다. 중앙본부는 인권협회 긴키지방본부를 초토화시킨다. 2월 20일 인권협회 중앙 회장이 홍경의에게 전화해 긴키인권협회 회장직을 사임하라고 요구한다. 2월 22일 긴키인권협회는 긴급 이사회에서, 제언과 긴키인권협회는 무관하므로 책임이 없다고 결정. 2월 27일 인권협회 중앙은 긴급 이사회에서 홍경의를 긴키인권협회 회장에서 헤임하고 긴키인권협회의 기능을 성지시킴. 3월 6일 긴키인권협회는 긴급 이사회를 열어 인권협회 중앙의 결정을 따를 의무가 없다고 판단. 3월 27일 긴키인권협회는 임시 총회를

2

재일본조선인총연합회 중앙본부. 도쿄도 한가운데에 있다. 정문(사진에서 오른쪽 아래)은 물론 이곳으로 통하는 모든 길목을 경찰이 지키고 있다. 인근 호세이대에서 촬영.

2015 0221

열어 인권협회 중앙의 결정을 놓고 투표했고, 90퍼센트의 지지로 중앙의 결정을 뒤집음. 상황이 심각해진다. 특히 2004년은 3년마다 열리는 조선총련 전체대회가 있는 해였다. 결국 인권협회 중앙은 긴키인권협회 조직 자체를 제명한다. 이에 긴키인권협회는 제명은 이사회가 아닌 총회의 권한이라며 총회장을 찾아가지만 출입을 저지당한다. 이를 마지막으로 당시 긴키인권협회 소속 변호사들도, 직간접으로 관여했던 조선총련을 완전히 떠난다.

긴키인권협회 회원이던 변호사 임범부의 인터뷰. "나는 유학동에서도 쫓겨났고, 원래 북조선도 지지하지 않았다. 조선총련 중앙본부 사람들은 함께 일하고 싶지 않은 인물들이었다. 하지만 긴키인권협회에는 존경할 만한 지역 인사가 많이 있어서 참여했다. 어쨌든 인권협회도 조선총련의 산하여서 최상부에는 조선총련 전임자가 있었다." 마찬가지로 회원이던 변호사 양영철의 인터뷰. "당시 오사카에서 간 사람들은 인권협회 회의장에 들어가지 못했다. 인권을 얘기하면서 그런 식으로 조직을 운영한다면 같이하기 힘든 것이다." 홍경의는 조선총련의 간부였고 임범부와 양영철은 인권협회 회원이었지만, 조선총련에 반대해 인권협회를 떠난 것은 똑같다.

조선총련의 활동에 관한 홍경의의 인터뷰. "1988년에 조선총련에 들어갔다. 그 무렵 외국인등록법과 입국관리법 개정이 있었다. 재일조선인의 법적인 문제에 주력했다. 이후 종군위안부 문제가 불거졌다. 일본인 변호사와 역사학자들을 데리고 평양에 가서 전쟁 희생자나 피폭자들의 인터뷰를 진행했다. 스위스 제네바의 유엔 인권소위원회에

가서 국제사회에 도움을 요청했다. 처음에는 이렇게 조선총련 중앙에서 일하며 정책 수립에 직접 참여하고 운동 방향도 제안했다. 10년쯤 지나자 조선총련 중앙에서 떨어져 현장에 가고 싶어졌다. 재일동포 단체로서 생활과 권리를 지키는 운동을 해야 한다고 생각했다. 1994년부터 인권협회 일을 시작했다. 그래서 긴키인권협회로 갔던 것이다."

제언 발표에 관한 홍경의의 인터뷰. "10년 넘으니 내부 모순이나 권력 추종이 보였다. 이러한 곳에서 인생을 허비하고 싶지 않았다. 현장에 내려왔지만 현지에서 일만 한다고 조직이 바뀔 것도 아니었다. 이 대로는 망한다는 위기감이 들었다. 재일민단을 상대로 본국의 대리전이나 하면서 동포들의 생활과 권리는 보살피지 않았다. 뜻있는 사람들과 개혁안을 만들었다. 역사 점검과 현안 분석부터 했다. 2002년 이전 무렵부터 작업에 들어갔다. 발표 시점이 되니 여러 의견이 있었다. 납치 문제 이후 반북조선 선전이 펼쳐지는 시점이라, 일본 정부와 매스컴에 이용될 것이란 의견도 있었다. 하지만 어렵게 3~4년에 걸쳐 만든 제언을 묻을 수는 없었다. 결국 내가 책임질 테니 발표 방법은 맡겨달라고 했다. 관여한 사람 일부는 현역으로 있다. 더 이상 구체적으로는 밝힐 수 없다."

조선총련 인권협회는 긴키인권협회를 제명하고 대신 오사카지부를 만든다. 그래서 인권협회는 도쿄지부와 오사카지부로 구성된다. 인권협회 도쿄지부 소속 변호사 이춘희의 인터뷰. "인권협회는 생활 상담 등을 통해 동포들을 돕는 곳이다. 도쿄센터에서는 매일 직접 상담이 있다. 요일별로 변호사·세무사·회계사 등이 나온다. 전화 상담도 된다. 일본의 NPO nonprofit organization 법인격도 있고, 센터 이름으로 건

물도 갖고 있다. 이렇게 재정 문제가 자립돼 있어서 직원들 월급도 직접 준다. 조선총련 중앙본부로부터 어느 정도 독립돼 있다." 홍경의의 마지막 인터뷰. "인권협회가 조선총련의 조직이 아니라면 왜 북조선의 인권 문제에는 일언반구도 없겠나. 인권협회는 조선총련의 산하단체라고 조직 강령에 나와 있다."

이 사건은 조선총련은 싫어도 조선학교는 괜찮다던 사람들이 완전히 등을 돌리는 계기가 된다. 자이니치 변호사 김철민의 인터뷰. "조선학교 소송에 참여한 변호사가 적었던 것은 긴키인권협회 사건의 후유증이다. 양영철 변호사는 인권 운동에 열심이지만 현재 조선학교의 노선에는 부정적이다. 그래서 참여하기 힘들었을 것이다. 조선총련 입장에서도 단체를 깨고 나간 사람한테 일을 시키고 싶지 않았을 테고." 긴키인권협회 회원이던 변호사 임범부의 인터뷰. "(긴키)인권협회를 제명할 당시 조선총련 간부들이 말했다. '10년, 20년만 지나면 너희 패거리는 싹 사라진다. 조선말 하는 변호사는 모조리 우리 학교 졸업생일 테니 두고 보자.' 그 말이 사실이 되었다. 2010년대 이후 나온, 우리말을 하는 변호사는 모두 조선학교 출신이다. 그들이 어려움에 처한 민족학교에 은혜를 갚고 싶지 않겠는가. 그래서 조선총련이 조선학교를 운영하는 것이고, 일본 정부도 조선학교를 가만두지 않으려는 것이다."

공화국의 두리에 총집결

조선총련은 홍경의 회장의 제언에 거칠게 대응합니다. 홍회장이 남조선과 내통했다고 선전합니다. 내용이 옳은지 그른지는 따지지 않습니다. 홍회장의 주장의 핵심은 이른바 본국에 편향된 상황을 바꾸자는 것입니다. 북조선이 아닌 일본에 살고 있는 자이니치의 어려운 현실을 먼저 생각하자는 것입니다. 하지만 조선총련은 밑도 끝도 없이 반동의 앞잡이라고 비난합니다. 우선 '내외 반동의 앞잡이 홍경의와 그 패거리의 총련 파괴 활동을 철저히 분쇄하자[8]'라는 문서를 조직 내부에 보냅니다. 이어 홍경의 회장에 대한 폭로성 기사를 기관지인 조선신보에 싣습니다. 회장 해임과 조직 제명이 한창이던 2004년 3월 15일 일본어판에, 3월 17일 조선어판에 냅니다. 핵심만 추리면 이렇습니다.

"지난 2월 17일 인터넷상에 '21세기 총련의 개혁과 재생을 위한 제언'이라는 것이 우리글과 일본 글로 실리었다. 총련은 이 '제언'이라는 것이 나온 즉시로 홍경의가 긴키인권협회 회장직을 악용하여 저지른 놀음이라는 것을 확인하였다. 홍경의들은 '제언'이요 뭐요 하면서 관심을 끌어당기려고 하고 있으나, 본질은 내외 원수들의 앞잡이가 되어 총련 제20차 전체대회를 앞둔 이 시기에 '제언'을 내놓음으로써 동포 사회에 혼란을 조성시키며 동포들을 공화국과 총련에서 떼어내리려고 한 것이다. 그가 공개적으로 반反총련 책동을 벌이면서 동포들을 우롱 하고 여론을 기만하려 하고 있는데 대하여 분격한 일꾼들과 동포들, 상공인들이 본사 편집국에 제공해준 통보에 의거하여 그 배후를 밝히 려 한다. 홍경의는 '나쁜 짓을 하는 자 햇빛을 무서워한다'는 격으로 지 금 자기의 정체를 숨기기 위해 혈안이 되어 있다. 홍경의는 당초에 이 름을 감추고 '제언' 놀음을 하려 하다가 발각되자 이제는 자기가 했다 고 뻔뻔스럽게 나섰으며, 그와 남조선 국가정보원과의 관계가 밝혀지 자 2월 27일에 인터넷을 통하여 '총련 중앙의 비판 문서에 대한 코멘 트'라는 것을 내놓았다. 그러나 홍경의는 코멘트를 냄으로써 오히려 자기의 정체를 스스로 드러내놓았다.

이와 같은 배후를 가진 홍경의들이 총련과 인권협회 조직을 배반 하여 이른바 '제언' 놀음을 벌인 것은 완전히 반조직적인 행위다. 인권 협회 중앙이 홍경의가 저지른 반총련·반동포 행위의 엄중성을 밝히고 그를 긴키인권협회 회장 직책에서 해임할 것을 결정했음에도 불구하 고, 그는 조직의 결정을 무시하고 계속 추악하게 놀고 있다. 그래서 총 련 일꾼들과 동포들 속에서는 그의 배은망덕한 반총련·반동포적 행위 에 대한 규탄이 치솟고 있다. 지금 일꾼들과 동포들이 총련 제20차 전 체대회를 지향하여 뜨거운 지성과 열성을 다하여 헌신하고 있는 때에 홍경의들은 애국 1세들이 피땀으로 이룩해놓은 업적과 그것을 이어나 가기 위해 분투하는 2세 동포들의 고생 어린 투쟁 그리고 선대의 업적을 훌륭히 계승하기 위한 새 세대들의 희망과 포부에 대하여 모독하고 도전해 나서고 있는 것이다. 총련 일꾼들과 동포들은 그들이 지은 죄를 절대로 용서하지 않을 것이다."⁹⁾ ¹⁰⁾

    홍경의 전 회장은 5월 19일 조선신보와 조선총련에 해명·사과를 요구합니다. 조선신보 최관익 편집국장에게는 "나는 귀사가 내 명예와 인권을 유린해 동포 사회에 남긴 오점을 하루라도 빨리 씻어내기를 요구합니다. 5월 말까지 사죄 광고를 게재하기를 요구합니다. 만약 이에 대한 답변이 없을 경우, 다른 방어 수단을 고려할 것임을 알리는 바입니다"¹¹⁾라는 내용의 편지를 보냅니다. 조선총련 서만술 의장에게도 "총련이 하달한 문서는 법적으로도 상식적으로도 개인의 명예를 크게 훼손합니다. 부당함을 인정하고 사죄해야 합니다. 총련 중앙 상임위가 인신공격을 인정하고 유감을 표하는 공문을 총련 홈페이지와 조선신보에 5월 말까지 게재하기를 요구합니다. 만약 답이 없이 무시된다면 이후 조치를 취하겠습니다"¹²⁾라고 보냅니다. 예상대로 답변을 받지 못하자 소송에 돌입합니다.

    소송은 긴키인권협회 소속이던 임범부와 양영철이 주도합니다. 2006년 7월 11일 오사카지방재판소는 판결¹³⁾을 선고합니다. 다음은 판결문을 풀어서 요약한 것입니다. '공화국과 한국은 1950년 조선전쟁 이후 실질적으로 대립 관계를 이어오고 있다. 자이니치 코리안 역시 공화국을 지지하는 총련과 한국을 지지하는 민단 간에 사실상의 대립이 이어지고 있다. 이러한 상황에서 총련 산하 긴키인권협회 회장인 원고가 한국의 정보기관 직원을 접촉해 반총련 활동을 했다는 것은 사회적 평판을 저하시키는 것이 명확하다. 따라서 일단 명예훼손에 해당한다. 하지만 기사 내용이 진실이고 공익 목적이라면 위법성이 사라져 문제가 없다. 그런데 기사를 살펴보니 진실이 아니다. 엄정언은 박○○가 국정원의 요원인 사실을 공안 전문 일본인 저널리스트와 공안정보 관계자에게 들었다고 했다. 하지만 취재원 보호를 이유로 누구인지 밝히지 않았고, 신뢰할 정보였는지 알아보기 위해 경력을 물었으나 그것도 말하지 않았다. 증명력이 극도로 낮다. 그리고 라○○이 대총련 공작을 펴는 국정원 인물임을 아사히신문을 보고 알았다고 했다. 하지만 당시 기사에는 라○○이 자이니치 상공인들을 만나 조선학교에 대한 재정 지원과 한국어 교사 파견 문제를 의논했다고만 돼 있다. 이에 따라 피고는 홍경의의 정신적 고통에 대한 위자료로 그가 청구한 200만 0615엔을 모두 지급하고, 일본어·조선어 기사를 조선신보 인터넷에서 삭제하고, 사죄문은 지면에 1회, 인터넷에 한 달간 실어야 한다.' 허위 기사였고, 완전 패소했습니다. 조선신보는 항소하지 않았습니다.

다음은 사죄 광고문입니다. "저희 회사가 2004. 3. 15. '반총련 제언 놀음의 검은 배후-국정원 요원과 연결된 홍경의'라는 제목으로 기사를 게재하고 홍경의 씨가 총련에 적대하는 내외 원수들의 앞잡이가 되어 동포 사회에 혼란을 조성하며 동포들을 공화국과 총련에서 떼어내려는 목적으로 긴키인권협회의 회장직을 악용하여 '21세기 총련의 개혁과 재생을 위한 세언'을 인터넷에 발표했다는 내용의 문장을 게재하였으나, 이 기사는 전적으로 허위였으며 홍경의 씨의 명예를 심히 훼손하고 관계자 여러분들에게도 커다란 손해를 입혀드린 데 대하여 진심으로 사과를 드립니다. 주식회사 조선신보사 대표자 박일, 편집국장 최관익."

임범부 변호사의 인터뷰. "200만 0615엔은 2000년 6·15 남북공동선언을 뜻한 것이다. 판결문에도 615엔이 아니라 '0615'엔이라고 나오는데 우리가 그렇게 청구해서 그렇다." 세 사람은 조선신보에서 받은 200만 615엔으로 제주도 여행을 갔습니다. 홍경의 전 회장과 양영철 변호사의 고향이 제주도였습니다. 조선적이넌 두 사람은 이후 한국적으로 바꿉니다. 참고로 한국에서 사죄 광고는 1991년 헌법재판소의 위헌 결정으로 사라졌습니다.

한국 사람이 조선총련을 북조선과 묶어서 보는 것은 부당하지 않습니다. 홍회장이 주장한 것도 북조선에서 조금 멀어지자는 것이었습니다. 조선총련은 바다 건너 북조선에 왜 그렇게 목을 맬까요. 해방 이후 자이니치들은 일본의 차별적 내셔널리즘에 저항적 내셔널리즘으로 맞섰습니다. 이를 위해 이른바 본국의 지지가 필요했고 조선총련의 경우 북조선을 따랐습니다. 자이니치를 대표해 일본 정부와 싸우면서 조선총련의 내셔널리즘은 강화됐습니다. 하지만 세월은 많은 것을 바꾸었습니다. 일본 사회의 차별은 완화되었고, 북조선은 국제적으로 고립됐습니다. 이 시점 어디에선가 조선총련은 길을 잃은 것 같습니다. "북조선이 이상한 정권이라고 해도 조선총련 지지자들까지 공격받는 것은 부당하다." 이춘희 변호사의 말입니다. 일본의 내셔널리즘에 조선의 내셔널리즘으로 맞서다 보니 이런 일이 생긴 것입니다. 조선총련 지지자에게 이런 얘기를 들으면 뭐라고 답해야 할지 모르겠습니다.

조선총련의 역사는 해방 직후로 거슬러 올라갑니다. 1945년 결성된 재일조선인연맹이 1949년 강제 해산되고, 1951년에 부활한 조직이 재일조선통일민주전선(민전)입니다. 민전은 일본공산당 지도 아래 활동했습니다. 일본 사회를 혁명하지 않고서는 자이니치가 해방되지 못한다는 입장이었습니다. 이미 식민지 시절부터 일본공산당과 재일 조선인은 협력해왔습니다. 하지만 민전 내부가 하나의 생각은 아니었습니다. 민족 정체성을 강조하며 조선반도와 손잡자는 세력이 있었습니다. 일본은 남의 나라이므로 결국에는 내정간섭에 불과하다는 것입니다. 때를 맞춰 1954년 8월 북조선의 남일 외상은 '재일 조선인은 공화국의 해외 공민'이라는 내용의 성명을 발표합니다.[14] 이듬해 3월 민전 제19차 중앙위원회에서 한덕수 조국통일민주주의전선 중앙위원이 '공화국 공민으로서의 재일 조선인 운동의 전환'을 연설합니다.[15] 곧이어 임시 대회를 열어 민전을 해체하고 조선총련을 결성합니다.

일본공산당과의 사반세기 활동을 정리하고 조선노동당의 지도를 받습니다. 이후 조선총련은 급속하게 성장합니다. 10년 만에 모든 도도부현에 지방본부를 설치합니다. 조선신보사 등 24개 사업단, 상공연합회 등 14개 산하단체, 유치원부터 대학까지 150개 민족학교를 운영합니다. 1960년대 초반 조선총련 회원이 20만 명, 재일민단 관련자는 6만 명이었습니다. 1970년대에는 자이니치 중 절반이 조선총련에 가입합니다. 그러다가 1990년대 들어 북조선의 식량 위기 등에 영향을 받기 시작합니다. 2000년대에는 납지 문제 등으로 회원이 4만 명으로 줄어듭니다. 조선총련 중앙위원회 의장은 한덕수가 2001년 사망할 때까지 맡습니다. 그리고 김정일의 지지를 받던 허종만이 1993년 책임부

의장에 취임하면서 사실상 일인자가 됩니다. 강령을 수정해 제1조가 '우리는 애족 애국의 기치 밑에 전체 재일동포들을 조선민주주의인민공화국의 두리에 총집결시키며 동포들의 권익 옹호와 주체 위업의 계승 완성을 위하여 헌신한다'가 됐습니다.[16]

한편 홍경의, 임범부, 양영철 세 사람 등은 인권협회를 떠나 중도 성향의 민족 단체 '코리아NGO센터'에 참여합니다. 사회운동을 계속 하겠다는 의지였는데 실제 활발히 활동합니다. 이들이 조선총련과 맞서고 싸울 수 있었던 이유에는 조선학교 졸업생이 아니라는 점도 있습니다. 조선학교 출신은 소수자를 차별하는 일본에서 자긍심을 길러준 민족학교에 고마움을 가지고 있습니다. 당연히 조선학교는 물론 학교를 운영하는 조선총련, 배후의 북조선에도 호의적입니다. 조선총련계 사람들도 북조선을 비판하지만 바탕에는 애정과 신뢰가 있습니다. 한국 국민이 매일같이 정부를 손가락질하고 나라를 욕하지만, 외국에 나가면 국가를 옹호하는 것과 마찬가지입니다. 홍경의 전 회장은 조선학교에 빚이 없었고 그래서 더욱 자유로웠다고 생각됩니다. 참고로 세 사람 가운데 양영철 변호사만 중급부까지 졸업했습니다.

2008년 새로운 민족학교가 세 사람의 참여로 오사카에 만들어집니다. 북조선과 대한민국의 영향에서 벗어난 중립적인 학교를 표방했습니다. 이 코리아국제중·고등학교를 두고 조선총련과 재일민단 모두 비난했습니다. 설립자 문홍선 아스코홀딩스 회장을 공격했습니다. 5억 엔 가까이 투자한 설립자로 도쿄 조선대 공학부 출신입니다. 아버지가 문동건 조선화보 사장입니다. 1976년 북조선에 5379톤 화물여객선을 기증했고, 김일성 주석은 동건애국호라고 이름을 지었습니다. 문홍선 회장도 1987년 2만 6000제곱미터 규모의 생사 공장을 북조선에 세웠습니다. 사업이 몰수되면서 관계를 끊었다고 합니다. 2005년 한국적이 됐습니다. 재일민단은 문홍선도 빨갱이라고 선전하고, 조선총련은 배신자가 만든 학교로 봤습니다. 마침 학교 설립에 관여한 김경득 변호사는 개교하기 전에 세상을 떠났고, 강상중 교수는 도쿄대의 겸직 금지 조항 때문에 끝까지 참여하지 못했습니다.

코리아국제중·고등학교는 학생 수가 늘지 않아 경영상 어려움을 겪습니다. 2012년 11월 한국의 교육부에 지원을 요청합니다. 금강·교토·건국 세 학교가 1조교인데 비해 자신들은 각종학교여서 한국학교로 인가받을 필요성이 더 크다고 했습니다. 한국 정부의 지원을 받기 위해 2013년 1월 한국 언론들이 보는 가운데 태극기를 올렸습니다. 하지만 그 시각 고등부 교실에서는 학생들이 울음을 터뜨렸습니다. 학생들은 "중립을 표방한 학교라고 하더니 아무런 설명도 없이 이러면 어떡하냐"고 말했습니다.[17] 학교는 행사를 마친 다음 태극기를 다시 내렸고, 이 사실을 누군가 오사카총영사관에 알렸습니다. 영사관은 학교에 전화를 걸어 당장 다시 올리라고 했습니다. 학교는 내부 논의를 거쳐 2월에야 태극기를 올렸습니다.

2013년 8월 일주일 예정으로 이 학교에 머무르며 교육 내용을 취재했습니다. 놀랍게도 수업 시간에 식민 지배를 정당화하는 표현이 나왔습니다. 휴식 시간에 한국 정부의 입장은 나쁘니 공부해보라고 학생들에게 말했습니다. 하지만 이를 알게 된 일본인 교감이 학교에서 나가라고 했습니다. 일본인 교감은 '이곳은 코리안 스쿨이 아니라 인터내

코리아국제중·고등학교 현관에 걸려 있는
기부자 명단입니다. 맨 앞에 문홍선 회장의
이름이 있습니다. 양영철, 임범부 변호사를
비롯해 고 에이키, 백승호, 이우해, 한아지
변호사의 이름도 보입니다.

2013 0424

셔널 스쿨'이라고 말했습니다. 한국인 교장은 '미안하다'고 했습니다. 취재를 시작한 지 나흘 만에 쫓겨났습니다. 이제와 생각해보면 일본인 교감의 말이 틀린 것도 아닙니다. 이 학교는 한국 정부의 재원이 들어가지 않은 학교입니다.

자이니치를 역사의 피해자로 가르치는 곳은 조선학교뿐입니다. 민족학교를 운영하는 조선총련은 북조선의 해외 공민으로 스스로를 규정하고 일본 정치를 떠났습니다. 당연히 교육 재원은 북조선에서 받았습니다. 만약 자이니치의 주도 세력이 해방된 뒤 일본 정치를 떠나지 않았다면 어떻게 됐을까요. 2010년대 들어 자이니치들은 자신들이 일본의 납세자인 이상 소수민족 교육을 실시하고 받을 권리가 있다고 주장합니다. 이를 위해서는 납세자는 정치에 참여할 자격이 있다는 전제가 있어야 합니다. 가만히 생각해보면 근본적으로 정치적이지 않은 공교육은 없습니다. 이 학교가 주장했던 중립적 교육이라는 것도, 남과 북을 염두에 둔 또 다른 정치적 입장입니다.

재일민단

김대중을 사형하라

"오늘 김대중에 대해 한국 계엄보통군법회의가 사형을 판결했다. 우리는 이전부터 관심을 갖고 일본 정부에도 적절한 조치를 취할 것을 요구해왔다. 김대중 재판은 세계인권선언과 국제인권규약이 정한 인권 보호에 반하게 진행되었다. 1973년 납치 사건 이후 일한 양국이 합의한 그의 인권 회복이 이뤄지기도 전에, 한 달이란 짧은 심리만으로 극형이 선고된 것에 심각한 유감을 표한다. 우리는 남은 김대중의 상급심이 절차와 내용 모두 세계인권선언과 국제인권규약의 취지대로 공정하게 진행되기를 희망한다. 우리 협회는 일본 정부가 외교적 수단을 동원해 김대중의 인권을 보호하고 구제하도록 힘쓸 것을 재차 요구한다." 1980년 9월 17일 일본변호사연합회가 성명 [18]을 발표했다. 오전 10시 육군본부 계엄보통군법회의가 정치인 김대중에게 사형을 선고하자마자 곧바로 나온 것이다.

9월 22일 총리대신 스즈키 젠코가 NHK에 나와 말했다. "김대중 씨의 신변에 일본이 우려하는 사태가 일어난다면, 일본이 한국과 협력하는 데 어려움이 있을 것이다." 그러나 11월 3일 항소심인 계엄고 등군법회의도 사형을 선고한다. 그러자 이번에는 일본 경제계가 가세한다. 11월 27일 일본노동조합총평의회 사무국장 도미즈카 미쓰오富塚三夫는 "한국 상품 불매 운동을 시작하고 선적과 하역을 중지할 수도 있다"고 발표했다. 12월 2일 일본경제단체연합회 회장 이나야마 요시히로稲山嘉寛는 "일한 경제 협력 관계에 지장이 초래될 것"이라고 말했다. 12월 1일 소설가 시바 료타로, 오에 겐자부로, 마쓰모토 세이초가 외무성에 구명을 요구하는 편지를 보낸다. 그 무렵 미국 대통령 로널드 레이건, 독일 총리 빌리 브란트, 교황 요한 바오로 2세 등이 김대중 구명에 나섰다.

이러한 가운데 김대중을 사형하라고 요구하는 단체가 있었다. 12월 9일 재일본대한민국거류민단은 일본 정부를 규탄하는 전국 민단 대표자 대회를 도쿄에서 열었다. "김대중은 지난 5월 광주 사건을 선동하는 등 내란음모죄를 범한 형사범이다." 일주일 뒤 12월 16일 민단 오사카본부가 궐기 대회를 열었다. 오사카본부 단장 서영호는 "북괴가 올해 조총련에 5억 수천만 엔의 교육 보조금을 제공했으나 김대중 구출 운동과 한일 양국 이간책에 쓰인 흔적이 있다"고 말했다. 그리고 "일본 노동자들이 3500~5000엔을 받고 (김대중 구명) 시위를 한다"고도 했다.[19] 오사카 중앙우체국까지 행진하며 시위를 벌이는 동안 김대중 사형을 주장했다. 1981년 1월 23일 대한민국 대법원은 사형을 확정하는데, 같은 날 대통령 전두환이 무기징역으로 특별 사면한다. 1987년 4월 16일 서영호는 전두환 정권에서 국민훈장 무궁화장을 받는다.

쿠데타로 정권을 잡은 군사정권은 오래가지 못하고 무너졌다. 그리고 김대중은 1998년 대통령에 취임했고, 퇴임한 이듬해인 2004년에는 서울고등법원 재심에서 무죄를 선고받는다. "전두환 등이 1979년 12·12 군사 반란 이후 행한 일련의 행위는 헌정 질서를 파괴한 범죄에 해당한다. 이에 반대함으로써 헌법의 존립과 헌정 질서를 수호하려 한 피고인의 정당한 행위는 범죄가 아니다." 재일민단은 1998년 김대중이 대통령이 되어 일본을 방문하자 크게 환영했다. 김대중을 죽이라던 바로 그 사람들이 정권이 바뀌니 당장 선생님이라고 불렀다.[20]

한편 김대중이 사형 선고를 받던 무렵인 1981년 3월 자이니치 유학생 이종수가 고려대 국어국문학과에 입학한다. 앞서 1980년 4월부터 서울대 재외국민교육원에서 1년간 우리말을 배웠다. 1982년 12월 6일 국군보안사령부에 불법 연행되어 고문을 받는다. 얼굴에 수건을 덮고 5~10분 동안 물을 붓는 고문, 의자에 팔을 묶고 양쪽 엄지손가락에 전선을 감아 2~3초씩 15~20번 전기를 흘리는 고문 등을 받았다. 고문을 이기지 못해 허위 자백을 했다. 우리말이 서툰 이종수는 재판에서 통역을 요청했으나 거부됐다.[21] 1984년 9월 11일 대법원에서 국가보안법 위반 혐의로 징역 10년을 선고받는다. 2064일간 구금됐다가 1988년 6월 30일에야 형 집행정지로 풀려난다. 그가 유죄를 선고받은 이유 중에는 한학동(재일한국학생동맹)에 가입한 사실이 있다. 법원은 범죄 사실의 보조 사실로 이를 적시했다. 재판 과정에서 '한학동에 가입한 사실이 있느냐'고 물었다. 한학동이 한민통(한국민주회복통일촉진국민회의)의 산하단체이기 때문에 불법이라는 것이었다.

이후 2008년 10월 13일 "이 사건은 조작된 것이며, 수사와 재판이

1980년 10월 재일민단은 대통령 전두환이
취임한 다음 달 청와대를 찾아간다. 중앙본
부장 박성준, 고문 황칠복, 고문 한록춘, 재일
한국인본국투자협회장 이희건(사진 오른쪽
위부터 시계방향으로 마주 앉은 네 사람).
ⓒ 국가기록원

1980 1025

엉터리"라고 진실·화해를 위한 과거사정리위원회가 발표했다. 위원회가 조사한 결과 한학동이 한민통의 산하단체라는 주장은 거짓임이 드러났다. [22] 한학동은 유학동(재일본조선유학생동맹)과 함께 양대 민족학생 단체인데 유학동이 북조선 지지 성향인데 반해, 한국을 지지하는 학생들의 모임이다. 오히려 위원회의 조사에서 관련자들을 이렇게 말했다. "한학동은 단순히 남한의 민주주의를 지향하는 학생 모임으로 친북 성향은 없었다. 공식적으로 북한과 관련된 공부는 하지 않는다는 원칙이 있었다. 1972년 7·4 공동성명 당시 유학동이 공동 지지 집회를 제의했지만 거절했다. 재일민단 소속의 한학동은 민단의 민주화를 요구하다가 1972년 7·7 처분으로 쫓겨났다. 이후 재일민단이 빨갱이 단체라고 이름 붙였다." 자이니치들이 본국의 민주화를 위해 운동한 것은 일본인들에게 받는 출신지에 대한 멸시와 관련이 있다. [23]

이종수는 2010년 7월 15일 서울고등법원의 재심 재판에서 무죄를 선고받는다. "이 사건의 본질은 재일동포 유학생을 간첩으로 조작하기 위해 민간인에 대한 수사권이 없는 보안사가 이씨를 불법 연행, 39일간 강제 구금한 상태에서 고문으로 자백을 받아내고, 이로 인해 이씨가 아까운 청춘을 교도소에서 보내게 된 것이다. 재외국민을 보호하고 내국인과 차별 대우를 해서는 안 될 책무를 진 국가가 공작 수사의 희생양으로 삼은 것이다." 사법부는 이종수에게 사죄했다. "권위주의 통치 시대에 부당한 공권력의 행사로 심각한 피해를 입은 이씨에게 진정으로 용서를 구한다." 법원은 이듬해 형사 보상금 3억 3930만 원과 소송 비용 보상금 248만 원을 국가로부터 받으라는 판결도 내렸다. 하지만 재일민단은 기관지인 민단신문 2012년 2월 22일자에서 이렇게 밝했다. '민단은 1972년 7월 제20회 임시 중앙위원회에서 한청(재일한국 청년동맹)과 한학동의 산하단체 인정을 취소했다. 두 단체는 북한·조선총련을 추종하는 종북 세력의 조종을 받아 민단을 파괴하는 책동의 선두에 서왔기 때문이다.'

재일민단은 1978년부터 해마다 10억 엔, 즉 한국 돈 80억 원을 한국 정부로부터 받고 있다. 대한민국 세금으로 마련한 재외동포재단 사업비에서 나온 돈이다. 규모가 비정상적으로 크다. 정부의 2013년 '동포 단체 활성화 사업' 예산의 68.21퍼센트를 재일민단이 썼다. 117억 2800만 원 가운데 80억 원. 이 돈은 전체 재외동포 사업비 측면에서 따져봐도 20.12퍼센트에 달한다. 397억 4900만 원 가운데 80억 원. 재일민단 지원에 대해 국회도 문제 삼고 있다. '2013 회계연도 외교통상부 소관 예산안 검토 보고서'를 보면 이렇다. 이명박 정부이던 2012년 11월 작성됐고, 당시 외교통일위원장은 새누리당 의원 안홍준이다.

재일민단의 회계가 불투명하다는 점부터 문제 삼는다. '현재 재일민단 지원 사업에 대한 예산 편성 과정을 보면, 사전에 재일민단 측으로부터 사업 개요나 예산 소요에 대해 보고를 받은 후 이에 대한 심사를 통해 예산안이 편성되는 것이 아니라, 전체 지원 예산액만 전년도에 준해서 결정되고, 결정된 총액 안에서 차년도 3~4월에 공관을 통해 수요를 받아 해당 공관에 지원금을 송금하는 방식임. 따라서 국회에서의 예산 심의를 위한 각목 명세서상에 지원 예산 80억 원의 구체적인 용도나 내역이 전혀 나와 있지 않으며, 이에 따라 국회에서는 80억 원이 구체적으로 어떠한 목적과 용도에 따라 사용되는지도 알 수 없는

상황에서 해당 예산을 심의해야 하는 상황임. 뿐만 아니라 재일민단에
서 지원금 집행 결과 보고서를 제출하고 있기는 하나, 이에 대한 외교
통상부 또는 재단 차원의 체계적인 심사가 이루어지고 있지 않아 집행
결과 보고서가 추후 예산 편성을 위한 기초 자료로 활용되고 있지 못
한 상황임.'

다음 문제는 재일민단에 80억 원, 그 외 100개국의 동포 단체에 6억
3200만 원을 줌으로써 생기는 차이다. '동포 단체 보조금 지원은 거주
국 내 재외동포의 안정적인 정착과 재외동포 사회 내 교류 및 화합 증
진을 위한 사업을 지원하는 것으로서 전년과 동일하게 4억 원이 편성
되었음. 그러나 실제 지원 실소요액은 4억 원을 훨씬 상회하여 최근
3년간 매년 다른 예산에서 전용해옴으로써 해당 예산을 초과 집행하
고 있는 상황인 바, 전체 예산 집행 구조를 왜곡하는 결과를 초래하고
있음. 실제 2011년 집행 현황을 보더라도 총액 6억 3200만 원의 예산
을 100개국 140여 개 공관에 소액으로 교부하고 있다 보니, 지원 규모
가 큰 동포 단체와의 형평성 및 상대적 박탈감 등의 문제가 제기되고
있는 상황임.' 모두 '2013 회계연도 외교통상부 소관 예산안 검토 보고
서'의 내용이다.

이러한 문제가 발생하는 근본적 이유는 재일민단에 주는 지원금이
사업비가 아닌 경상비로 쓰이기 때문이다. 사업을 하는 데 쓰이는 게
아니라 간부들의 월급이 된다는 것이다. 그 결과 재일민단이 정권을
추종하는 행태를 보이게 된다. 해외교포문제연구소의 연구[24]를 요약
하면 다음과 같다. '재일민단은 임의단체에 불과한 재일동포 사회 조
직이다. 법적 지위도 다른 국가의 한인회와 크게 다르지 않다. 재일동

포의 대변자를 주장하지만, 실제로는 재일동포의 권익을 늘린다는 기능을 못 하고 있다. 그러면서도 세계 한인 단체들 가운데 유일하게 경상비용을 본국에서 보조받는다. 지원금 지급을 보장받기 위해 이익집단적 행태를 보이게 된다.' 재일민단은 한국의 정권이 바뀔 때마다 추종함으로써 거액을 얻어낸다는 것이다.

이에 대해 재일민단은 지원금을 받는 이유를 이렇게 주장한다.[25] 재일동포끼리 화합하고, 일본 정부의 차별에 맞서 싸우고, 국회의원 방한을 알선하며, 민족교육을 강화하고, 고령자를 위한 복지 사업을 추진한다는 것이다. 하나같이 좋은 얘기이지만 재일민단이 어떻게 기여하는지 입증되지는 않는다. 재일민단은 이런 얘기도 꺼낸다. '연간 재일동포 20만 명이 본국으로 여행 가서 본국에 떨어뜨리는 금액, 한화로 약 4000억 원.' 이것이 한국 국민의 세금을 써야 하는 이유라는 것이다. 자이니치 학자들은 재일민단 지원이 곧 자이니치 지원은 아니라고 지적한다.[26] "한국 정부가 자이니치를 지원하는 예산의 대부분과 예산 분배권을 재일민단이 독점한다. 그 때문에 (조선총련에도 재일민단에도 가입하지 않은) 대다수의 한국적자는 혜택이 없다. 민단 중앙과 가까운 일부만이 혜택을 받는다. 민단이 지원금을 독점하려고 다른 단체의 활동을 경계하며 이념 공세까지 벌인다. 공익 재단법인 원코리아 페스티벌이 한국 정부로부터 재정 지원을 받자 통일 지향 성격을 문제 삼았다. 재일민단은 올드커머, 그것도 일부만 대표하므로 똑같은 한국적자인 뉴커머가 제외된다."

재일민단에 대한 신뢰는 내부에서도 무너졌다. 재일한국상공회의

소(한상련)는 1962년 만들어져 재일민단의 산하로 들어간 자이니치 경제 단체다. 한상련은 2011년 정기총회에서 일반사단법인을 취득하기로 결정하고 일본 경제산업성으로부터 일반사단법인으로 인가받는다. 한상련은 "재일민단 산하에서 활동하면 임의단체여서 제약이 많다. 일본 법률에 근거한 경제 단체로 인정받아야 동포 사회에도 도움이 된다. 독립 법인이 되어도 재일민단과의 협조는 기본"[27]이라고 밝혔다. 그러나 재일민단은 이를 '민단 사회의 혼란과 분열을 초래하는 조직 파괴 행위'라고 했다. 그리고 2012년 2월 한상련을 직할한다고 발표하고, 한상련의 직인과 공문서를 압수했다. 6월에는 한상련이 '반反민단 조직'이라며 제명했다.

　재일민단이 거칠게 나오는 것은 돈 때문이다. 한상련이 빠져나가면 재정상 손해가 생기는 것이다.[28] 재일민단은 새로운 임원진으로 또 다른 한상련을 만든다. 그러자 일반사단법인 한상련이 2012년 6월 명칭 사용 금지 가처분 신청을 도쿄지방재판소에 제기하고, 이는 인용된다. 하지만 재일민단은 재판소의 결정을 무시하고 한상련이라는 이름을 계속 사용한다. 이에 도쿄지방재판소는 '재일민단이 한상련이라는 이름을 쓰면 하루에 10만 엔을 내야 한다'고 간접강제를 붙였다. 재일민단은 이의신청을 냈지만 도쿄지방재판소와 도쿄고등재판소에서 모두 기각된다. 재일민단은 민단신문을 통해 조선총련 같은 적대 세력 때문에 새로운 한상련이 불가피하다고 주장한다.

　"(민단은) 창립 준비 단계부터 오늘날에 이르기까지 조직을 유지·운영하는 데 있어서 심각한 문제를 떠안아왔다. 남북의 격심한 대립으로 북한 독재를 추종하는 조선총련 등의 적대 세력에 의한 침투 공작이 끊임없이 이루어져왔던 것이 그것이다. 1955년 재일남북통일 촉진협의회 운동을 북한에 의한 침투 모략으로 간주한 민단은 조직의 방위 체제를 강화하기 위해 주모자를 제명 처분하고, 직할 제도를 도입하는 동시에 1956년에는 산하단체 규정을 제정하기에 이른다. 민단 중앙본부가 규정에 근거하여 산하단체에 대한 직접 지휘권을 발동한 사례로서는, 1965년 재일한국학생동맹 직할, 1972년 한청·한학동에 대한 산하단체 인정 취소가 있다."29) 군사정권을 추종해 젊은이들을 빨갱이로 몰았던 일을 여전히 조직의 역사로 내세우고 있다.

적대적 공생 관계

조선총련 지지자가 급격히 줄어도 재일민단 지지자가 늘지는 않습
니다. 2000년대 들어 드러난 문제의 본질은 홍경의 전 회장의 지적대
로 지나친 본국 편향입니다. 조선총련이나 재일민단이 다르지 않았고
당연하게도 동반 추락했습니다. 재일조선인연맹이 결성되자 이듬해
인 1946년 재일민단이 생겼습니다. 재일조선인연맹이 일본공산당의
지도를 받으면서 좌경화하는 것에 반발했습니다. 이름은 재일본조선
거류민단이었다가 1948년 대한민국 건국과 함께 재일본대한민국거류
민단이 됐습니다. 1994년에는 일본에 사는 것을 받아들이면서 '거류'
를 삭제하고 재일본대한민국민단이 됐습니다. 2005년에는 회원 자격
을 한국적자에서 조선반도 출신자로 바꾸었습니다. 조선총련과 재일
민단은 적대적 공생 관계입니다. 서로를 비난하는 것으로 조직이 유
지됩니다.

한국엔 노무현 정부가 있던 때의 일입니다. 조선총련 중앙본부에
보도진 200여 명이 몰려들었습니다. 2006년 5월 17일 오전 10시 20분.

조선총련 본부 현관에서 재일민단 간부 7명이 조선총련 간부 7명과 마주했습니다. 서만술 조선총련 의장은 "어서 오십시오. 잘 오셨습니다"라고 말했고, 하병옥 재일민단 단장은 "오늘을 역사적인 날로 삼읍시다"라며 악수를 청했습니다. 이들은 9층 회담장으로 갔습니다. 서만술 의장은 "조선총련과 재일민단은 민족문화 계승과 동포 권익 옹호 등 함께 할 수 있는 일이 많습니다. 두 단체의 화해는 동포에게 환영받을 것이며, 일본을 비롯해 국제사회가 기뻐할 일입니다. 역사를 올바르게 걸어가는 일이 될 오늘 방문을 환영합니다"라고 말했습니다. 하병옥 단장은 "따뜻하게 맞이해주셔서 감사합니다. 민단과 조선총련은 오랜 기간 대립해왔지만, 이제는 함께 통일을 요망하게 됐습니다. 민단에서는 개혁을 목표로 하는 새로운 집행부가 탄생했고, 대동단결을 실현한 것입니다. 다음에는 총련 중앙이 민단 중앙을 방문해주기를 요청합니다"라고 말했습니다. 11시 8분 두 대표는 기자들 앞에서 성명문에 서명했습니다.[30]

 "하병옥 단장을 비롯한 민단 중앙 대표들과 서만술 의장을 비롯한 총련 중앙 대표들 사이에서 역사적인 상봉과 회담이 진행되었다. 민단과 조선총련은 회담에서 6·15 공동선언이 천명한 '우리 민족끼리'의 이념에 따라 민족적 단결과 통일로 나아가는 민족사의 흐름에 맞게 두 단체 간에 오래 지속되어온 반목과 대립을 화해와 화합으로 확고히 전환시킬 것을 서로 확인하였다. 민단과 조선총련은 새 시대의 요구와 동포들의 지향에 맞게 화목하고 풍요한 재일동포 사회를 훌륭히 건설해나감으로써, 21세기 조국의 통일과 번영을 위한 민족적 위업에 크게 공헌해나갈 의지를 표명하면서 다음과 같이 합의하였다. 1. 민단과 조선총련은 두 단체의 화해와 화합을 이룩하고 재일동포 사회의 민족적 단합을 위하여 앞으로 서로 힘을 합쳐 협력해나가기로 하였다. 2. 민단과 총련은 6·15 남북 공동선언을 실천하기 위한 민족적 운동에 적극 동참해나가며, 6·15 민족통일대축전에 일본지역위원회 대표단 성원으로 참가하기로 하였다. 3. 민단과 총련은 8·15 기념 축제를 공동으로 개최하기로 하였다. 4. 민단과 총련은 현 시기 재일동포 사회에서 민족성의 희석화와 상실 현상이 늘어나고 있는 현실을 심각히 보고 민족성을 고수 발양시키기 위한 새 세대 교육과 민족문화의 진흥 등의 사업에 함께 노력해나가기로 하였다. 5. 민단과 총련은 동포 사회의 고령화, 소자화 대책을 비롯하여 제반 복지 활동과 권익 옹호 확대를 위하여 서로 협조해나가기로 하였다. 6. 민단과 총련은 이상의 합의 사항을 이행하고 양 단체에서 앞으로 제기되는 문제들을 해결하기 위하여 창구를 설치하고 수시로 협의해나가기로 하였다."

일본 정부는 두 조직의 화해를 경계했습니다. 당시 일본 정부의 대변인인 아베 신조 관방장관이 화해하기 전날인 5월 16일 말합니다. "조선총련에 공안조사청이 관심을 갖고 있다. 정부는 면밀히 동향을 주시하고 있다."[31] 조선총련은 이미 압박을 받고 있었고 재일민단에 새롭게 압박이 가해집니다. "조선총련은 파괴활동방지법의 대상이므로 재일민단도 주시해야 한다는 의견이 있다." "공동성명으로 조직이 당장 하나가 됐다고는 보지 않는다. 두 조직의 관계가 구체적인 위법에 이른다면 엄정 대처하겠다."[32] 화해한 직후인 5월 31일 마쓰모토 진松原仁 민주당 중의원의 대정부 질의와 고바야시 다케히토小林武仁 경찰청 경

서울지방변호사회–오사카변호사회 제20회 교류 회의입니다. 오사카변호사회에는 한국 적·조선적 변호사도 있습니다. 이들은 변 호사로서는 국적에 상관없이 하나이지만, 자이니치로서는 재일민단과 조선총련으로 나뉘어 있습니다. 오사카변호사회관.

2013 1111

비국장의 답변입니다.

당시 조선총련과 재일민단이 협력함으로써 일본 사회에서 발언권이 강해질 가능성이 높아졌습니다. 두 조직의 싸움에 외면했던 중립적 자이니치들도 참여하면서 규모와 응집력이 커진 것입니다. 정치적 압박은 재정적 압박으로 실현됩니다. 조선총련과 재일민단의 부동산은 대사관이나 영사관 같은 공공시설로 분류돼 부동산 세금을 면제받았습니다. 하지만 북조선이 납치를 시인한 이후 조선총련에 고정자산세가 부과되었고 비슷한 무렵 재일민단에까지 부과됐습니다. 상황이 계속 나빠지자 하병옥 단장은 7월 6일 조선총련을 비난하며 5·17 공동성명을 철회했습니다. 7월 21일 사퇴를 밝힙니다.

7월 6일 발표한 백지 철회 담화문[33]입니다. "지난 5월 17일, 우리들은 총련 중앙본부의 대표와 회담을 갖고, 6개항의 합의 사항을 포함한 공동성명을 발표했다. 이 공동성명은 반세기 이상에 걸쳐 대립을 계속해온 두 조직의 화해 그리고 한반도의 평화와 통일에 기여하는 것이었다. 그러나 어제 주변 국가들의 우려에도 불구하고 북한은 장거리 탄도미사일 '대포동 2호'의 발사를 강행했다. 미사일을 연발한 것은 우리 재일동포뿐 아니라 일본 국민을 불안에 빠뜨렸다. 이러한 만행은 결코 용서할 수 없다. 우리 민단은 재일동포의 밝은 미래를 구축하기 위해 일본과 공생 공영한다는 이념으로 활동을 계속해왔다. 이러한 활동을 통해 신뢰를 축적한 민단이 총련과 화해함으로써 일본 사회와 총련, 나아가 북일 관계의 가교 역할을 수행힐 수 있을 것이라 생각했다. 그러나 북한이 대포동을 발사해 일본 사회를 불안에 빠뜨린 지금 우리의 바람도 수포로 돌아갔다. 유감스럽기 그지없다. 우리 재일동포는

어디까지나 일본 사회와의 공생과 공영을 목표로 하고 있다. 장난삼아
일본의 국민감정을 악화시키는 행위는 재일동포의 생명과 재산을 수
호하는 민단으로서 결코 용인할 수 없다. 이러한 상황에 봉착한 이상,
민단은 총련과 맺은 5·17 공동성명을 백지 철회할 수밖에 없다고 판단
했다. 동시에 북한에 대해서는 미사일과 핵 개발의 즉각적인 중단 및
재발 방지를 요구하고, 이에 총련도 적극 호응하기를 호소하고 있다.
2006년 7월 6일. 재일본대한민국민단 중앙본부 단장 하병옥.”

　조선총련과 재일민단의 화해가 백지화되어야 할 이유가 북조선의
미사일이라는 것은 쉽게 납득하기 힘듭니다. 2012년 재일민단 산하에
변호사 모임을 만드는 이우해 변호사는 당시 “민단과 총련의 화해에
대해 재일교포 99퍼센트가 찬성했다. 이런 식으로 하병옥 단장의 개혁
이 실패하면 민단은 곧 보수파들의 노인정으로 전락할 것”[34]이라고 했
습니다. 해외교포연구소 이사장 이구홍도 당시 “하병옥의 행동은 자신
과 재일민단이, 북한과 대화를 적극 모색하던 노무현 정부에게 외면받
지 않으려 우왕좌왕하던 가운데 나타난 행동이다. 재일동포 사회의 복
리 증진을 위한 대동단결 차원의 거사가 아니라 자신의 보신을 위한
행동”[35]이라고 했습니다. 한국에 들어서는 정권에 따라 입장을 바꾸는
태도를 지적한 것입니다.

　상공인까지 조선총련계과 재일민단계로 나뉘는 마당에 자이니
치 변호사들을 아우른 모임이 탄생한 것은 의미가 큽니다. 2002년
7월 20일 자이니치코리안변호사협회 창립식이 오사카 힐튼호텔에
서 열립니다. 자이니치 변호사 40여 명 가운데 대다수가 참여했습니

다. LAZAK(라자크)로 불리는 이 모임은 자이니치 변호사들이 국적이나 성향에 관계없이 모인 조직입니다. 영어로 Lawyers' Association of ZAINICHI Korean입니다. 'Korean in Japan'으로는 자이니치의 역사적 특징을 드러내지 못해 'ZAINICHI Korean'이라는 단어를 썼습니다. 창립총회가 오사카에서 열린 것도 의미가 있습니다. 자이니치가 가장 많이 사는 곳이 오사카입니다. 2014년 12월 기준으로 한국·조선적 특별영주자는 35만 4503명인데, 오사카부에 사는 자이니치가 9만 3093명, 도쿄도에 사는 이가 4만 4819명입니다. 같은 시기 뉴커머는 도쿄도에 5만 1374명, 오사카부에 2만 1280명입니다.[36]

라자크는 자이니치의 인권 문제에 적극적으로 나섭니다. 2002년 북조선의 납치 시인과 조선학교 공격 사건에 모두 항의했습니다. 2003년 자이니치의 정치 참여 문제를 주제로 심포지엄을 엽니다. 2004년 마이너리티의 교육권 요구, 자이니치 고령자를 위한 국민연금 배제 보상 재판에 참여합니다. 2005년과 2006년에도 자이니치 변호사를 재판소 조정위원에서 배제한 것에 항의하고, 재일민단과 조선총련의 공동성명에 환영하는 성명을 냈습니다. 2007년에는 민주당 비례대표 참의원 후보로 입후보한 김정옥 씨의 선거를 지원했습니다. 결성 5년째이던 2007년에는 한국의 국가인권위원회로부터 인권상을 받습니다. 곧이어 2008년 자이니치의 권리 투쟁 역사를 다룬 중고생용 교양 도서 《일본 재판에 나타난 자이니치코리안》[37]을 펴냅니다.

하지만 라자크도 결국 갈등을 겪습니다. 2012년 라자크의 활동에 불만을 품은 소속 변호사들은 재일민단 산하에 변호사 단체를 만듭니다. 라자크 초대 공동대표인 고 에이키, 배훈 변호사 등 29명이 참여한 재일한국인법조포럼입니다. 고 에이키 변호사가 법조포럼 대표를 맡아 오공태 재일민단 단장에게 산하단체 신청서를 제출했습니다. '본회는 민단 규약에 따라 산하단체 인정을 신청합니다. 목적 : 재일 한국인 인권 보호, 외국적자와 소수자를 위한 법제 연구, 재일민단에 법적인 조언.' 하지만 법조포럼은 창립 이후에 별다른 활동을 하지 않았습니다. 결과적으로 자신들이 재일민단과 가깝다고 드러낸 것이 가장 큰 효과였습니다.

라자크에는 무슨 일이 있었을까요. 2000년대 후반부터 새로운 자이니치 변호사 중 절반가량을 조선학교 출신이 차지했습니다. 이들은 마침 불거진 조선학교 보조금·무상화 배제 등의 문제에 적극적으로 나섰습니다. 조선학교만의 문제가 아닌 자이니치 전체의 일로 여겼습니다. 하지만 재일민단 성향의 변호사들은 조선학교에 우호적이지 않았습니다. 알력이 생겼습니다. 인권협회와 법조포럼에 동시 소속된 김철민 변호사의 인터뷰입니다. "2010년 조선학교를 고교 무상화 대상에서 제외한 것에 대해 항의 성명을 냈다. 일본변호사연합회의 반대 성명이 나온 다음이다. 하지만 이를 계기로 재일민단이나 한국영사관과 라자크의 관계가 나빠졌다." 2012~2014년 라자크 회장을 지낸 백승호 변호사의 인터뷰입니다. "2010년대 신규 자이니치 변호사 가운데 조선학교 출신이 절반이다. 이들은 라자크에 들어와서 무상화 문제 등을 얘기하고 싶어 했다. 하지만 선배 변호사들이 눌러 막으니까 크게 실망했다." 라자크의 균열이 조선학교를 둘러싸고 시작된 것은 분명합니다.

내부 갈등이 계속되자 라자크는 친목 단체 성격을 강화합니다. 조선학교 출신이며 조선학교 무상화 배제 사건의 대리인인 김영철의 인터뷰. "자이니치 사회는 재일민단이니 조선총련이니 하면서 싸우는 경우가 많다. 라자크에서마저 싸우는 것은 원하지 않는다. 라자크가 조선학교 소송에 나서주지 않는 것이 사실이지만, 한국 영사관과 가까운 사람들은 어쩔 수 없었던 모양이다. 라자크가 나서기보다는 차라리 이 문제에 관심 있는 사람들이 하는 게 낫다. 라자크는 정치적 입장에 상관없이 (한국, 북조선 관련 법을) 함께 공부하는 데 매력이 있다." 배훈 변호사의 인터뷰. "라자크를 친목 단체로 하자는 얘기는 처음부터 있었다. 인권이나 정치를 이야기하면 갈등이 생긴다고 했다. 하지만 변호사들에게 동포 사회가 바라는 것이 있다. 정치와 인권을 말하지 않는다면 동포들에게 인정받지 못한다. 내가 친목만을 원했다면 굳이 변호사들과 모여 그럴 이유가 없었다."

기본적으로 조선총련 성향의 변호사가 말하는 인권과, 재일민단을 지지하는 변호사가 설명하는 정치는 같습니다. 하지만 구체적인 문제로 들어가면 양측의 결론은 달라집니다. 소수자인 자이니치의 권리를 어떻게 실현할지에 대한 방향이 다릅니다. 여기에 더해 본국과의 관계가 얽혀 있고, 친목 단체 성격의 모임에 참여할지에 대한 판단이 섞여 있습니다. 재일민단 성향의 변호사 중에도 라자크에만 참여하는 사람과 법조포럼으로 이동한 사람, 조선총련 사람 중에도 인권협회에만 참여하는 사람과 라자크에도 나오는 사람이 있습니다. 이것저것 모두 참여하는 변호사도 많이 있습니다. 실로 다양한 스펙트럼이 존재하며 이것이 자이니치의 현실입니다. 자이니치는 단순하고 집합적인 존재가

일본의 종전기념일인 8월 15일 오사카 시내의 모습입니다. 낮 12시에 추모 사이렌이 울립니다. 고시엔이라 불리는 전국 고교야구 선수권대회도 1분간 중단됩니다. 재일민단과 조선총련은 둘로 나뉘어 기념식을 합니다.

2013 0815

아닙니다. 그래서 조선총련과 재일민단이 대립하는 것도 부정적인 일만은 아닐 수 있습니다. 문제는 이른바 본국에 의존한 대립이라는 점입니다.

재외국민

낯선 권리

1964년 박정희 정부는 미국이 주도하는 베트남전쟁에 참여한다. 대통령선거를 앞두고 1966년 국회는 대통령선거법을 개정한다. 베트남에서 전쟁을 벌이고 있던 군인들의 표를 확보하기 위한, 다시 말해 정권의 필요에 의한 법 개정이었다.[38] 이를 위해 이전까지는 불가능하던, 외국에 있는 국민의 투표를 가능하게 했다. 해외에 파병된 군인들의 투표를 노린 것이므로 개정된 법률은 국내에 주소가 있는 재외국민으로 한정했다. 선거인명부 작성 방법을 정한 제16조 3항은 '국내에 주소를 가진 자로서 국외에 체류하고 있는 선거권자 중 선거일에 자신이 투표소에서 투표할 수 없을 때에는 대통령령이 정하는 바에 따라 선거일 전 25일까지 구·시·읍·면의 장에게 부재자 신고를 할 수 있다'이다. 그 결과 1967년 5월 3일 실시된 제6대 대통령선거에서 해외 부재자 투표자 중 88.53퍼센트가 베트남 파병 군인이었다. 전체 4만 7024명 가운데 4만 1631명[39]이다. 제도가 폐지되는 것도 같은 이유에서다. 베트남 파병군의 철수 시점이다. 한국은 베트남과 협약을 체결해 1971년부터 시작해 1973년까지 병력을 모두 철수했다. 그리고 1972년 12월 시행된 유신헌법으로 해외 부재자 투표도 사라진다. 통일주체국민회의가 대통령을 선출했는데, 이 기관의 대의원을 뽑는 선거권자는 국내 거주자였다.

한국적 자이니치 2세인 이건우는 투표권을 가진 적이 없다. 한국 정부는 해외에 거주한다는 이유로 주지 않았고, 일본 정부는 외국적이라며 주지 않았다. 1997년 8월 14일 광복절을 하루 앞두고 오사카와 고베에 사는 자이니치 9명과 함께 헌법소원을 냈다. 공직선거법이 재외국민의 투표를 허용하지 않는 것은 헌법 위반이라고 주장했다. 구체적으로 공직선거법에서는 선거인명부를 주민등록 기준으로 작성하도록 정했다. 공직선거법 제37조 1항을 보면 '(전략) 주민등록이 되어 있는 선거권자를 투표구별로 조사하여 선거인명부 작성 기준일부터 5일 이내에 선거인명부를 작성하여야 한다'라고 돼 있다. 하지만 재외국민은 주민등록이 불가능했다. 주민등록법 제6조 1항은 '시장·군수 또는 구청장은 30일 이상 거주할 목적으로 그 관할 구역에 주소나 거소를 가진 자를 이 법의 규정에 따라 등록하여야 한다. 다만, 외국인은 예외로 한다'이다. 따라서 해외에 거주하는 재외국민은 선거인명부에 오르지 못했고, 해외 투표소나 국제우편 투표도 있을 필요가 없었다. 결국 법이 주민등록을 기준으로 삼아 헌법이 부여한 투표권을 차별하니 위헌이라는 것이었다.

1999년 1월 28일 헌법재판소는 합헌 결정을 한다.[40] 반대의견이 없는 재판관 전원 일치다. 모두 네 가지 이유를 내세웠는데 핵심은 두 가

3

지이며 풀어서 인용하면 이렇다.

우선, '가장 현실적인 문제로서 국토가 분단된 우리나라에서 북한 주민이나 조총련계 재일교포에게 선거권을 인정할 수는 없다. 대법원 판례에 따라 북한 주민이나 조총련계 재일교포도 우리나라 국민이라는 점에는 의문이 없다. 따라서 재외국민에게 선거권을 인정하면, 북한 주민이나 조총련계 재일교포들이 선거권을 행사하는 것을 저지할 수 없다. 심지어 근소한 표 차이로 당락이 결정되는 경우에는 이들이 결정권casting vote을 행사하는 기이한 현상이 발생할 수도 있다. 재외국민의 성향을 분석해 선거권을 제한하는 것도 또 다른 위헌의 문제가 생기므로 어렵다.' 다음, '선거권이 국가에 대한 납세나 병역, 기타의 의무와 결부되므로 이런 의무를 이행하지 않는 재외국민에게 선거권을 인정할 수 없다. 재일교포처럼 타의로 외국에 거주하는 사람들은 별론으로 하고, 해외에 이민을 목적으로 거주하는 국민들은 자의로 납세와 병역 등 의무를 전혀 부담하지 않고, 장차 그 국가에 동화되어 생활하게 될 것이므로 선거권을 인정해야 할 아무런 논거를 찾을 수 없다.'

공직선거법에 대한 합헌 선고가 난 다음 주인 2월 5일. 국회 법제사법위원회에서 법안 심사 회의가 열렸다. 재외동포에게 선거권을 부여하는 법안이었다. '재외동포의 출입국과 법적 지위에 관한 법률안'을 법무부장관 박상천이 설명했다. 이어 국회 전문위원 임승관이 검토 보고를 시작했다. "현행법상 선거권을 행사하려면 주민등록을 근거로 만드는 선거인명부에 올라야 하지만, 재외국민은 주민등록이 불가능해 선거권 행사가 안 됩니다. 반면 미국·일본·영국 등에서는 (외국) 영주 비자를 취득한 자국민에게도 자국에서는 물론 외국에서도 투표하게 해주고 있습니다." 김대중 정부가 이러한 법안을 발의한 이유는 대통령선거 당시 약속했기 때문이다. 헌법재판소에 헌법소원을 낸 당사자들이 청구한 지 넉 달째이던 1997년 12월 대통령선거 운동 기간에 후보들에게 질의서를 보냈었다. 이에 대해 '재외국민에게 선거권을 줘야 한다'고 이회창, 김대중 후보가 똑같이 답했었다. [41]

계속해서 법무부에서 파견된 전문위원인 검사 임승관의 설명. "이 법안은 국내에 일정 기간 거주 중인 재외국민에게 선거권을 주고 있습니다. (필요한) 국내 체류 기간을 2년으로 하자는 의견부터 30일로 하자는 의견까지 있었습니다. 지나치게 장기로 하면 적용 대상자가 거의 없고, 단기로 하면 집단 입국해 선거에 참여하는 부작용이 우려되어, 출입국관리법의 장기 체류 기준인 90일로 정한 것으로 알고 있습니다." [42] 당시 공직선거법은 주민등록 기준이므로 주민등록이 불가능한 재외국민으로서는 투표가 원천적으로 가로막혔다. 그런데 새로운 법안 역시 국내 거주를 요건으로 정함으로써 재외국민 대부분을 제외시켰다. 헌법소원 청구인의 거주지는 모두 일본이어서 이 법안이 통과되어도 아무도 투표할 수 없었다. 그런데 이 방안도 국회를 통과하지 못한다. 8월 12일 국회 본회의는 선거권 조항을 삭제하고 이 법안을 통과시킨다. 이에 따라 국내에서 90일을 거주하면 선거권을 준다는 것도 없던 일이 됐다.

당시 국회 법제사법위원장 대리 최연희는 본회의에서 이렇게 설명했다. "외국에 있는 종합상사 직원 등에게 부재자투표가 인정되지 않는 현실에서 형평성 문제가 있다는 지적이 있습니다." 해외에 체류하는 일반 국민도 투표권이 없는데 재외국민이 90일 들어와 있다고 투표할 수는 없다는 얘기다. 투표권을 주지 않는 이유가 외국이라는 공간에서 비롯하는 기술적인 문제가 아니라 한국에서 운명을 같이하지 않는다는 것이다. 국적을 가지고 있는지가 기준이 아니라 운명을 같이하는지가 기준이다. 그렇다면 한국에 사는 외국적자에게 선거권이 있어야 한다. 하지만 그렇지도 않았다.

다른 나라들은 어떨까. 미국의 경우 18세 이상의 자국민이라면 외국에 살아도 연방선거election for federal office의 부재자투표권이 있다.[43] 대통령과 부통령, 상하원 선거에 참여한다. 현행 제도는 1942년, 1955년, 1975년부터 마련되어온 제도들에 근거한다. 1986년 이를 통합한 '국외 거주 군인 및 시민 부재자투표법uniformed and overseas citizens absentee voting act'이 제정된다. 독일은 1957년부터 해외에 거주하는 독일인이 우편투표 하는 게 가능했다. 국내에 3개월 이상 살았던 사람은 외국에 있어도 25년 동안 연방선거권을 갖는다.[44] 근거는 연방선거법 Bundeswahlgesetz이다.[45] 투표 방식은 우편투표다. 미국과 독일은 우편투표만 허용되며, 영국과 호주는 대리투표도 허용된다.[46] 한편 일본은 1998년 공직선거법이 개정되어 2000년부터 재외선거가 시작됐다. 영주권자와 단기 국외 체류자를 차별하지 않는다. 이중국적자도 투표가 가능하다.[47] 2000년부터 비례대표 투표에 국한해 인정하다가 2005년 최고재판소가 이를 위헌으로 결정함에 따라 선거구 투표까지 확대됐다.

2004년 이번에도 광복절을 하루 앞둔 8월 14일 자이니치들이 헌법
소원을 제기했다. 청구인 중에는 1997년 소송을 이끈 이건우의 딸 이
상은이 있다. 고려대에 유학 중이어서 서울 종암동에 주소도 있었지만
주민등록이 없었다. 본래 재외국민은 영주권을 포기하지 않는 이상 주
민등록을 할 수 없었다. 1991년에 개정된 주민등록법 제6조 3항은 '(전
략) 대통령령이 정하는 바에 의하여 해외 이주를 포기한 후가 아니면
등록할 수 없다'이다. 이 조항이 1970년부터 있었다. 이 때문에 한국에
사는 한국적 재외국민이라도 선거를 할 수 없었다. 1999년 헌법재판소
는 공직선거법상 재외국민 투표 금지 조항을 합헌으로 결정하면서 선
거를 관리하기 어렵다는 이유도 들었는데, 이상은의 경우를 보면 부당
한 근거였다.

2007년 6월 28일 헌법재판소는 재외국민 선거권 사건[48]을 두 번째
로 선고한다. 결정문을 풀어서 정리하면 이렇다. '북한 주민이나 조총
련계 재일동포가 선거에 영향을 미칠지도 모른다는 막연하고 추상적
인 위험성만으로 재외국민의 선거권 행사를 전면적으로 부정하는 것
을 정당화할 수는 없다. 결정권을 행사하게 될 위험성이 있으므로 재
외국민의 선거권 행사를 제한해야 한다는 주장은 보통선거 원칙에 반
하는 것이다. 다음으로 선거권이 납세나 병역의 반대급부라고 현행 헌
법에 나와 있지 않다. 재외국민들은 이중과세 방지 협정에 따라 납세
의무가 면제되는 것이며, 병역 의무가 남자에게만 부여되고 있는 점을
감안하면 필연성이 없다는 것을 알 수 있다.' 헌법재판소는 헌법불합
치를 선고한다. 2008년 12월 31일까지 관련 법조항을 고쳐야 하며, 그
렇지 않으면 2009년 1월 1일 모두 사라진다고 했다.

이 결정이 헌법 위반으로 판단한 것은 세 종류의 법이다. 대통령과 국회의원을 뽑는 국정선거, 지방자치단체장과 지방의회 의원을 뽑는 지방선거, 마지막으로 국민투표에 관련된 법이다. 이 가운데 지방선거는 주민에게 선거권을 준다. 한국 영주권을 취득한 지 3년 이상이 된 외국인 주민도 포함된다. 그런데 국민인 주민에게는 주민등록을 요구한다. 그래서 자이니치를 비롯해 외국의 영주권을 가진 경우 주민이어도 선거가 불가능하다. 주민등록이 안 되기 때문이다. 한국에 사는 재외국민은 주민등록과 마찬가지인 거소신고를 하는데도 굳이 주민등록을 기준으로 배제해온 것이다.

2009년 2월 12일 공직선거법이 개정된다. 재외국민에게 국정선거의 선거권·피선거권을 주고, 지방선거는 거소신고를 한 지 3개월이 되었으면 선거권을, 60일이 되었으면 피선거권을 줬다. 재외국민 선거가 2012년 4월 11일 국회의원 총선거와 12월 19일 대통령선거에서 시작된다. 재외국민 투표율은 대선 7.08퍼센트, 총선 2.53퍼센트였다. 추정 선거권자 223만 3695명 가운데 대선에서 15만 8235명이, 총선에서 5만 6456명이 투표했다.[49)][50)] 하지만 중앙선거관리위원회는 '제18대 대통령선거 재외투표율 71.2퍼센트'라는 보도 자료를 냈다. 분모를 외국에 사는 선거권자가 아니라, 투표를 하겠다고 신고한 사람으로 바꿨다. 이에 대해 비판이 나왔다. "착시 현상을 불러일으켰다고 할 만하다. 다른 나라의 재외선거 투표율은 선거권자 수 대비 투표율이다. 중앙선거관리위원회도 선거권자 수 대비 투표율을 우선으로 적어왔다."[51)]

일본은 투표율이 더 낮았다. 투표율이 대선 5.47퍼센트, 총선

2012년 시작된 재외국민 선거의 일본과 전 세계 투표율은 5퍼센트 미만이다. 재외선거를 홍보하거나 우편·인터넷 투표로 투표율을 올린다고 해결될 문제가 아니다.
2015 0603

2.12퍼센트였다. 추정 선거권자는 46만 2509명이었고, 투표자 수는 대선에서 2만 5312명, 총선에서 9793명이었다. 더구나 자이니치의 투표율은 그보다도 낮을 가능성이 컸다. 투표자 상당수가 단기 체류 중인 유학생이나 주재원이었다. 사전 신고 단계에서부터 자이니치의 참여가 저조했던 것으로 확인된다. 주재원이나 유학생처럼 주민등록·거소 신고가 있는 국외 부재자는 대상자 중 18.22퍼센트인 1만 6986명이 사전 신고에 참여했지만, 자이니치처럼 그렇지 않은 재외국민은 대상자 중 5.45퍼센트인 2만 140명만이 참여했다. 조선총련이 투표에 참여해 선거 결과를 뒤집을 것이라는 1999년 헌법재판소의 결정은 상상에 불과한 것으로 드러났다. 오히려 지나치게 저조한 투표율로 세금이 낭비되는 것 아니냐는 주장[52]이 나왔다.

고베총영사관 재외선거관리위원장으로 활동한 변호사 백승호의 인터뷰. "2012년에 투표한 사람들은 이제껏 평생 선거권이 없던 사람들이다. 중·고등학교 시절 반장 선거하고 나서 처음으로 공식적인 투표를 한 것이다. 그런 감동으로 선거에 참여한 사람이 대부분이다. 한국 대통령에 누가 뽑히더라도 일본에 사는 사람들에게 직접적인 영향이 없다. 재일교포 가운데 비례대표 국회의원이 나온다면 다소 영향이 있을 수도 있겠다. 다만 선거를 통해 자신이 한국인이라는 소속감을 확인하는 것이고, 이것도 투표의 중요한 효과일 수 있다고 본다."

계속해서 재외국민 선거권 헌법소원을 보는 백승호의 설명이다. "일본에 한정해 말하면 교포들이 한국의 선거권을 적극 요구하고 그러지는 않았다. 한국의 국정선거권이 필요하다고 주장하던 사람들이 운동의 일환으로 소송을 제기했다. 한국보다는 일본의 참정권이 필요하다는 사람들은 오히려 반대하는 입장이었다. 실제로 헌법재판소의 결정인 난 뒤 일본 정부는 자이니치에게 한국 참정권이 있다는 것을 참정권 부여 거부 논리로 내세운다. 다만 헌법재판소가 (식민지 역사를 거친 자이니치 같은 존재가 없는) 선진국의 움직임에 따라 인정해준 것 아닌가 싶다. 일본의 교포는 다른 나라의 교포와는 다르다. 미국은 뉴커머만 있으니 한국과 관련이 깊고 언젠가 돌아갈 수도 있을 것이다. 여러 면에서 우리와는 다르다."

선거에 참여한 한국적 변호사 송혜연의 인터뷰. "투표는 했다. 하지만 일본에 사는 우리들에게 한국 정책은 거의 영향을 끼치지 못한다. (한국 정치인들이 대부분) 자이니치가 어떤 존재인지 모르기도 하고. 자이니치가 국회의원 후보로 나온다면 문제가 다르겠다. 정말 필요한 것은 일본의 선거권이다. 어쨌든 자이니치에 대한 차별이 조금씩 줄어드는 게 사실이다. 재일민단이나 조선총련에 의존할 필요도 없어졌다. 자이니치들도 자기 생활에 더욱 관심을 갖고 있다. 그런 면에서 일본의 지방참정권이 직접 관련이 있고 그래서 필요하다."

선거에 참여하지 않은 한국적 변호사 양영자의 인터뷰. "결국 투표하지 않았다. 처음에는 기쁜 마음으로 투표소에 가려 했다. 하지만 이런저런 생각 끝에 가지 못했다. 한국에 대한 정보가 없으니 쉽지 않았다. 뉴스를 통해 조금 듣기는 해도 일본에 사는 우리로서는 자세히 모른다. 만약 일본의 선거권이 있었다면 반드시 투표했을 것이다. 그래도 한국의 선거권을 가지고 싶다. 조국에게 잊혀지고 싶지 않아서다."

사랑하기에 버려야만

재외국민을 배제한 옛 공직선거법의 결함은 주민등록 제도에서 비롯됐습니다. 주민등록법을 가지고 자의적으로 집단을 추려낸 다음, 이 주민등록을 기준으로 선거권을 부여했습니다. 결국 특별한 기준도 없이 선거권을 정했으니 이를 방어한 1999년 헌법재판소의 결정도 부실함을 면치 못했습니다. 예를 들어 총련계가 문제라면 나머지 재외국민에게만 선거권을 주면 됩니다. 그런데도 헌법재판소는 (결과적으로 총련계) 재외동포가 차별된다며 거부했습니다. 재외국민이 캐스팅보트가 될지 모른다는 우려도 결과에 영향이 없어야 선거권을 준다는 이상한 얘기가 됩니다. 보통선거 원칙에 반하는 부적절한 주장이라고 2007년 헌법재판소 결정은 강하게 비판했습니다. 차라리 과거 다른 나라처럼 병역이나 납세를 기준으로 삼거나, 지금처럼 국적을 기준으로 했다면 논리적으로는 문제가 없습니다. 마찬가지로 기준을 국적이 아니라 거주로 바꿔도 논리적 정합성이 확보됩니다.

1999년 결정문 가운데 일부를 옮겨보면 이렇습니다. "선거권이 국가에 대한 납세, 병역, 기타의 의무와 결부되기 때문에 이와 같은 의무를 이행하지 아니하는 재외국민에게 선거권을 인정할 수는 없다고 할 것이다. 재일교포와 같이 타의에 의해 외국에서 거주하는 사람들은 별론으로 하고, 해외에 이민을 목적으로 거주하고 있는 국민들은 자의에 의해 국가에 대해 납세, 병역 등의 의무를 전혀 부담하지 아니하고 있고, 장차 그 국가에 동화되어 생활하게 될 이들에 대해 선거권을 인정해야 할 아무런 논거를 찾을 수 없다." 재외국민은 자의로 떠나 납세와 병역 등을 부담하지 않으므로 선거권을 주지 못한다면서, 타의로 외국에 사는 재일교포는 별론이라고 밝히고 있습니다.

그런데 별론인 재일교포에게 왜 선거권을 주지 않는지 이유를 알려주지 않습니다. 청구인이 재일교포인 점을 생각하면, 헌법재판소는 정작 당사자에게 결론을 내주지 않은 셈입니다. 그래서 헌법재판소의 결정에 자이니치를 대입해봅니다. 헌법재판소는 납세와 병역을 근거로 삼는데, 청구인 가운데 병역을 필한 사람과 한국에 살며 세금을 내는 사람이 있었습니다.[53] 그렇다면 이들에게는 선거권이 주어져야 합니다. 이 결정은 거듭 읽어보아도 합당한 이유가 없습니다. 국적도, 납세도, 병역도 이유가 아니었습니다. 재외국민을 배제한다는 결론만 있습니다.

다음 2007년 헌법불합치 결정문은 국민국가에 대한 로망이 지배합니다. 결정은 가장 마지막 이유를 이렇게 듭니다. "끝으로, 재외국민도 엄연히 대한민국의 국민으로서 국가기관의 구성에 참여할 헌법적 권리가 인정되어야 한다는 점에서, 뿐만 아니라 나날이 심화되고 있는 국제화, 지구촌화 시대의 국민 통합은 재외국민의 의사 역시 대한국민의 의사의 한 부분으로 편입될 것을 요구하고 있다는 점에서 재외국민의 선거권 행사를 전면적으로 박탈하는 (공직선거)법 제37조 1항은 헌법적 정당성을 발견하기 어렵다." 전 세계에 사는 한국 국적을 가진 이들의 생각을 모아 국가를 발전시킨다는 것입니다. 애국심에 대한 기대가 바탕이 돼 있습니다.

이런 생각은 여러 곳에서 드러납니다. 가령 2005년부터 지방참정권이 영주 체류 자격을 취득한 날로부터 3년 이상 지난 외국인에게도 주어졌는데, 이를 가지고 국민의 권리가 외국인만 못하다는 식으로 말합니다. "따라서 현행법에 의하면 지방의회 선거권에 관한 한, 헌법상의 권리인 국내 거주 재외국민의 선거권이 법률상의 권리인 외국인의 선거권에 못 미치는 현상을 초래하고 있는데, 이러한 결과가 부당한 것임은 재론의 여지가 없다. 결국 국내에 영주하는 외국인에 대해서까지 부여하는 지방선거 선거권을 국내 거주 재외국민에 대해서는 그 체류 기간을 불문하고 전면적, 획일적으로 박탈하는 것은 헌법상 평등원칙에 어긋날 뿐 아니라 (후략)." 지방참정권이라는 주민으로서 갖는 똑같은 권리를 두고, 국민과 외국인으로 등급을 매기고 있습니다.

오히려 결론은 똑같이 위헌이지만 다른 이유를 제시한 이공현 재판관의 의견에 눈길이 갑니다. 이렇게 시작합니다. "결론에 있어서는 다수의견과 의견을 같이하지만, 위 각 법률 조항들이 외국 영주권자인 재외국민·국외 거주자들에 대해 일반적으로 기본권을 침해하는 것은 아니라고 본다." 그리고 재외국민에게 선거권이란 무엇인지 밝힙니다. "이미 상당 기간 대한민국과는 문화적·사회적·경제적으로 상이한 환경의 외국에 생활의 기반을 잡고 그곳에 영주할 의사와 권리를 가지고 있는 자의 경우에는 그렇지 아니한 재외국민이나 국외 거주자들과는 대한민국의 선거나 정치에의 참여에 대해 가지는 태도의 진지성, 밀접성이 현저히 다른 경우가 많을 수밖에 없으므로, 추상적이고 이념적인 통일체로서의 국민을 넘어 현실적이고 구체적인 국가 구성원으로서 대의기관을 구성할 권리가 필연적으로 인정된다고 보기 어려운 점이 있다."

다른 나라의 경우도, 국민이라는 이유만으로 선거권을 인정하지는 않는다고 설명합니다. "비교법적으로 보아도 영주 의사나 국외 거주 기간 등은 선거권의 인정 여부에 있어 중요하게 고려되는 요소다. 영국의 경우 국외 거주 기간이 일정 기간 이내인 경우의 재외국민에 대해 선거권을 인정하고 있고, 캐나다나 호주의 경우 국외 거주 기간이 일정 기간 이내로서 국내로 돌아와 영주할 의사가 있는 때에 선거권을 인정하고 있다. 결국 외국 영주권자 등 일정한 범위의 재외국민에 대해 선거권을 인정하지 아니하는 경우에 언제나 보통선거 원칙에 반하여 헌법적으로 허용될 수 없는 것은 아니며, 이는 국민투표권의 경우에도 마찬가지다." 최종적으로 주민등록을 기준으로 선거권을 박탈했기 때문에 위헌이라고 합니다. 그리고 2012년 총선과 대선을 통해 그의 의견이 현실적이고 합리적임이 입증되었습니다.

이공현 재판관의 인터뷰입니다. "선거권이 국민의 중요한 기본권 가운데 하나인 것은 맞다. 하지만 모든 기본권은 헌법에서 밝힌 대로 제한이 가능하다. 나는 외국의 영주권자라면 선거권을 배제할 대상이라고 봤다. 외국에 영주하면서 경제·문화·사회적으로 단절하겠다

공고 제 2012- 1 호

재외투표소의 명칭 및 소재지 등의 공고

「공직선거법」 제218조의17제3항 및 제4항에 따라 제19대 국회의원 재외선거의
재외투표소 명칭 및 소재지 등과 투표사무원을 다음과 같이 공고합니다.

2012년 3월 7일

주오사카총영사관재외선거관리위원회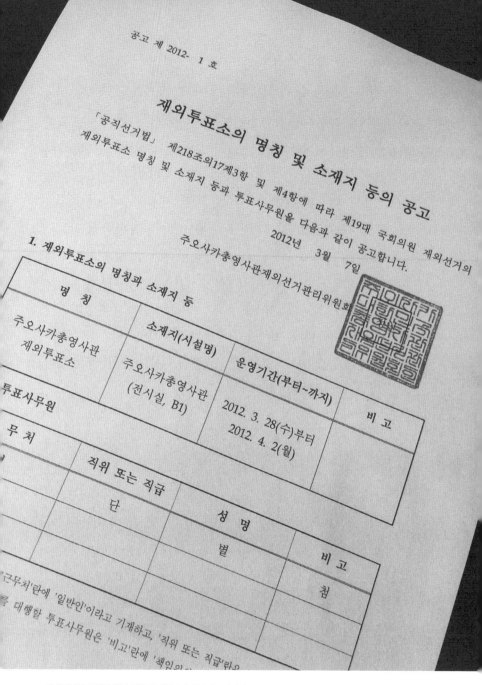

1. 재외투표소의 명칭과 소재지 등

명 칭	소재지(시설명)	운영기간(부터~까지)	비 고
주오사카총영사관 재외투표소	주오사카총영사관 (전시실, B1)	2012. 3. 28(수)부터 2012. 4. 2(월)	

투표사무원

무 처	직위 또는 직급		
	단	성 명	
		별	비 고
			첨

'근무처'란에 '일반인'이라고 기재하고, '직위 또는 직급'란
대행할 투표사무원은 '비고'란에 '책임의

오사카부를 비롯해 일본 전국의 재외국민 선거에는 자이니치 변호사들도 관리위원으로 참여했습니다. 하지
만 적잖은 자이니치 변호사들이 참정권의 본질과 다르다며 투표에도 참여하지 않았습니다.

2015 0603

는 의사 표시가 있(거나 이미 단절됐)는데, 정치적으로만 이어놓는 것
이 바람직한지 의문이 든다. 호주나 독일 등에서도 거주 기간 등 국내
와 끈이 이어져 있어야 재외국민에게 선거권을 부여한다. 주민등록이
선거권의 기준이 되는 것은 위헌적이지만, 그렇다고 국민이라는 이유
만으로 모두 허용할 문제도 아니었다. 모든 관계가 끊어졌는데도 국
적 이탈만 하지 않았다고 참정권을 주자는 것이 너무나 추상적이다."
1999년 합헌 결정의 근거 중 하나였던 총련계가 투표할 위험성에 대
해서는 이렇게 설명했습니다. "보통선거 원칙을 보장한 다음에 예외적
으로 제한하는 것이다. 현행대로 재소자에 대해서랄지 내 의견대로 재
외국민에게랄지 나가는 것이다. 그런데 총련계 재외국민이 참여할 위
험성이 있다고 안 한다는 것은 말이 안 된다. 국내에 주민등록이 있어
도 위험한 사람이 있기는 마찬가지다."

한편 2007년 헌법재판소 결정은 2005년 일본 최고재판소의 판결
에 영향을 받은 것이기도 합니다. 하지만 일본의 경우 일관된 기준으
로 선거권을 논했습니다. 대표적으로 선거에 관한 정보가 재외국민이
나 문제가 되는 국민에게 유효하게 도달하는지가 기준이 되었습니다.
과정을 살펴보면 당초 일본도 재외국민에게 투표권을 주지 않았습니
다. 1996년 재외국민을 투표에서 제외하는 것은 부당하다며 손해배상
이 제기되자, 국회가 1998년 공직선거법을 개정해 비례대표 투표를 인
정했습니다. 2005년에는 최고재판소가 선거구 투표까지 인정하라고
판결했습니다.[54] 최고재판소의 판결문은 이렇습니다. "재외국민에게
선거 공보를 투표일 이전에 보내거나 후보자에 관한 정보를 전달하는

것이 어려웠다. 하지만 통신수단이 현저하게 발달해 그런 문제가 상당 부분 해소되어 투표권을 제한할 이유가 되지 못한다." 이후 2013년 오사카고등재판소는 수형자에게 선거권을 주지 않는 것은 위헌이라고 결정했는데[55], 이유 중에 선거에 관한 정보에 수형자도 접근 가능하다는 것이 있었습니다. '한국 정치에 대한 정보가 부족해 재외국민 선거에서 투표하지 못했다'는 양영자 변호사의 설명도 같은 맥락입니다.

그런데 헌법재판소의 2007년 위헌 결정은 주요 논거로 국민의 권리를 제시했습니다. '참정권은 국민의 권리'라는 설명은 국민주권의 원리에서 비롯된다고 합니다. 하지만 선거권이 납세나 병역의 대가라는 설이 더 이상 쓰이지 않는 것처럼, 국적의 대가라는 설명에도 반대가 많습니다. 일본에서는 언론도 문제를 제기합니다. 2013년 마이니치 신문은 "현재 일본국적이 아니면 선거권이 주어지지 않는다. 특별영주자인 재일 한국·조선인에게 지방선거권을 주자는 의견이 있다. 하지만 자민당의 반대로 (공직선거법 지방선거 조항에) 국적 요건이 들어 있다"고 설명합니다.[56] 이 때문에 2012년 자민당이 제시한 일본국헌법 개정안을 보면 선거권을 '국민'의 권리로 수정해놨습니다. 현행 일본국헌법 제15조 가운데 '성년자의 보통선거를 보장한다'에 일본국적을 추가했습니다.[57]

여러분은 어떻게 생각하십니까. 대한민국의 선거권은 누구에게 주어져야 합니까. 투표로 국회와 정부를 구성하고 이곳에서 만드는 법의 지배를 받아들이는 것이 민주주의입니다. 일본에서 태어나 일본에서 자라고 일본학교를 졸업해 일본어밖에 못 하는 한국 국적자입니까. 필리핀 노동자의 아들로 한국에서 태어나 한국어만 말하고 한국식 교

この辺りは、江戸時代、霞が関と呼ばれ、武家屋敷が建ち並んでいました。そして、その名は比較的早くから、現在は中央官庁の代表的な存在となっている霞が関を意味していました。

霞が関の由来については、「武蔵野地名考」にこの場所から雲や霞の向こうに景色を眺めることができるために記されています。

가스미가세키는 정부청사가 밀집한 도쿄 중심부 지역입니다. 메이지시대에 큰 화제가 있던 자리에 외무성과 해군성이 들어서면서 관청가가 됐습니다. 이곳 행정부의 모든 정책은 자이니치의 삶을 지배합니다. 하지만 자이니치는 선거권이 없어 행정의 근거인 법률을 만드는 데 관여하지 못합니다.

2015 0221

육을 받은 필리핀 국적자입니까. 단순화하면 국적이냐 주거냐의 문제입니다. 지금처럼 국적이 기준이라면 우리는 한국에 관해 전혀 모르는 스무 살 자이니치에게 운명을 맡겨야 합니다. 마찬가지로 우리의 운명을 결정한 그 자이니치는 자신의 운명을 결정하는 일본 법률에 대해서는 아무 결정도 하지 못합니다. 다른 사람에 의해 운명이 결정되는 사람이 공동체를 사랑하기는 어렵습니다. 그런 사람이 하나둘 늘어갈수록 공동체는 메마르고 차가워질 것입니다.

마지막으로 2007년 헌법재판소 결정은 총련계 동포가 투표에 참여할 가능성에 대해 이렇게 적었습니다. "북한 주민이나 조총련계 재일동포가 신분을 위장해 선거권을 행사할 위험성도 존재한다고 하지만, 현행 재외국민등록법에 의한 재외국민등록 제도, 국내거소신고 제도를 활용해 그러한 위험성을 예방하는 것이 선거 기술상 불가능한 것은 아니다. 또한 북한 주민이나 조총련계 재일동포가 아닌 재외국민의 경우에는 북한 주민이나 조총련계 재일동포와는 달리 우리나라 여권을 소지하고 있으므로 양자의 구분이 가능하다."

정말 그럴까요. 총련계라고 언제까지나 조선적을 유지하지는 못합니다. 여러 이유로 한국적으로 바꾸어 한국 여권을 가진 사람이 다수입니다. 오히려 북조선의 지령을 받는 스파이라면 한국적을 가질 것입니다. 한국의 외교부와 법무부가 의심스러워하는데 조선적으로 남아있을 이유가 없습니다. 재외국민등록이나 국내거소신고는 간첩에게는 오히려 필수적일 것입니다. 헌법재판소는 막연한 추측으로 세상을 재단한 셈입니다. 취재를 위해 수년간 자이니치들을 만났지만 재일민단과 조선총련 모두에 가까운 사람도 적지 않았고, 가까운 이유도 이념이 아니라 사업 때문인 경우가 많습니다. 사실 누가 민단계이고 총련계인지 구분할 기준이나 방법도 없습니다. 심지어 조선총련 지지자이면서 조직원이 아닌 경우도, 재일민단에 회비는 꼬박꼬박 내지만 조직을 신뢰하지 않는 사람도 있습니다. 재일민단과 조선총련은 본국에 의존하는 적대적 공생 관계이지만, 이른바 지지자들의 태도는 본국이나 조직의 것보다 훨씬 유연합니다.

여행증명서

그대 다시는 고향에 가지 못하리

《조선왕조실록》 4개 사고본 가운데 오대산 사고본이 1913년 도쿄제대로 옮겨진다. 1923년 관동대지진으로 대부분 불타 없어지고, 1932년 경성제대로 27책이 이관된다.[58] 47책이 도쿄대 도서관에 더 있었지만 한국 정부는 파악하지 못했다. 1990년대 학자들의 연구로 존재가 알려지지만 1965년에 맺은 한일문화재협정[59] 때문에 정부가 반환을 요구하기는 어려웠다. 그러던 2004년 봉선사 혜문스님 등이 민간 환수위원회를 만든다. 현지에서 활동하기 위해서는 일본 변호사의 도움이 필요했다. 우리말이 능숙해야 했고 사실상 무보수로 일해야 했다. 이 일에 조선학교 출신의 자이니치 변호사 김순식이 나선다. 당장 한일문화재협정 문제를 넘어서기 위해 식민지 배상 문제가 남아 있는 북조선의 조선불교도련맹중앙위원회의 지지를 받아다 주었다. 하지만 조선적인 김순식은 한국 여권이 나오지 않아 서울로 출장할 때마다 외교부가 발급하는 여행증명서를 받아야 했다. 마침내 2006년 7월 7일 《조선왕조실록》 47책이 한국으로 돌아온다.

2008년부터 한국 정부는 김순식 같은 조선적에게 여행증명서를 발급하지 않았다. 2007년에는 여행증명서를 신청한 건수가 2229건이었고 거부한 건수는 0건이었다. 그러다 2008년에 신청 2037건에 거부 7건이 됐다.[60] 건수로 잡히지 않는 거부 사례도 많았다. 어차피 여행증명서가 나오지 않을 테니 수수료나 아끼라며 취하를 요구해서였다.[61] 2009년엔 신청부터가 줄어 1497건이 됐고, 이런 와중에도 거부는 늘어 279건이 됐다. 이후 발급 건수는 계속 줄어 2010년 176건, 2011년 25건, 2012년 20건이 됐다.[62] 한국에서 공부하려는 학생도 막았다. 2009년 조선적 오인제는 성균관대 대학원 입학시험에 응시하기 위해 여행증명서를 신청했다. 오사카총영사관은 합격할 경우 한국적으로 입학하는 조건으로 여행증명서를 주겠다고 했다.[63] 시험에 합격한 오인제는 입학을 위해 조선적 상태로 여행증명서를 신청했지만 거절됐다. 이에 대해 국가인권위원회는 인권 침해라고 같은 해 12월 판단했다. '재외공관이 조선 국적의 재일 조선인에 대한 여행증명서를 발급할 때 국적 전환을 강요, 종용하거나 이를 조건으로 하는 관행을 시정하고 이에 부합하도록 재발 방지 대책을 수립할 것을 외교통상부장관에게 권고한다.' 국가인권위원회의 권고를 받았다고 외교부가 여행증명서를 내주지는 않았고, 오인제는 입학을 포기했다.

조선적의 한국 입국에 관한 역사상 첫 소송이 시작된다. 조선적 사회학자 정영환은 2009년 6월 서울에서 열리는 민족문제연구소 심포지엄에 토론자로 초대받았다. 히토쓰바시대에서 재일 조선인 문제로 박사 학위를 받았고, 리쓰메이칸대 코리아연구센터 선임연구원이었다. 이전에도 여행증명서를 받아 한국에서 열리는 학술 대회에 참가했었다. 여행증명서를 신청했다. 오사카총영사관 영사는 '국적을 바꿀 생각이 있느냐'고 물었다. 정영환은 '지금으로서는 그럴 생각이 없다'고 답했다. 여행증명서 발급이 거부됐다. 정영환은 오사카총영사관을 상대로 소송을 제기했다.

2009년 12월 서울행정법원 성지용 재판부는 여행증명서 발급 거부가 부당하다며 거부 처분을 취소하라고 판결했다.[64] 법조문을 참조해 판결문을 정리하면 이렇다. "무국적인 재외동포도 여행증명서를 받을 수 있다. 근거는 남북교류협력법 제10조다. '외국 국적을 보유하지 아니하고 대한민국의 여권을 소지하지 아니한 외국 거주 동포가 남한을 왕래하려면 여권법 제14조 1항에 따른 여행증명서를 소지하여야 한다.' 그래서 14조 1항을 본다. '외교통상부장관은 국외 체류 중에 여권을 잃어버린 사람으로서 여권의 발급을 기다릴 시간적 여유가 없는 사람 등 대통령령으로 정하는 사람에게 여행 목적지가 기재된 여권을 갈음하는 증명서를 발급할 수 있다.' 이에 따라 무국적 해외동포에게도 여권법이 적용된다. 여권법에서 발급 거부 사유를 정한 규정은 제12조에 있는데 1항 4호에 '대한민국의 안전 보장·질서 유지나 통일·외교 정책에 중대한 침해를 야기할 우려가 있는 경우'가 있다. 하지만 정영환이 북조선을 방문했었다는 정도는 여기에 해당하지 않는다." 다시 요약하면 이런 얘기다. 국민이 대상인 여권법에서는 발급 거부가 아주 예외적으로만 가능하다. 그리고 무국적 재외동포에게 여행증명서를 발급 거부하는 것도 여권법의 기준을 따르도록 했다. 그런데 정영환이 여권 발급을 거부할 만큼 엄청나게 위험한 인물은 아니다. 따라서 여행증명서를 줘야 한다.

2010년 9월 서울고등법원 김용덕 재판부는 결론을 뒤집어 발급 거부는 정당하다고 판결했다.[65] 판결문을 정리하면 이렇다. "무국적 해외동포에게 발행하는 여행증명서는 여권법이 정한 일반적인 여행증명서와는 다르다. 일반적인 여행증명서는 그 성격상 출국을 위한 것으로 봐야 한다. 출국하는 무국적자, 해외로 입양되는 사람 등이 대표적인 사례다. 반면 외국 거주 동포용 여행증명서는 입국 허가의 의미다. 북한 주민의 방문증명서, 외국적 재외동포의 비자와 같은 기능이다. 따라서 국민에 대한 여권 발급 거부 사유를 적용하지 못한다. 국민은 거주 이전의 자유가 있어 여권법의 거부 사유에 해당하지 않는 이상 발급해야 한다. 하지만 무국적 재외동포의 경우 심사에 신중을 기해야 하고 정부에게 광범위한 재량이 있다. 무국적 외국 거주 동포의 여행증명서는 여권법의 발급 거부 규정을 준용할 수 없고, 여권법 시행령 제16조 제5호 규정을 유추 적용해 심사할 수 있다. '외교통상부장관은 법 제14조에 따라 다음 각 호의 어느 하나에 해당하는 사람에게 여행증명서를 발급할 수 있다. 5. 그 밖에 외교통상부장관이 특히 필요하다고 인정하는 사람.' 뒤집어서 생각하면 외교부가 특별히 인정하지 않는 이상 발급 거부가 가능하다."

1·2심의 결론이 달라진 이유는 무국적 재외동포에 대한 판단 때문이다. 여권을 발급할 때 무국적 재외동포를 어떻게 보는지에 달려 있었다. 조선적에게 여행증명서를 발급하거나 거부하는 기준에 대해, 1심은 국민에 대한 경우와 마찬가지라고 했고, 2심은 북한 주민에 대한 경우와 비슷하다고 봤다. 1심은 국민이 대상인 여권법을 적용했고,

3.

2심은 북한 주민이 대상인 남북교류협력법을 적용했다. 여권법의 여행증명서는 특별한 사유가 없는 이상 발급 거부하지 못하지만, 남북교류협력법의 여행증명서는 입국 비자와 비슷하게 발급 거부가 가능하다는 게 항소심의 설명이다. 이렇게 1심과 2심은 결론은 다르지만 조선적이 무국적 재외동포라는 점에서는 일치했다. 정영환 본인부터 조선적은 무국적자라고 주장했다.

그런데 대법원에서 정영환은, 조선적은 무국적이 아니라 한국적이라고 새롭게 주장했다. 따라서 무국적 재외동포는 국민이 아니어서 여행증명서를 엄격히 발급해야 한다는 항소심의 논리도 부당하다고 했다. 그의 말대로 1996년 대법원은 '조선적은 한국적'이라고 밝혔다.[66] 한국의 국적법은 한국인은 부모가 한국인인 사람이라고 하면서도 최초의 한국인을 정하지 않았다. 혈통주의 국가에서 최초의 국민을 정하지 않은 것은 심각한 결함이었다.[67] 자칫 아무도 한국인이 아닌 상황이 될 수 있었다. 이 문제를 1996년 대법원이 해결했다. '조선인을 부친으로 하여 출생한 자는 남조선과도정부법률 제11호 국적에 관한 임시 조례의 규정에 따라 조선 국적을 취득했다가 제헌 헌법의 공포와 동시에 대한민국 국적을 취득했다'고 했다. 조선왕조의 백성과 후손은 대한민국 국적이라는 얘기다. 이에 기초해 정영환은 자신이 한국적이므로 여행증명서를 특단의 사정이 없는 이상 발급 거부하지 못한다고 주장했다.

정영환의 대리인인 변호사 윤지영의 인터뷰. "정영환 교수를 비롯해 상당수 조선적은 스스로를 무국적으로 생각한다. 이런 상황에서 한

국적이라고 주장해도 좋을지 고민이 많았다. 하지만 항소심이 조선적
은 무국적자라 출입국에 제약이 따른다고 밝힌 상황이었다. 그래서 상
고심에서는 조선적이 법률상 한국인인데도 출입국이 제한되는지 따지
기로 했다. 소송의 핵심은 조선적의 국적 문제가 아니라 출입국 문제
였다." 조선적을 무국적이 아닌 한국적으로 주장하자고 제안한 사람이
자이니치 변호사 김철민이다. 정영환 여행증명서 사건의 항소심이 한
창이던 2010년부터 한국법 연수를 위해 서울에 머무르고 있었다. 김철
민 자신이 자이니치의 출입국 문제로 어려움을 겪어왔다.

김철민은 조선적이던 2008년 재외국민등록과 대한민국 여권을 신
청했다. 한국은 혈통주의이기 때문에 한국적의 자녀는 한국적이다. 외
국에서 태어나도 한국적이다. 따라서 일종의 출생신고가 있는데 그
게 재외국민등록이다. 그런데 주일 한국대사관 영사과는 일본 정부가
발행한 외국인등록부의 국적 표기를 한국으로 바꿔야 재외국민등록
이 된다고 했다. 김철민은 영사에게 "한국 정부가 자국민을 등록하는
데 일본 정부의 공문서가 왜 필요하냐. 순서로 봐도 일본의 외국인등
록부 표기를 바꾸려면 한국에서 재외국민등록을 먼저 해야 하지 않느
냐. 일본 정부가 내가 한국적인지 중국적인지 어떻게 알겠느냐"고 말
했다. 하지만 담당 영사는 재외국민 임시등록증을 주겠으니 그걸로 외
국인등록부를 고치라고 했다. 그는 영사에게 공문을 보내 "현재 대법
원도 조선적을 한국인으로 인정해 가족관계부를 작성하고 있다. 외국
인등록부의 국적란이 한국이든 조선이든 대한민국의 재외국민이다"라
고 설명했다. 실제로 대법원의 재외국민 가족관계등록 사무처리 지침
제4조 6항은 '(전략) 이들 서류에 국적이 조선이라고 기재되어 있어도

3

가능하다'이다. 이런 항의에도 영사는 재외국민등록과 대한민국 여권 발급을 거부했다. 결국 김철민은 대사관이 시키는 대로 절차를 밟았다. 소속 로펌에서 보내는 해외 연수를 한국으로 가기로 결심했고, 더 이상 영사관과 논쟁할 시간이 없었다. 김철민은 영사관의 요구는 분명히 부당하다고 했다. "재외국민등록은 국민의 권리다. 영사관이 이유를 달아 결정할 문제가 아니다."

2013년 12월 12일 마침내 대법원이 정영환 사건을 선고한다.[68] 결론은 그의 패소다. 판결문에서 대법원의 판단은 한 문장이다. 조선적도 같은 한국적인데 왜 조선적만 출입국이 차별되는지 설명이 없다. "일본의 1947년 외국인등록령에 따라 국적 등의 표시를 조선으로 했다가 그 후 일본국적을 취득하지도 않고 국적 등의 표기를 대한민국으로 변경하지도 않고 있는 조선적 재일동포는 구 남북교류법상 여행증명서를 소지해야 대한민국에 왕래할 수 있다고 봄이 타당하다." 하급심에서는 원·피고의 주장에 따라 재판부도 무국적을 전제로 결론을 냈다. 하지만 상고심에서는 원고가 한국적이라 주장했고 근거는 대법원의 판례였다. 따라서 이번에 대법원이 판례를 변경하지 않은 이상, 전제는 조선적도 한국적이라는 것이다. 항소심을 그대로 인용하기에는 전제가 다른데도 별다른 설명이 없다. 한국적이라도 입출국이 차별된다는 결론을 내리면서도 설명을 적지 않은 것이다.

변호사 윤지영의 인터뷰. "판결문에 대법원이 고민한 흔적이 있다. 대법원이 밝힌 문장에서 생략된 논리가 추론된다. '조선적 재일동포는 한국적이 맞지만 북한 주민과 별반 다르지 않다. 따라서 국민이 대상인 여권법이 아니라 북한 주민이 대상인 남북교류협력법으로 여권 발급 여부를 판단한다'는 부분이 생략된 것이다. 판결문에 명확히 적기는 부담스러웠던 것 같다." 본래 남북교류협력법은 북한 주민의 출입국 문제에 쓰려고 만든 법률이다. 헌법에 따라 대한민국 영토는 한반도 전체이고 대법원 판례에 따라 북조선 인민도 대한민국 국민이다. 헌법은 국민에게 거주 이전의 자유를 보장하므로 이북의 국민도 남북을 자유롭게 다닐 수 있다. 하지만 헌법의 영토 규정은 선언적 조항에 가까웠다. 그래서 남북교류협력법을 제정해 '대한민국 국민 가운데 북한 주민' '대한민국 내부의 군사분계선'과 같은 개념을 개발했다. 그리고 북한 주민은 엄격한 심사를 거쳐 여행증명서를 받을 수 있게 했다.

변호사 윤지영의 인터뷰. "북한 주민에 관해 규정하고 설명하는 남북교류협력법에 느닷없는 조항이 하나 있다. '외국 국적을 보유하지 아니하고 대한민국의 여권을 소지하지 아니한 외국 거주 동포'로 시작하는 제10조다. 도대체 전체 맥락에서 무엇을 의미하는지, 왜 만들어졌는지가 불분명하다. 이번에 보니 총련계 재일동포를 염두에 두고 만든 것이다. 정부로서도 치밀하게 준비한 셈이다." 기본적으로 남북교류협력법은 북한 주민을 대상으로 하는데, 총련계 동포를 겨냥한 조항이 들어 있는 것은 사실상 이들을 북한 주민으로 보는 셈이라는 것이다. 윤지영의 인터뷰. "한국 정부가 왜 재일동포를 적극적으로 포용하지 않고 위험한 존재라며 배제하는지 모르겠다. 이런 문제가 쌓여 적대감이 생기고 반발하는 것 같다." 자이니치 변호사 김철민의 인터뷰. "스파이라면 조선적으로 입국하겠는가. 당연히 한국적으로 바꾸지 않았겠나. 만약 일본국적이라면 (입국) 사증 면제 대상이다."

결 어

앞서 본 바와 같이 재일교포는 대한민국 국민으로서 인...

의 자유를 갖게 되나, 이러한 자유도 대한민국의 안전보장, 질서유지...

하여 필요한 경우 그 본질적인 내용을 침해하지 않는 범위에서 법률에 의한...

받게 됨은 의심의 여지가 없다 할 것이다.

그런데, 위 여권법의 제한규정은 대한민국의 이익이나 공공의 안전을 해할 명백한...

위험성을 가진 자가 국가의 통치권이 미치는 영역 밖으로 여행하고자 하는 경우 그 여권발급...

위험성이 해소될 때까지 그에 대한 여권발급을 제한함을 그 주목적으로 한다 할 것...

...제한하는 경우에는 이를 들어 거주·이전자유의 본질적인 내용을 침해하는 것이...

...없으나, 그와 달리 국가의 통치권이 미치는 국내에 입국하기 위한 경우,

...목적으로 하는 여권발급에 대하여까지 제한을 가하는 것은 위...

재판실무편람(2001), 454-455쪽 참조.

행정재판실무편람(Ⅲ)

—자료집—

서울행정법원

892   제10편 기타사건

정취지에 부합하지 아니함은 물론, 거주·이전자유의 본질적인 내용을 침해하...

이라고 할 것이다.

다만, 일시 방문이나 거주를 목적으...국내 입국은 물론...가능하...

...치권이 미치지 아니하는 일본을 비롯...

...은 여전히 위 여권법...

대한민국의 유일한 행정법원인 서울행정법원이 발행한 〈실무편람〉에는 "조총련계 재일동포 또한 대한민국 국적을 갖는다. 재일동포가 국내에 입국하기 위한 여권을 제한하는 것은 거주·이전 자유의 본질적인 내용을 침해하는 것"이라고 적혀 있다.

2015 0528

대법원의 정영환 판결로 국가는 조선적 자이니치의 입국에 대해 북한 주민의 경우와 똑같이 판단하게 됐다. 사실상 무제한한 재량을 갖게 된 것이다. 사실 북한 주민은 상식적으로도, 국제법으로도 한국적이 아니다. 그런데도 한국적이라고 선언한 다음 출입국에서는 이들을 배제하려 남북교류협력법을 만들었다. 그리고 대법원은 일본에서 태어난 조선적 자이니치가 북한 주민과 똑같다고 했다. 북조선의 간첩으로 활동할 우려가 있는지, 한국에 심각한 위험이 되는지 판단하지 않아도 된다. 대법원은 정영환의 청구는 기각하더라도 다른 근거를 제시할 수 있었다. 조선적에게 여행증명서를 발급하는 문제는 행정부의 재량이 아니라, 사법부가 엄격히 심사할 문제라고 선언하면 된다. 조선적 자이니치가 한국에 사는 한국인과 다른 것도 사실이지만, 마찬가지로 북조선에 사는 북한 주민과도 다르기 때문이다.

《조선왕조실록》을 한국에 가져다 준 조선적 변호사 김순식의 인터뷰. "우리말을 하는 (조선학교 출신 조선적) 동포가 오가면 마음도 오간다고 생각한다. 우리가 무슨 스파이 활동을 하는 것도 아니다. 지난 시기에 한국에 유학 갔다가 잡혔던 사람들도 재심에서 무죄 선고를 받았다. 우리가 일본에 살면서 조선학교에 다녔기 때문에 일본인의 마음도 알고, 조선 사람의 마음도 안다. 조금 더 말하면 우리 가족의 고향은 제주도다. 북과 남, 일본을 잇는 우리만의 역할이 있다. 하지만 재능을 활용할 환경이 주어지지 않는다. 북이야 여유가 없지만 한국은 여유가 있지 않은가. 한국 정부가 마음을 열어준다면 우리 학교에 쓸 만한 인재가 많이 있다." 김순식이 조선적이라는 이유로 입국하지 못하는 나라는 지구상에 대한민국 하나뿐이다.

스파이라는 상상

국가가 국민의 영토 진입을 막는 것은 아주 어려운 일입니다. 국민·영토·주권이 국가의 구성 요소임을 생각하면 금세 이해됩니다. 입국이 가로막힌 국민은 곧바로 난민이 됩니다. 그래서 극히 예외적으로 인정됩니다. 시민적·정치적 권리에 관한 국제규약International Covenant on Civil and Political Rights 제12조 4항은 '어느 누구도 자국에 돌아올 권리를 자의적으로 박탈당하지 않는다'고 정하고 있습니다. 외국 판례를 봐도 국민의 입국을 금지하는 것은 아주 특수한 경우입니다. 가령 1981년 미국 연방대법원은 중앙정보국CIA 전직 요원의 여권을 말소한 것이 정당하다고 판결했는데, 그가 전 세계 CIA 비밀 요원의 신원을 공개해 위험하게 만들었기 때문입니다.[69] 이러한 점에서 정영환 사건에 대한 대법원의 판단은 상당히 과감한 것입니다.

대법원 판결에 언론이나 학계가 왜 심각하게 반응하지 않았을까요. 조선적이 법률로는 국민일지 몰라도 실제로는 아니라는 생각이 있었을까요. 우리가 믿어온 국민이란 개념은 사실 운명 공동체에 가깝습니다. 일본식 표현을 빌리면, 국민이라 쓰고 운명 공동체라 읽어온 것입니다. 자이니치가 국민으로 느껴지지 않았다면 바로 그런 이유입니다. 아주 오래 떨어져 살면서 운명이 달라졌다고 믿어서입니다. 그렇다면 한국에서 일하는 동남아 출신 노동자는 운명 공동체 안에 있습니까. 자이니치를 공동체에서 배제하는 사람이라면, 동남아 국적의 이웃은 공동체에 넣어줘야 맞습니다. 만약 그들마저 공동체의 구성원으로 받아들이지 못한다면, 우리는 동질성을 지나치게 추구하는 것입니다. 사는 곳도 같고, 사용하는 말도 같고, 국적도 같고, 피부색도 같고, 받은 교육도 같은 사람들이 모인 외로운 공동체를 지향하는 것입니다.

여행증명서 사건의 당사자인 정영환 교수는 재판에서 자신을 한국적으로 주장하는 것을 달가워하지 않았습니다. 김철민 변호사의 설명입니다. "조선적인 자신을 한국적으로 법정에서 주장하는 것에 복잡한 심경이었다. 다만 무국적을 이유로 입국을 금지하는 것은 부당하다는 설명에 동의했다." 그가 한국 사회에 제기한 의문은 자신이 법률상 무국적인지 한국적인지가 아니라, 왜 자신이 조국에 못 가는지였습니다. 대법원의 대답은 '한국 국민인 것은 맞지만 영사 문제에서는 다르다'는 것입니다. 납득할 수 있는 결론입니다. 논리적으로는 재외국민 선거권에 관한 이공현 헌법재판관의 입장과도 통합니다.

문제는 어디에 경계를 정할지에 대해 토론하지 않고 여지도 남기지 않았다는 점입니다. 재외국민의 영사 문제도 참정권 못지않게 세밀하고 명확한 기준이 필요합니다. 국민의 입국은 국가의 근간과 관련된 중요한 문제입니다. 하지만 대법원은 행정부의 재량권을 그대로 인정하고 말았습니다. 총련계 자이니치 가운데 일부는 면밀한 심사가 필요

3

할 수 있습니다. 그렇다면 충분한 정보에 기초해 심사하고 사유가 있으면 입국을 거부하면 됩니다. 하지만 조선적이라는 이유만으로 엄격한 심사의 대상에 넣고 간단히 입국을 거부하는 것은 지나칩니다. 마치 조총련계의 투표 참여로 투표 결과가 바뀔 것이라고 상상해, 모든 재외국민의 선거권을 제한한 헌법재판소의 1999년 결정과 다를 바 없습니다. 당사자인 정영환 메이지가쿠인대 교수의 인터뷰입니다. "내가 조선적인 이유는 역사의 과도기에 어느 쪽도 선택하지 않아서다. 조선반도의 남쪽 국민이기도, 북쪽 국민이기도 하다. 재일 조선인을 공부하는 학자로서 북에도 남에도 가야만 한다. 한국에만 가지 못하고 있으니 아쉽고 답답하다. 오히려 일본인 학자들은 두 나라를 자유로이 오가고 있다."

　자이니치는 한국적이든 조선적이든 출입국이 복잡합니다. 우선 해외로 출국하려면 재입국허가를 받아야 합니다. 일본에 다시 돌아오게 해준다는 법무성의 약속 문서입니다. 이게 없으면 해외여행을 갔다가 일본에 입국하지 못할 수도 있습니다. 한국적 자이니치는 재입국허가증을 대한민국 여권에 붙여둡니다. 하지만 조선적은 여권이 없기 때문에 재입국허가서라는 28쪽짜리 수첩을 받습니다. 이 수첩에 여행하려는 상대국의 비자도 받아 붙입니다. 물론 무국적이라 상대국이 비자 발급에 인색하거나, 비자가 있어도 입국 심사에 많은 시간이 걸립니다. 조선적에서 한국적으로 변경한 김철민 변호사의 인터뷰입니다. "고등학생 시절 영국으로 단기 어학연수를 갔다. 고등학교 때부터 일본학교에 다녔고 함께 갔던 친구들도 일본인이었다. 입국 심사에서 친

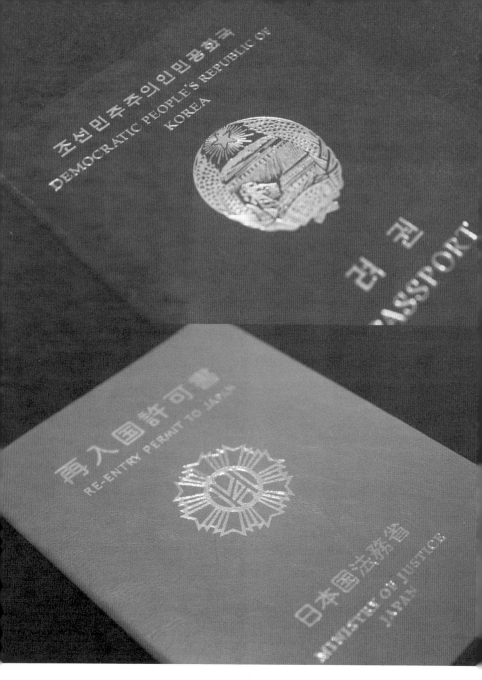

재입국허가서는 소지자의 일본 재입국을 보장하지만, 상대국 입장에서 무국적자는 문제가 발생할 우려가 있어 입국 심사를 까다롭게 합니다. 이 때문에 조선적 가운데 일부는 북조선이 발행하는 여권을 가지고 외국에 나갑니다.

2014 0215

구들은 여권만으로 들어갔는데, 재입국허가서와 비자를 가진 나는 한참 심사를 받았다. 상대국으로서는 강제 퇴거 등의 상황이 생기면 복잡하다. 국적을 증명하는 여권이 없으면 확실히 불편하다."

그래서 조선적 가운데 북조선 여권을 가진 사람도 있습니다. 조선적 김순식 변호사의 인터뷰. "재입국허가서를 가지고 체코와 오스트리아에 간 적이 있다. 재입국허가서를 보여주면, 출입국 관리가 이게 아니라면서 문제 삼는다. 이런저런 설명을 하면 30분 정도 지나 결국 들어가기는 한다. 하지만 매번 너무 고생스러우니까 신혼여행 때는 (북)조선 여권을 받았다. 집사람은 한국적이라 한국 여권으로, 나는 조선 여권으로 이탈리아에 갔다. 그때는 입국하는 데 별 차이가 없었다."

정영환 교수도 북조선 여권을 가지고 있습니다. "일단 북조선에는 여권 없이도 들어가게 해준다. 조선학교 고급부 시절 평양으로 수학여행을 갔는데 그때부터 여권이 필요 없었다. 외국에 나갈 때는 일본의 재입국허가서와 북조선 여권을 모두 준비한다. 일본의 출국 심사에는 재입국허가서를 낸다. 국교가 없는 북조선 여권은 통하지 않아서다. 상대국이 북조선과 수교가 있으면 북조선 여권을 낸다. 재입국허가서는 설명하기 복잡하기 때문이다." 2013년 현재 북조선의 수교국은 162개국, 대한민국의 수교국은 189개국입니다.[70] 그리고 북조선의 공식 영사관도 아닌 조선총련이 여권을 발급하는 것은 일본과 국교가 없는 상태에서 나온 고육책 같습니다.

사실 여권 발급에는 조선총련보다는 재일민단이 깊이 관여해왔습니다. 한국적 자이니치들이 한국 여권을 신청하려면 재일민단의 신원보증이 필요했습니다.[71] 재일민단은 신청자가 북조선과 가까운지 아닌지를 자의적으로 판단했습니다. 이러한 검증을 받기 위해 재일민단에 신원확인서 수수료 1만 2000엔, 매달 단비 1000엔을 내야 했습니다. 재일민단이 신원보증을 하는 것도, 수수료 명목으로 금품을 걷는 것도 근거가 없는 일이었습니다. 1949년부터 외교부가 용인한 것입니다. 1993년 김영삼 정부는 소송이 잇따르자 재일민단의 신원보증을 없애기로 했습니다. 하지만 수수료 수입이 걸린 재일민단은 강력히 반발했고[72], 여권 신청을 접수하는 것만큼은 한동안 계속했습니다. 한국적 뉴커머인 송혜연 변호사의 가족은 아무도 여권이 없었습니다. 반독재 운동에 관여한 아버지가 돌아가시고 나서야 여권이 나왔습니다. 영사의 지시에 따라 아버지가 생전에 관여했던 단체에, 나는 당신들과 무관하다는 내용증명까지 보내야 했습니다.

대법원 판결은 조선적에 대한 행정부의 엄격한 입국 심사를 허용했습니다. 한국적보다 까다롭기는 물론이고, 경우에 따라서는 외국적보다 까다롭게 심사하도록 했습니다. 북한 주민과 비슷한 수준이 됐습니다. 그리고 한국 정부의 여행증명서 발급 거부는 조선적에서 한국적으로 바꾸려는 사람이 많아지는 계기가 됩니다. 국적 변경이나 국적 취득이라고 부르지만 명확히는 재외국민등록입니다. 그런데 영사관이 조선총련에 절교서를 내용증명으로 보내라거나, 설명회라며 신청자들을 불러 충성 맹세 같은 것을 요구합니다.[73] 과거 일본 정부도 자이니치에게 차별이 싫으면 귀화하라면서도, 정작 여권을 신청해도 이런저런 이유로 거부했습니다. 김철민 변호사의 인터뷰. "조선적 자이니치에게 여권이나 여행증명서 발급을 거부할 수도 있다. 하지만 명확히,

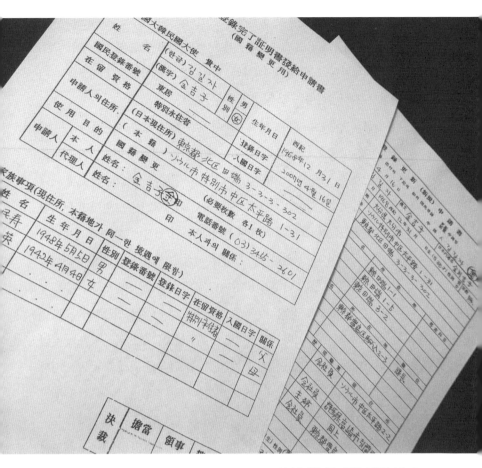

조선적이 대한민국 여권을 신청하려면 재외국민등록이 필요합니다. 그러기 위해선 대사관이 주최하는 설명회에 참석하라고 하는데, 조선적들은 사상 교육이라고 말합니다. 그리고 외국인등록부의 국적 표기를 먼저 고치라며 임시등록증을 주는데, 제목이 '국민등록완료증명서'입니다. 대사관이 허위 문서를 발행하는 셈입니다.

2015 0603

특히 국적자인 만큼 세밀하게 기준을 밝혀서 거부해달라는 것이다. 일본 정부의 외국인등록증 표기가 조선이라는 이유로 안 된다는 식이면 어떡하는가. 그리고 재외국민등록은 국민이라면 출생신고처럼 모두 가능한 절차다. 국적 취득 절차라고 부르면서 영사관 마음대로 뭐든지 시켜보고 결정한다는 것은 위법하다."

　조선적이라는 이유로 영사관에서 굴욕감을 느꼈다는 사람들은 차라리 일본국적을 받겠다고 합니다. 여행증명서 발급이 거듭 거부된 조선적 변호사 구량옥은 이렇게 말했습니다. "해외 출장을 비롯해 여러 생활의 불편함 때문에 조선적으로 있는 것을 포기해야 한다면 편리한 국적을 받는 게 맞다. 그런 면에서만 보자면 일본에 사는 우리들에게는 일본국적이 가장 편리하다." 대학 시절 조선적에서 한국적으로 바꾼 변호사 김영철은 이렇게 말합니다. "국적을 바꾸었다고도, 없던 국적을 선택했다고도 생각하지 않는다. (북조선의) 국적법으로도 북조선 국적이 사라진 것이 아니고, (대법원 판례에 따라) 한국적이었으니 없던 한국적이 생긴 것도 아니다. 여행 등의 편리를 위해 수속을 거쳤다는 정도다." 조선적 변호사 박일호의 인터뷰. "자이니치에게 학교나 국적이나 이름은 선택할 수 있는 문제다. 하지만 바꿀 수 없는 것은 모두가 조선반도 출신이라는 사실이다. 나는 사회주의자도 아니고 북조선 체제를 지지하지도 않는다. 다만 식민지 조선반도 출신(의 역사성과 정체성)에는 조선적이 가장 어울린다. 당장은 국적을 바꿀 생각이 없다. 하지만 언젠가 국적을 바꾸더라도 내 인생과 인격까지 달라지는 것은 아니다. 나에게 조선적이란 이런 것이다."

2급 시민

일본 사람 아닌 일본 국민

도쿄 법무성 앞에서 한 자이니치가 외국인등록증에 불을 붙였다. 1973년 7월 1일이다. "나는 주관적으로나 실체적으로나 일본인이다. 대일본제국에게 일본인이기를 강요받아 일본인으로 태어났고 살아 왔다. 그리고 일본국적을 버린 적이 없다. 나는 일본에서 일본인으로 살아갈 수밖에 없다."[74] 이 사건은 일본에서 화제가 됐지만 한국에서 는 주목받지 못한다. 스스로 일본인이라고 주장하는 재일동포를 도와 줄 이유가 없었다. 통명 기무라 류스케木村竜介, 본명 송두회宋斗会[75]다. 1915년 경상북도 칠곡군에서 태어났고, 1920년 아버지를 따라 일본으 로 갔다. 1932년 일본이 통치하던 만주국으로 갔다. 1937년 야전 부대 에서 통역으로 일했고, 전쟁이 끝난 뒤 1947년 교토로 돌아왔다.

1965년 송두회는 외국인등록을 하지 않아 체포됐었다. 일주일 구류 를 살고 재판에 부쳐져 징역 1년에 집행유예 2년을 받았다. 이후 법무 성 입국관리국이 조사를 거쳐 1년짜리 특별 재류 허가를 주었다. 해마 다 갱신해야 했다. 기무라는 모욕을 느꼈다고 했다. 누구보다 일본을 사랑했고 일본을 위해 생명의 위험까지 감수했다. 그런 그에게 일본 정부가 혜택으로 재류 허가를 준다고 한 것이다. 그래서 1969년 '나는 일본국적을 버린 기억이 없다. 나는 일본국적자'라며 소송을 제기한다. 하지만 4년이 지나도록 결론이 나오지 않았다. 그래서 이날 외국인등록을 담당하는 법무성 앞에서 외국인등록증에 불을 붙였다. 교토부 아미노초 발행 제384996호였다.

검찰은 이듬해 송두회를 기소했다. 혐의는 등록증을 불태운 이후 재교부를 신청하지 않은 것이다. 외국인등록법 제7조는 분실·멸실·도난의 경우 14일 안에 재교부를 신청하라고 했다. 재교부 미신청 사건의 판결이 선고되기 전인 1977년 기무라는 또 다시 기소된다. 이번에는 외국인등록증을 갱신하지 않아서다. 외국인등록법 제11조는 5년 또는 7년마다 등록증을 새로 받도록 했다. 1979년 교토지방재판소는 송두회에게 징역 4월에 집행유예 1년을 선고했다.[76] 외국인등록증은 소지 의무도 있는데 지키지 않으면 마찬가지로 처벌된다.

이듬해인 1980년 국적 확인 소송의 결론이 나왔다. 결과는 패소였다. 교토지방재판소의 판결을 요약하면 이렇다. '일본국적을 잃은 것은 샌프란시스코평화조약에 따른 것이다. 조약에는 조선에 대한 모든 권리와 청구권을 방기한다고 돼 있다. 여기에는 일본이 조선인에게 부여한 일본국적의 방기도 포함된다.' 이후 제기된 국적 확인 소송이 모두 비슷한 이유로 패소했다. 내용은 '일본은 미국과의 전쟁에서 졌고, 미국이 조선에 대한 권리를 놓도록 했고, 그 결과 조선 호적자의 일본국적을 없앴다' 이 틀을 벗어나지 않는다. 다른 의문에는 답해주지 않는다. 가령 법률도 아닌 민사국장의 통달로 국적을 없앨 수 있는지, 일본

밖에는 생활 기반이 없는 사람들의 국적을 없애도 되는지 설명하지 않는다.

이 소송은 한국, 북조선의 지원을 받지 못한 것은 물론이고, 자이니치 사회에서도 지지를 얻지 못했다. 일본인이 되겠다는 것은 민족의 자존심을 버리는 일이었다. 일본 내셔널리즘은 조선 내셔널리즘으로 극복하자는 분위기였다. 이런 와중에 한 자이니치 학자가 기무라의 형사재판에서 말했다. "'나는 일본인이다.' 우리 자이니치들이 가장 싫어하는 말입니다. 강제로 연행하고, 총칼로 죽이고, 나라를 빼앗은 그 일본인이 어떻게 바로 나라고 말할 수 있겠습니까. 그래서 이렇게 바꿔봅시다. '나는 일본 국민이다.' 우리는 현재의 일본을 구성하는 사람입니다. 더구나 일본 국민이 되라고 강요받아 시작됐습니다. 그런데 일방적으로 거주할 권리, 즉 일본국적을 박탈당했습니다. 이것이 부당하다는 말입니다."[77]

전쟁에서 패하자 일본은 자이니치를 위기로 몰았다. 연합군 사령부는 식민지 출신자를 보호할 생각을 염두에 두고 일본국헌법 초안을 만들었다.[78] 초안 제16조. '외국인은 법의 평등한 보호를 받는다(Aliens shall be entitled to the equal protection of law. 外国人ハ平等ニ法律ノ保護ヲ受クル権利ヲ有ス。).' 하지만 이는 일본이 거부하는 바람에 삭제됐다. 기본권 주체도 '인민 people人民'과 '자연인all natural persons一切ノ自然人'에서 '국민'으로 바꾸었다. 초안 제13조. '모든 자연인은 법 앞에서 평등하다. 인종, 신조, 성별, 사회 신분, 계급, 출신 국가에 따른 정치·경제·사회적 차별은 허용·묵인되지 않는다(All natural persons are equal before the law. No discrimination shall be

法　務　史　料　展　示　室の御案

メッセージギャラリー

公　開　日　　月曜日から金曜日まで/入場無料（土曜日・日曜日・祝日な

午前10時から午後6時まで（入室は午後5時30分まで

7911（直通）

송두회가 외국인등록증을 불태웠던 옛 법무성. 도쿄 관청가인 가스미가세키에 있다. 1994년 이후 법무성 사료전시실 등으로 바뀌었다.
2015 0221

authorized or tolerated in political, economic or social relations on account of race, creed, sex, social status, caste or national origin. 一切ノ自然人ハ法律上平等ナリ政治的、経済的又ハ社会的関係ニ於テ人種、信条、性別、社会的身分、階級又ハ国籍起源ノ如何ニ依リ如何ナル差別的待遇モ許容又ハ黙認セラルルコト無カルヘシ。).' 현행 제14조. '모든 국민은 법 앞에 평등하고, 인종, 신조, 성별, 사회 신분, 문벌에 따른 정치·경제·사회적 차별을 받지 않는다(すべて国民は、法の下に平等であつて、人種、信条、性別、社会的身分又は門地により、政治的、経済的又は社会的関係において、差別されない。).' 핵심이던, 출신 국가에 따른 차별을 금지하는 내용이 사라졌다.

일본국적을 되돌려달라는 소송은 기무라 이후에도 거듭되지만 모두 패소한다. 권리 없는 자이니치의 삶은 계속된다. 어쩌다 상황을 바꾸기도 했다. 국적자만 사법수습생이 되는 제도를 바꾸고, 자이니치라서 취직시키지 않는 대기업을 상대로 소송한다. 하지만 드물게 일어나는 일이어서 수많은 차별을 감수하고 체념한다. 제도의 장벽과 맞물려 돌아가는 사회의 편견도 그대로다. 똑같이 돈을 내도 집을 빌리지 못하고, 일본국적이 아니라며 상대방 부모가 결혼을 막는다. 소학교 아이들조차 자이니치라는 사실이 드러나면 따돌림의 대상이 된다. 이러한 상황에서 생각하는 것이 자발적인 일본국적 취득, 이른바 귀화다. 일본국적을 회복하는 것과는 다르다. 일본 정부에 요청해서 허가를 기다려야 한다. 일본국적법을 보면 선량한 소행 등 조건을 갖춘 경우 법무대신이 귀화를 허가해주는 식이다.[79] 이름도 일본식으로 쓰도록 지도받는다.[80] 귀화歸化의 본뜻은 '왕의 어진 정치에 감화되어 그 백성이 되다'[81]이다. 한국적 자이니치 변호사 김봉식의 인터뷰. "일본이라는 나라도 좋고 일본 문화도 익숙하다. 일본 사람을 싫어하지도 않는다. 하지만 국적을 나 스스로 신청하고 싶지는 않다. 머리를 숙이고 일본국적을 달라고 말하고 싶지 않다. 일본국적 없이 삶을 지탱해온 할아버지와 아버지를 위해서라도 자존심을 지키고 싶다."

일본국적이 없어서 겪는 차별의 꼭대기에는 정치에 참여하지 못하는 문제가 있다. 세금은 일본국적을 가진 이들과 똑같이 내면서도 그 돈의 쓰임에 관여하지 못한다. 한국과 북조선의 도움을 아주 조금 받기도 하지만 권리로 주장하기 어렵다. 일본학교에 주어지는 보조금과 무상화 비용은 자이니치들도 똑같이 납부한 세금이다. 하지만 두 혜택을 받으려면 일본 국민으로 자라는 교육을 받아야만 한다. 심지어 세금이 자신을 공격하는 무기로 되돌아와도 막을 방법이 없다. 1990년 자이니치 11명은 선거권이 있음을 확인해달라는 소송을 제기한다. 원고들은 국정참정권과 지방참정권 둘 모두 달라고 주장했다. 1995년 최고재판소는 외국인에게 선거권이 있는지 판결을 내린다.[82]

특별영주자인 자이니치도 단순하게 외국인으로 묶였다. 최고재판소는 외국인의 국정참정권과 지방참정권을 모두 부정한다.[83] 일본국헌법의 두 조항을 해석했다. "제15조 1항의 국민이란 일본국적을 가진 사람을 가리킨다. 제93조 2항의 주민이란 국민 가운데 해당 지방공공단체에 주소를 가진 사람이다"였다. 이 판결은 세계적인 추세와는 다른 것이었다. 적어도 지방참정권은 외국인도 인정된다는 것이 가장 유력한 학설이었고 판례였다.[84] 일본의 최고재판소처럼 지방참정권의 주체인 주민에게 국적까지 요구한 것은 이례적이었다. 일부 법률가들은 최고재판소가 국정참정권부터 근본적으로 검토해야 한다고 지적한다. 참고로 제15조 1항은 '공무원을 선정하고 파면하는 것은 국민 고유의 권리이다'이며, 제93조 2항은 '지방공공단체의 장, 그 의회의 의원 (중략)은 그 지방공공단체의 주민이 직접 선거한다'이다.

자이니치 변호사 김철민의 인터뷰. "국적 이전에는 과세나 징병이 참정권의 기준이었다. 재산이 적은 사람이나 여성은 선거권이 없었다. 하지만 그런 상식은 올바르지 않다며 폐지됐다. 국적을 기준으로 하더라도 자이니치가 반드시 배제되는 것은 아니다. 일본이 쓰는 혈통주의가 아니라 미국 같은 출생지주의라면 선거권이 있다. 국적법 개정만으로 선거권이 생긴다. 일본에서 의무를 다하고 운명이 결정되는데, 일본국적이 없다는 이유로 정치에서 배제되는 것은 군주주의와 바를 바없다." 사회생활이 일본 국민과 다르지 않은 외국인은 일본국헌법 제15조 1항의 '국민'에 포함시켜야 한다는 주장은 오래전부터 일본 학계에서도 있었다. [85] 국민주권은 군주주의를 극복하기 위한 민주주의의 아이디어이며, 통치자와 피치자를 일치시키는 것이다. 따라서 운명 공동체에 속한 사람인데도 국적이 없다는 이유로 배제하는 것은 어색하다는 것이다.

국정참정권은 그렇다고 해도 지방참정권까지 부정한 것은 일반적인 학설마저 무시하는 것이었다. 이 때문인지 최고재판소는 다음과 같은 내용을 적어뒀다. "외국인 가운데 자신이 거주하는 지방공공단체와 특별히 밀접한 관련이 생긴 영주자 등이 자신들의 의사를 반영하게 하기 위해 단체장이나 의원을 뽑도록 법을 만든다고 해서 헌법에 어긋나는 것은 아니다." 풀어서 이해하면, 일본국헌법이 외국인의 지방참정권을 보장하지는 않지만 자이니치 같은 사람에게 지방참정권을 준다고 헌법 위반은 아니라는 것이다. 자이니치 변호사 배훈의 인터뷰. "최고재판소가 원고 패소를 확정하면서 그런 입장을 적으리라고는 생각지도 못했다." 최고재판소의 판결은 입법 논의를 촉발했다. 1998년부터 민주당을 비롯한 야당들이 법안을 제출하지만 통과되지 못했다. 자민당을 비롯한 연립 여당이 50만 명에 이르는 재일 조선·한국인에게 지방선거권을 주는 데 찬성하지 않았던 것이다.

2000년 연립 여당인 공명당·보수당 일부에서 선거권 법률안[86]을 낸다.[87] 자민당이 빠졌지만 야당이 나설 때와는 상황이 달라졌다. 그러자 2001년 연립 여당은 국적 취득 법안을 발표한다. 특별영주자가 일본국적을 취득하는 절차를 간소화했다. 법무대신의 허가가 아니라 서류 제출로 끝났다. 이름도 일본식으로 바꾸지 않아도 됐다.[88] 결과적으로 1973년 송두회가 요구한 일본국적 회복을 받아주겠다는 내용이었다. 재일민단과 조선총련 등 자이니치 조직들은 법안에 비판적이었다.[89] 근본적으로 찬성이 불가능했다. 국적을 매개로 한국과 북조선에 의존하는 조직의 기반이 흔들리는 일이었다. 잘못하면 간부들은 생계까지 위협받을 수 있었다.

이유는 다르지만, 30대 이하 청년들로 구성된 중립적 자이니치 조직인 자이니치코리안청년연합도 반대했다.[90] 이유를 요약하면 국적 취득 법안은 글자 그대로 귀화를 요구하므로 부당하다는 것이다. 일본인이 아니라며 권리를 배제하는 것과 권리를 얻으려면 일본인으로 살라는 것, 즉 배제주의와 동화주의는 다를 게 없다는 이유다.

이러는 사이에 국적 취득 법안에 긍정적으로 대처하자는 주장이 제기된다. 법안 논의에 적극적으로 참여해 결과적으로 수용하자는 내용이다. 진보 시사 잡지인 〈세카이世界〉에 '일본국적 신고 법안과 자이니치의 선택'이라는 글이 2001년 12월호에 발표된다.[91] 이 글에서 자이니치 변호사 고 에이키는 '참정권이 없는 것은 가장 큰 차별이며 현실적으로 국적을 취득할 수밖에 없다'고 주장했다. 기존의 단편적인 주장을 뛰어넘어 민주주의란 무엇인지에 대해 근본적으로 의문을 제기한다. 그의 글을 요약하면 이렇다.

"일본국헌법이 밝히는 민주주의 원리는 공권력의 지배를 받는 사람이 그 공권력의 의사 결정에 참여하는 것이다. 가령 일본 국민이 죄를 지으면 벌을 받고 세금을 납부할 의무를 지는 이유는, 이러한 제도의 근거인 법률을 만든 대표자를 선출할 권리를 갖고 있기 때문이다. 그런데 자이니치 코리안은 식민 지배로 인해 일본에 거주하게 되었고 일본 공권력의 지배를 전면적으로 받고 있다. 하지만 정치 과정에서는 완전히 배제돼 제도적으로 예속 상태라고 해도 지나치지 않다. 일본국과 자이니치의 관계는 민주주의가 아니라 전제주의다. 어떠한 구체적 차별보다 훨씬 심각한 차별이다. 이런 상태를 벗어나려면 일본에 독립국가를 수립하든지 외국인으로서 참정권을 갖는 영주시민권 제도를 만드는 것이 있겠다. 현실성 없는 얘기다. 현시점에서 제도적 예속에서 벗어나는 길은 일본국적을 취득하는 것밖에는 없다."

고 에이키는 일본국적을 가져야 할 이유가 정치에 있음을 확실히 한다. "정대균 도쿄도립대 교수는 이렇게 주장한다. 자이니치 대부분이 심리·문화적으로 일본인과 같아져 정체성과 국적 사이에 간격이 생겼고, 그 간격을 해소하기 위해 국적 취득 권리가 주어져야 한다는 것이다. 하지만 민족적 특징이 사라졌기 때문에 거주국의 국적을 부여해야 한다는 것은 민족적 특징을 가진 사람에겐 국적을 줄 필요가 없다는 얘기다. 민족과 국적은 다른 문제라는 테제를 무시하는 것이며, 일본 보수 정치가들의 단일민족 국가론과 같은 것이다. 일본국적을 받아야 하는 이유는 그들과 같아졌기 때문이 아니라 일본 공권력의 지배를 받고 있기 때문이다." 정서적인 반감에서 일본국적을 꺼리는 사람에 대한 설득이기도 하다.

일본 정치권이 국적 취득 법안을 제출한 이유도 인정한다. "자이니치가 독자적인 운동을 통해 (지방)참정권을 쟁취하는 것을 막고, 자이니치에게 일본국적을 부여해 통치의 정당성도 확보하려는 것이다." 그렇기 때문에 국적 취득 법안 논의에 적극적으로 관여하자고 설명한다. "가령 부부 별성으로 국적 취득이 가능한지부터 문제다. 일본처럼 부부가 같은 성을 써야 한다면 자유로운 국적 선택이 아니다. 민족성을 지킬 제도를 요구하자. 민족교육을 비롯한 민족문화에 대한 지원이 필요하다. 일본국적이 없어 배제된 전쟁 피해 보상, 국민연금 등도 요구하자. 일본국적을 취득하지 않더라도 최소한의 권리는 보장해야 한다." 마지막으로 이렇게 호소했다. "우리의 비극은 국적 취득 법안이 참정권 획득 운동을 통해 일본 정치에 참여하자는 자각에서 비롯된 것이 아니라, 자이니치의 민족성을 일본 사회에 일거에 묻어버릴 수 있는 모양새로 등장했다는 점에 있다. 자이니치는 전쟁 이후 한꺼번에 일본국적을 잃었고, 이제 다시 타율적으로 일본국적을 갖게 생겼다. 자기 통치에 무심했던 죗값을 치르는지도 모르겠다. 더 이상 머뭇거릴 시간이 없다."

대화
민주주의는 자기 지배다

노무현 대통령이 일본 TBS 특별 방송[92]에 2003년 6월 8일 출연했습니다. 방청객의 질문에 답변하며 대화하는 프로그램이었습니다. 고이즈미 준이치로 총리와 정상 회담을 가진 다음 날입니다. 노무현 대통령이 답했습니다. "우리가 어릴 때 '유대인이나 중국인은 해외에 나가서 살더라도 국적이나 말, 가족의 문화를 버리지 않고 사는데 그게 참 잘하는 일'이라고 교육받았습니다. 실제로 아주 좋은 일이라고 생각해왔습니다. 한편 세상이 변화하면서 이제 세계가 하나로 통합되어 나가는데, 반드시 국적을 유지하는 것이 칭찬만 할 일이냐는 새로운 질문을 해볼 수 있습니다. 자기 문화와 말과 긍지를 버리지 않되, 현지 문화와 체제에 적응하고 그 사회의 일원으로 기여하는 것이 매우 중요합니다. 국적 문제에 대해서도 자유롭게 생각하고, 그래서 두 민족을 묶어내고 두 국가를 묶어내는 연결 고리로 큰 기여를 한다면 좋겠습니다."

노무현 대통령의 대답은 한국 정부의 교과서적인 입장입니다. 현지 국적을 가진 해외 동포의 존재가 정부로서도 나쁠 게 없습니다. 어쩌면 바라는 바입니다. 가령 재미동포의 경우 유권자는 물론 정치인도 많아 미국에서 영향력이 있습니다. 버지니아주 의회에서 '동해'를 '일본해'와 병기한다는 결정이 나오는 이유도 이런 것입니다. 그런데 노무현 대통령의 답변에 '문화와 말과 긍지를 버리지 않되'라는 부분이 있습니다. 여기에 해당하는 사람은 뉴커머입니다. 자이니치에게는 불가능한 전제입니다. 이 답변은 방송 막바지에 오사카 스튜디오에 있던 자이니치 고등학생 이강 군이 한 질문에 대한 것입니다. "저는 일본 사회에서 많은 것을 받으며 자랐습니다. 앞으로는 일본 사회에 환원하며 살고 싶습니다. 이것이 한국과 일본, 동북아와 세계 평화에도 공헌한다고 생각합니다. 대통령님의 생각을 듣고 싶습니다." 질문과 답변이 엇갈리는 느낌이 듭니다.

노무현 대통령이 일본에서 이 발언을 했을 때는 국적 취득 법안 논란이 한창이었습니다. 이 법안에서 신청만으로 일본국적을 주겠다는 대상은 올드커머입니다. 식민지 시대에 건너온 사람과 자손, 즉 특별영주자입니다. 하지만 이들은 일본국적을 취득하는 것에 적잖은 저항감을 가지고 있습니다. 일본국적을 박탈당한 뒤 이를 이유로 오랫동안 차별을 받아왔기 때문입니다. 그럼에도 불구하고 일본국적을 받자는 주장이 제기되던 때에, 한국 대통령이 텔레비전의 생방송 프로그램에 나와 일본국적을 받으라고 공언한 것입니다. 자이니치 가운데 적잖은 사람이 그 발언에 모멸감을 느꼈다고 말합니다. 자이니치인 김웅기 홍익대 교수는 "대통령이 일본까지 와서 왜 그런 말을 했는지 도저히 이해하기 힘들었다"고 했습니다.

노무현 대통령이 방일한 이후인 2003년 11월 자이니치코리안변호사협회는 심포지엄[93]을 열어 국적 취득을 주장했습니다. "우리의 꿈을 실현하려면 국정참정권까지 필요하다. 이제 자이니치 중에도 김의원, 박검사, 최판사가 나와야 한다"고 배훈 변호사가, "시민으로 자립하려면 국적이 있어야 한다. 일본인만의 나라가 아니므로 권리를 갖자"고 고 에이키 변호사가 말했습니다. 사실 라자크의 목표는 일본국적을 취득함으로써 참정권까지 획득하자는 것이었습니다. 함께 공동대표를 지낸 고 에이키와 배훈, 그다음 대표인 이우해 변호사가 그런 목적으로 주도했습니다. 2002년 6월 작성된 설립취지서[94]에는 '법의 지배 실현'이라고 돼 있습니다. 이러한 주장에 반대해 가입하지 않은 변호사도 있고, 반대하면서 가입한 변호사도 있습니다.

임범부 변호사의 인터뷰. "재일민단이나 조선총련은 일본국적을 취득하는 사람을 배신자라거나 민족 반역자라고 부른다. 전혀 그렇지 않다. 사람이 행복해지는 방법엔 여러 가지가 있다. 신고만으로 일본국적을 받는다면 그것도 좋은 일이다. 라자크를 만들면서 합의한 것은 두 가지다. 자이니치의 목소리를 반영하고, 더 나은 조건을 확보하자. 여기까지다. 그런데 심포지엄에서 공동대표들이 다른 이야기를 했다. '일본국적을 가져야만 한다. 일본에서 한국적으로 살겠다는 것은 주권이 무언인지 모르는 소리'라고 했다. 사회를 보던 내가 청중들에게 '라자크 안에도 다양한 견해가 있다. 오늘 나온 얘기는 공식 견해가 아니다'라고 말했다. 일본국적 취득만이 옳다고 한다면 재일민단이나 조선총련과 다를 바 없다."

라자크에 참여하지 않은 사람으로는 김경득 변호사가 대표적입니다. 일본국적을 받아야 한다면 차라리 변호사가 되는 것을 포기하겠다고 했던 인물입니다. 김경득 변호사가 설립한 J&K법률사무소의 장계만 변호사의 설명입니다. "라자크를 주도한 변호사들과 생각이 달랐다. 김경득 변호사는 본국 지향이었다. 자이니치가 아니라 한국인으로서 일본에서 살아가자는 것이다. 따라서 일본의 지방참정권과 한국의 국정참정권을 갖는 게 맞다고 했다. 하지만 배훈, 고 에이키 변호사는 국정참정권도 행사해야 한다고 했고, 현실적으로 국적 취득밖에 길이 없었다. 서로 생각이 맞지 않았다." 김경득 변호사의 입장은 재일민단이나 조선총련의 입장과 결과적으로 일치합니다. 양영철 변호사의 이야기를 들어보면, 라자크를 결성할 당시 조선총련 간부가 전화해 '김경득 변호사도 안 들어가는 조직에 뭐 하러 가냐. 가지 마라'고 말했다고 합니다.

앞서 살펴본 대로 해외에서 70년 넘게 살면서도 조상의 국적을 유지하는 집단은 자이니치뿐입니다. 역사적으로, 세계적으로 유례가 없습니다. 이게 조선 사람의 일반적인 특징도 아닙니다. 21세기 전 세계에 걸쳐 조선·한국인 중 현지 국적을 취득하는 데에 거부감을 가진 집단도 자이니치뿐입니다. 가령 조선족으로 불리는 재중동포는 대부분 중국적입니다. 중국 국민이면서 조선 민족이라고 스스로를 말합니다. 자이니치들은 그동안 겪어온 극심한 차별 때문에 일본국적을 거부합니다. 극심한 차별을 겪어온 할머니, 아버지를 생각하면 일본국적을 신청하기 어렵다고 합니다. 하지만 재일 한국·조선적도 줄고 있습니다. 일본국적을 취득한 이들의 수는 1만 327명(1995년), 9898명

2차 아베 신조 내각 당시 치러진 제23회 참의원 의원 통상선거. 투표소 입구 안내문에는 '일본국적자'로서 1993년 7월 22일 이전에 태어난 경우 투표 가능하다고 쓰여 있습니다. 오사카시립 나카미치 소학교 투표소.
2013 0721

(1996년), 9678명(1997년), 9561명(1998년), 1만 59명(1999년), 9842명(2000년), 1만 295명(2001년), 9188명(2002년), 1만 1778명(2003년)입니다.[95] 일본 정부가 적극적으로 귀화시켜 허가율도 95퍼센트를 넘나듭니다. 30년 안팎이면 자이니치 가운데 한국·조선적은 소멸되리라는 예상도 있습니다.

심포지엄 이후인 2003년 배훈 변호사는 자신들의 입장을 다시 설명했습니다.[96] "일본국적이 되는 것 물론 싫다. 괴롭힘과 차별을 겪으며 얻은 정신적 상처가 깊다. 이제부터 일본국적이라고 생각하면 가슴에서 거부감이 훅 올라온다. 하지만 우리 자손이 영원히 외국적으로 살아갈 수는 없다. 언제까지 자이니치들끼리 모여 상처를 보듬고, 일본 시민단체의 손님으로만 있을 것인가. 행복하게 살아가기 위해서라도 국정참정권이 필요하다. 우리 자이니치들은 이중국적을 원하지만 한국, 일본의 정치 현실에서 사실상 불가능하다. 그래서 결국 일본국적이다."

그는 좀 더 현실적인 이야기를 합니다. "외국에 나갔다가 문제라도 생기면 영사관을 찾아가야 한다. 그럼 한국영사관이냐, 일본영사관이냐. 솔직히 말하자면 우리 모두 일본대사관을 찾아간다. 한국영사관에서 할 게 없다. 언어도 통하지 않고, 가족과 재산이 모두 일본에 있다. 일본에 도움을 요청할 수밖에 없다. 현실적으로 일본국적이 맞다. 또 민족교육의 문제도 그렇다. 자이니치로서 행복하게 살아가는 데 필요한 것이 민족교육이다. 조선반도에서 배우는 것과 자이니치에게 필요한 민족교육은 다르다. 그리고 일본국헌법 제26조에 교육받을 권리가 있다. 당연히 민족교육도 포함된다. 국정참정권을 가지고 주장하는 것과 외국적으로 주장하는 것은 다르다."

배훈 변호사는 본격적으로 논의하자고 거듭 주장했습니다. "지방참정권이 해결되더라도 국정참정권은 한참 뒤에야 얘기가 나오리라고 봤다. 10년 정도는 걸릴 것으로 생각했다. 하지만 예상보다 빠르게 국적 선택 제도가 일본 정부에서 나왔다. 자이니치들도 심각하게 고민해 봐야 한다. 무조건 무시해서는 안 된다." 마지막으로 말했습니다. "나는 한국에 유학도 다녀왔고, 한학동 활동에도 관여했다. 재일민단의 민족교육 강사였고, 조선총련의 인권협회 회원이다. 민족운동의 주류에 있었고, 있는 사람이다. 지금도 한국에 자주 오가고 있어 여전히 한국과 아주 가깝다. 그런 내가 일본국적을 받자고 말하고 있다. 어쩌면 내가 말해야 한다고 하늘이 준 숙제일지도 모른다."

자이니치들이 왜 국적에 애착하는지 이해되지 않습니까? 재일동포 가운데서도 뉴커머는 일본국적을 취득하는 데에 거부감이 없습니다. 일본국적이 되어도 자신은 한국 사람이라고 생각합니다. 한국어를 자유롭게 말하고 한국에서 교육을 받았기 때문입니다. 특히 뉴커머의 2세들은 일본국적 취득을 힘들어하지 않습니다. 부모들이 차별받은 경험이 없으므로 거부감도 적다고 합니다. 하지만 올드커머인 자이니치는 일본국적 취득에 거부감이 있습니다. 역설적이지만 그렇게 되면 일본인과 크게 다르지 않기 때문입니다. 일본어밖에 못 하고 한국에 가보지도 않았습니다. 일본이름을 쓰고 일본학교를 다녔습니다. 정서적으로, 문화적으로 일본인입니다. 그런데 완전한 일본 사람으로는 일본 사회가 받아주지 않는 것을 압니다. 그래서 자신이 조선인임을 마지막으로 증명하는 것이 국적입니다. 아무에게도 알리지 않았기에 자신만 알고 있는 아이덴티티의 증거입니다. 21세기에 왜 바보같이 국적 같은 것에 집착하느냐고 간단히 말할 수 있는 문제가 아닙니다.

사람에게 국적이란 무엇인지, 특히 자이니치에게 무엇인지 가장 고민이 깊고 절실한 사람들이 조선적입니다. 조선적으로 살아가는 것은 이만저만 불편한 일이 아닙니다. 해외에 나갈 때도 일본국 재입국허가서를 쓰고, 일상에서도 북조선 국민이 아니라고 거듭 설명해야 합니다. 결국 불편함을 버티다 못해 국적을 바꾸려 할 때 어느 쪽을 선택할까요? 한국일까요, 일본일까요. 조선적이 한국적을 받으려면 한국영사관에서 전향에 가까운 절차를 밟습니다. 먼저 한국적으로 바꾼 지인에게 들어 익히들 알고 있습니다. 더구나 한국 정부는 2008년부터 조선적의 입국을 금지하고 있습니다. 그래서 '일본국적은 차마 신청하지 못하겠고, 한국적은 자존심이 상해 그대로 산다'는 경우가 많습니다. 여러분이라면 한국적과 일본적 가운데 무엇을 선택하시겠습니까?

국정참정권 논의는 진전되지 못하고 조용히 가라앉습니다. 배훈, 고 에이키, 이우해 변호사의 프로젝트는 현실적인 논의로 성장하지 못합니다. 이후에도 해마다 1만 명 가까운 한국·조선적이 개별적으로 일본국적을 받고 있습니다. 시간이 흐를수록 자이니치는 급속하게 줄게 됩니다. 자이니치의 결혼 상대는 일본인이 90퍼센트에 달합니다. 예를 들어 2010년 결혼한 조선·한국적 6454명 가운데 배우자가 일본인인 경우가 87.5퍼센트입니다.[97] 이들의 자녀들 가운데 상당수가 일본국적을 선택할 것으로 예상하고 있습니다. 한번 국적 취득 법안에 적극적으로 대응하던 세 변호사는 모두 한국적 그대로입니다. 이들이 주장

일본공산당 오사카주오지구 위원회 건물에
선전 벽보가 붙어 있습니다. 자이니치에 관
한 공약은 없습니다. 소수자를 대변하지만
선거권이 없는 사람에까지 적극적일 이유
는 없습니다.

2015 0312

한 것은 단순히 일본국적을 받자는 것은 아니었습니다. 자이니치들이 다 같이 권리를 요구하자는 것이었습니다.

고 에이키 변호사의 인터뷰입니다. "자이토쿠카이에 대해 일본 국회는 아무런 말도 하지 않는다. 왜 그렇겠나. 자이니치가 투표권이 없어서다. 우리가 한국의 국정참정권으로 한국 국회를 움직인다 치자. 자이토쿠카이의 목소리만 더욱 커질 뿐이다. 일본 국회가 (그들에게) '너희들은 일본의 수치'라고 말해야 한다. 흔히 자이니치는 한국과 일본을 잇는 다리라고들 한다. 일본에 아무 영향력도 없는 2급 시민이 그런 역할을 할 수 있나? 이대로 시간이 가면 자이니치는 사라진다. 문명과 단절한 아미시 공동체 같은 일부를 빼고는 없어진다. 하지만 우리가 일본국적을 수단으로 생각하고 일제히 받는다면 자이니치 커뮤니티는 살아남는다. 그리고 차별받은 역사를 나 역시 잘 알고 있다. 하지만 분노만 해서는 아무것도 달라지지 않는다. 정말 분통 터지는 것으로 치자면 우리가 그 미운 일본인을 좋아하는 것처럼 사는 것이다. 우리 자이니치가 내는 세금으로 마음대로 법을 만들어도 가만히 좋다는 듯이 있다. 자이니치는 환상 속에 살고 있다. 조국이네 본국이네 하면서 살고 있지만, 결국 우리 자신을 지켜주는 것은 우리 자신뿐이다."

3

미주 - 도쿄

1) '反北 감정 부른 김정일의 사과', 〈한국일보〉 2002 0919

2) 《北朝鮮による日本人拉致問題》、外務省 パンフレット、2012

3) '고이즈미 방북 양국 정상 대화록' 〈조선일보〉 2002 0918

4) 「洪敬義 境界線上を走れ1」、〈週刊金曜日〉、2008 1114

5) 「拉致の真相解明を求め、在日朝鮮人への迫害に反対する声明」、2002 0925

6) "'치마저고리를 공격하라'" 〈한겨레21〉 2003 0821

7) 일본어 문서는 「21世紀、朝鮮総聯の改革と再生のための提言」

8) 内外反動の手先洪敬義とその一派(ペゴリ)の総連破壊活動を徹底粉砕しよう

9) 「반총련 '제언' 놀음의 검은 배후」, 〈조선신보〉, 2004 0317

10) 조선말맞춤법에 따른 단어들을 한글맞춤법에 맞춰 수정하고 박참사관의 실명을 가림

11) 朝鮮新報社 崔寛益 編集局長 様、2004 0519、手紙の内容のまとめ

12) 在日本朝鮮人総連合会中央常任委員会 徐萬述議長 様、2004 0519. 手紙のまとめ

13) 大阪地方裁判所 平成16年(ワ)14041号 平成18年9月19日

14) 在日コリアン辞典 編集委員会、《在日コリアン辞典》、明石書店、2010、195頁

15) 総聯紹介、在日本朝鮮人総連合会(www.chongryon.com)

16) 在日コリアン辞典 編集委員会、《在日コリアン辞典》、明石書店、2010、195頁

17) 岩田有華・朴尚銀、大阪でのインタビュー、グランフロント大阪、2013 0908

18) 日本弁護士連合会、「金大中事件死刑判決について」、1980 0917

19) '大阪民團 궐기대회 "北傀서 巨額資金 지원받아"', 〈동아일보〉, 1980 1216

20) 배훈、大阪でのインタビュー、ザ・シンフォニーホール、2013 0613

21) 진실·화해를위한과거사정리위원회, 《2008년 하반기 조사보고서 04》, 118쪽

22) 진실·화해를위한과거사정리위원회, 《2008년 하반기 조사보고서 04》, 117쪽

23) 김광남, 「在日同胞2·3歲が何故、本国民主化に参加したのか」, KEY大阪, 2013 0918

24) 해외교포문제연구소, 《재일동포사회 단합과 자생력 확보를 위한 미래발전방안》, 2013

25) 보조금에 관하여, 재일본대한민국민단 (www.mindan.org/kr/jigyo06b.php)

26) 해외교포문제연구소, 《재일동포사회 단합과 자생력 확보를 위한 미래발전방안》, 2013

27) '민단 – 한상련, 독립 전쟁', 〈재외동포신문〉, 2012 0316

28) 해외교포문제연구소, 《재일동포사회 단합과 자생력 확보를 위한 미래발전방안》 2013

29) 「한상련 문제의 본질과 해결로의 길(상)」, 〈민단신문〉, 2013 1030

30) 「민단·총련 반세기만의 화해」, 〈민단신문〉, 2006 0522

31) 「引き続き 総連注視 官房長官」, 〈産経新聞〉, 2006 0517

32) 第164回 国会 会議録 外務委員会 第18号 (平成18年5月31日 水曜日)

33) 「민단, 총련과 화해 성명을 백지 철회」, 〈민단신문〉, 2006 0713

34) '일본 정부, 민단 와해 공작 펼쳤다', 〈시사저널〉, 제872호, 2006 0630

35) 해외교포문제연구소, 《재일동포사회 단합과 자생력 확보를 위한 미래발전방안》 2013

36) 都道府県別 在留資格別 在留外国人、政府統計の総合窓口 (www.e-stat.go.jp)

37) 在日コリアン弁護士協会, 《裁判の中の在日コリアン》, 現代人文社, 2008

38) 〈재외국민 해외부재자투표제도의 개선을 위한 정책연구〉, 국회 입법조사처 연구용역보고서, 2007, 6쪽에서 재인용

39) 이종훈, '해외 부재자 투표제도 재도입 방향', 〈입법정보〉, 국회도서관, 2002 0610, 4쪽

40) 헌법재판소 97헌마253·270, 1999 0128

41) '재일동포 선거권 긍정 답변', 〈한겨레〉 1997 1209

42) '第200回國會 法制司法委員會 會議錄 第2號', 國會事務處, 1999 0205

43) UOCAVA: Overview and Issues, Congressional Research Service, 2014 April 21

44) 최희수, '재외국민 참정권 사건', 《헌법재판소 결정해설집(2007)》, 2008, 205쪽

45) 중앙선거관리위원회, 《독일 연방선거법》, 2010, 87쪽

46) 김충환, 《재외국민을 위한 선거 제도의 보완 방향》, 2010, 27쪽

47) 성선제, '재외 선거 투표율 제고 방안', 〈美國憲法研究〉, 2013 08

48) 헌법재판소 2004헌마644·2005헌마360, 2007 0628

49) '재외선거인 등 신고·신청 마감 상황', 중앙선거관리위원회 재외선거정보, 2012 1116

50) '제18대 대통령선거 재외투표 마감 상황', 중앙선거관리위원회 보도자료, 2012 1211

51) '재외국민 투표율의 진실', 〈한겨레〉, 2012 1213

52) '투표 신청률 4퍼센트대…갈 길 먼 재외국민 선거', 〈KBS 뉴스9〉, 2012 0210

53) '공직선거및선거부정방지법 제15조 제2항 등 위헌 확인', 《헌법재판소 결정해설집(2007)》, 헌법재판소, 2008

54) 最高裁判所 平成13年(行ツ)第82·83号 同年(行ヒ)第76·77号 判決文, 平成17年9月14日

55) 大阪高等裁判所 平成25年(行コ)第45号 判決文, 平成25年9月27日

56) 「終戦70年に向けて憲法をよむ13、参政権」, 〈毎日新聞〉, 2013 1210

57) 自由民主党, 『日本国憲法改正草案 Q&A 増補版』, 平成25年10月、47頁

58) 조선왕조실록 오대산사고본, 문화유산정보, 문화재청 (www.cha.go.kr)

59) 대한민국과 일본국 간의 문화재 및 문화협력에 관한 협정 제3조,) 1965 0622

60) 2010年度 國政監査 外交通商統一委員會 會議錄, 國會事務處, 2010 1018

61) 김철민, 東京でのインタビュー、シティユーワ法律事務所, 2013 1031

62) 2014년도 국정감사 외교통일위원회 회의록, 국회사무처, 2014 1010

63) 국가인권위원회, 09진인2583, 2009 1201

64) 서울행정법원 2009구합34891, 2009 1231

65) 서울고등법원 2010누3536, 2010 0928

66) 대법원 96누1221, 1996 1112

67) 박선영, '사회통합을 위한 국민 범위 재설정', 〈저스티스〉, 2013 02, 407쪽

68) 대법원 2010두22610, 2013 1212

69) U.S. Supreme Court, Haig v. Agee, 453 U. S. 280 (1981), Decided June 29, 1981

70) 수교현황, 통일부 북한정보포털 〈nkinfo.unikorea.go.kr〉

71) 「조선총련의장 자택 압수수색, 체포된 두 사람은 왜 한국국적?」, 〈민단신문〉, 2015 0408

72) '在日교민 民團등록제 폐지', 〈경향신문〉, 1993 0829

73) 김철민, 東京でのインタビュー、シティユーワ法律事務所, 2013 1031

74) 崔昌華、《国籍と人権》、酒井書店、1975、296頁

75) 大阪高等裁判所 昭和54年(う)第623号 判決文、昭和56年1月26日

76) 京都地方裁判所 昭和49年(わ)第6号、昭和54年3月23日

77) 崔昌華、《国籍と人権》、酒井書店、1975、306頁

78) 後藤光男、「日本国憲法制定史における'日本国民'と'外国人'」、〈比較法学〉、2012 0301

79) 国籍法、平成20年12月12日法律第88号

80) 在日コリアン弁護士協会、《裁判の中の在日コリアン》、現代人文社、2008、234頁

81) 국립국어원 표준국어대사전 (stdweb2.korean.go.kr)

82) 「法の下の平等」に関する基礎的資料、衆議院憲法調査会事務局、2004 0216

83) 最高裁判所 平成5(行ツ)第163号 判決文、平成7年2月28日

84) 柳井健一、「外国人の地方参政権」、《憲法判例百選I(第6版)》、有斐閣、2013、11頁

85) 浦部法穂、「外国人参政権問題」、法学館憲法研究所(www.jicl.jp)、2010 0218

86) 永住外国人に対する地方公共団体の議会の議員及び長の選挙権等の付与に関する法律案

87) 衆法 第148回国会1号、衆議院(shugiin.go.jp)

88) 高英毅、「日本国籍届出法案と在日コリアンの選択」、〈世界〉、2001 12

89) 第1回「未来フォーラム」基調講演、在日同胞の21世紀委員会、2001 0908

90) 「声明文 国籍取得特例法案に反対し」、(後略)」、在日コリアン青年連合、2001 0624

91) 特別永住者等の国籍取得の特例に関する法律案(仮称)要綱案

92) 報道特集スペシャル「百人百熱・韓国ノ・ムヒョン大統領と本音で直接対話」

93) 第一回 在日コリアンフォーラム、グランキューブ大阪、2003 1116

94) 設立発起人一同、「在日コリアン弁護士協会」設立の趣意、2002 06

95) 在日同胞帰化許可者数統計、〈人権と生活〉、在日本朝鮮人人権協会、2013 12、80頁

96) 白井美友紀 編集、《日本国籍を取りますか?》、新幹社、2007、19-34頁

97) 在日同胞婚姻統計、〈人権と生活〉、在日本朝鮮人人権協会、2013 06、60頁

This project would not have happened without

배훈 김상균 권철

I would like to extend my utmost gratitude to

泉德治 垣花豊順 久保恵理香 高山末奈子 當眞正姫 当山尚幸 吉井正明
고에이키 고정미 구량옥 김류스케 김아이코 김기언 김봉식 김성희 김순식
김영철 김유미 김일분 김철민 리승현 박인동 박일호 백승호 백충 손동환
송혜연 양문수 양영자 양영철 엄창준 윤지영 이공현 이우해 이춘희 임범부
장계만 장학련 정영환 차수자 최순기 홍경의

I would like to give heartfelt thanks to

伊集竜太郎 今井輝幸 岩田有華 高畑ゆい 田中趙美奈子 波田幸久 成川彩
成末奈穂 김광민 김신용 김영민 김웅기 김창호 김홍명 박상은 이정규
정성애 조현우 한검치 한아지 황문석

기획·제작: 이범준
취재·사진: 이범준
조언·검토: 자이니치코리안변호사협회

이 책을 쓰는 데 영향을 준 음악

조용필, 돌아와요 부산항에, 〈창밖의 여자〉, 1979
Robbie Williams, My Way, 〈Live at the Albert〉, 2001
荒井由実, ひこうき雲, 〈ひこうき雲〉, 1973
サザンオールスターズ, いとしのエリー, 〈10ナンバーズ・からっと〉, 1979
AKB48, Everyday, カチューシャ, 〈1830m〉, 2011
竹内まりや, Dear Angie~あなたは負けない, 〈TRAD〉, 2013

이 책을 쓰는 데 영향을 준 영화

Francis Ford Coppola, 〈The Godfather〉, Paramount Pictures, 1979
Andrew Lau Alan Mak, 〈Infernal Affairs〉, Media Asia Distribution, 2002

이 책을 쓰는 데 영향을 준 장소

히로시마 평화기념자료관 広島平和記念資料館、広島県広島市中区中島町1-2
시마나미 해도 西瀬戸自動車道(しまなみ海道)、広島県尾道市-愛媛県今治市
이토카즈 아부치라가마 糸数アブチラガマ、沖縄県南城市玉城糸数 667-1

기타 사진

국가기록원
아사히신문
일본 국립국회도서관

일본제국 vs. 자이니치
: 대결의 역사 1945~2015

발행일 1판 3쇄 2020년 9월 26일
          1판 1쇄 2015년 7월 15일

지은이 이범준
펴낸이 임후성 **펴낸곳** 북콤마
디자인 *sangsoo* **편집** 홍진 임후성
등록 제406-2012-000090호
주소 (413-756) 경기도 파주시 문발동 파주출판단지 534-2 201호
전화 031-955-1650 **팩스** 0505-300-2750
이메일 bookcomma@naver.com **트위터** @bookcomma
블로그 bookcomma.tistory.com
ISBN 979-11-950383-8-1 03910

❯ BOOKCOMMA

이 도서의 국립중앙도서관 출판예정도서목록(CIP)은 서지정보유통지원시스템 홈페이지(http://seoji.nl.go.kr)와
국가자료공동목록시스템(http://www.nl.go.kr/kolisnet)에서 이용하실 수 있습니다.(CIP제어번호: CIP2015017919)